本书获湖北省普通高等学校人文社会科学重点研究基地
"高校风险预警防控研究中心"资助

中国高等学校经费投入效率评价及对策研究

刘 华 著

Zhongguo Gaodengxuexiao Jingfei Touru
Xiaolü Pingjia Ji Duice Yanjiu

中国社会科学出版社

图书在版编目（CIP）数据

中国高等学校经费投入效率评价及对策研究/刘华著．
—北京：中国社会科学出版社，2015.4
ISBN 978 - 7 - 5161 - 5957 - 6

Ⅰ.①中… Ⅱ.①刘… Ⅲ.①高等学校—教育经费—
研究—中国 Ⅳ.①G647.5

中国版本图书馆 CIP 数据核字（2015）第 075088 号

出 版 人	赵剑英
责任编辑	卢小生
特约编辑	林 木
责任校对	周晓东
责任印制	王 超

出 版	中国社会科学出版社
社 址	北京鼓楼西大街甲 158 号
邮 编	100720
网 址	http：//www.csspw.cn
门 市 部	010 - 84029450
经 销	新华书店及其他书店
印 刷	北京市大兴区新魏印刷厂
装 订	廊坊市广阳区广增装订厂
版 次	2015 年 4 月第 1 版
印 次	2015 年 4 月第 1 次印刷
开 本	710×1000 1/16
印 张	15.25
插 页	2
字 数	254 千字
定 价	48.00 元

前　言

随着知识经济时代的到来，经济全球化进程的日益加快，国际上的竞争由以往的军事竞争转变为综合国力的竞争。综合国力竞争的核心是经济竞争和科技竞争，而经济竞争和科技竞争的实质就是人才竞争，因此人才在综合国力的竞争中具有决定性意义。高等教育作为人才培养中心、科学研究中心、文化传播中心，在社会发展中具有独特优势，越来越得到世界各国的关注。在这样的背景下，世界各国普遍扩大了招生规模，加大了教育资源的投入，高等教育得到了飞速发展。高等学校作为高等教育的载体，其建设也经历着一个飞速发展的过程，近年来随着政策导向和投入资源的不断加大，我国高等学校的办学规模不断扩大，办学层次也得到了不断提升。

在高等教育投入方面，我国高等教育的经费政策随着管理体制、经济体制的变化，经历了以下几个发展阶段。1979 年以前，高等学校的经费主要来源于政府的预算内拨款，高等学校所需经费完全由中央财政下拨、专款专用。随着市场经济体制的引入和我国财政体制改革的不断深入，我国高等教育经费的投入体制也进行了相应改革，高等学校的经费变为"以财政拨款为主、其他多种渠道筹措教育经费为辅"的体制，即以财政拨款为主，辅以教育税费、校办产业收入、社会捐赠、集资和建立教育基金等多渠道筹措教育经费。自 1998 年开始扩招以来，我国高等教育的规模经历了前所未有的扩充和建设，高等学校的招生人数连续高速增长，培养的大学生数量也急剧增加，高等教育逐渐由少数人参与的精英教育转变成全民参与的大众教育，高等学校开始全面实行收费制度，我国高等教育经费的来源逐渐形成"以政府投入为主、多渠道筹集教育经费"的体制。

高等教育在飞速发展的同时也面临着各种问题，其中较为集中的一个就是经费投入的效率问题。尽管我国的高等教育以公立教育为主，政府在高等教育的投入也较大，但由于我国高等教育的规模较大，从而导致投入到高等教育的经费相对有限，甚至还面临不足的情况。因此如何衡量高等教育经费投入的效率就显得尤为重要。与此同时，在我国高等教育经费投入的实际情况中，有的高等学校经费投入不足，而有的高等学校却是经费投入较多但利用效率低下，同时由于不同地区经济发展水平的差异，导致不同地区高等学校资源配置差异较大，东部地区高等学校的数量、师资水平、经费投入数量远超中西部地区，因此对高等学校经费投入的效率研究不仅可以衡量高等学校经费的利用水平，还可为教育部门提供重要的理论依据。

本书首先介绍了高等经费投入的相关概念及经费投入效率的评价方法，其中包括高等学校、教育经费、科技经费、科学技术活动、科技成果、教育效率的概念等，效率评价方法包括比率分析法、层次分析法、生产函数法、问卷调查法、数据包络法等。其次分别介绍了高等学校教育经费和科技经费的发展、理论基础，并用数据详述教育经费和科技经费的来源、支出结构。再次介绍了效率评价的数据分析模型，包括数据包络分析和层次分析法。最后通过建立高等学校教育经费和科技经费的投入评价指标体系，并采用视窗分析方法对我国高等学校经费投入的效率进行实证分析。本书在总结前面论述的基础上，对现阶段高等学校经费投入效率进行评价，并为未来高校教育经费和科技经费投入机制的进一步改革和完善提出建议。

摘　　要

　　近年来，随着国家和社会对高等教育重视程度的逐渐加大，我国高等教育取得了长足进步，规模也得到了较大提升，进入了飞速发展阶段。随着高等学校经费投入的不断增加，经费分配不均衡、利用率低下的问题也逐步出现，因此如何衡量高等教育经费投入的效率就显得尤为重要。

　　本书基于高等学校经费投入的政策发展及现实，以及对相关理论研究的总结与归纳，使用我国2002—2011年30个省份的面板数据，利用DEA方法，对我国高等学校教育经费和科技经费投入的效率进行了实证分析与评价。

　　本书的主要内容包括：（1）介绍了高等学校经费投入的相关概念及相关文献，介绍了教育经费和科技经费政策的发展和现状，并介绍了数据包络分析方法和层次分析法；（2）在对高等学校投入产出分析的基础上，构建了高等学校教育经费投入效率评价指标体系和科技经费投入的效率评价指标体系；（3）利用DEA方法对30个省份高等学校经费投入效率进行了实证分析；（4）通过对高等学校经费投入现状和面临问题的分析，为提高高等学校经费投入效率提供了建议。

　　本书的创新点包括：（1）将DEA方法运用于区域高校教育经费和科技经费投入效率的评价研究领域，构建了基于DEA的高校教育经费和科技经费投入效率评价指标体系。（2）利用DEA方法中的Malmquist指数对2002—2011年高校经费投入产出面板数据进行了分析，动态分析了高校经费投入效率的演变。（3）利用DEA方法中的视窗分析模型对2002—2011年高校经费投入产出面板数据进行了分析评价。

Abstract

In recent year, with the importance on higher education increasing, China's higher education has entered a phase of rapid growth boths in terms of speed and scale. With the continuous increase investment of funds of colleges and universities, the problems of low efficiency and unbalanced distribution appear. So it's important to measure the efficiency of investment in higer education fund.

Based on the policy development and facts of China's colleges and universities and the survey of literature, this book measures and analyzes the efficiency and effects of funds of colleges and universities inputs, using the panel data from 2002 to 2011 and the DEA method. The main contents of the book are outlined as follows: (1) Introduces the related concepts of investment of the funds of colleges and universities and relevant literature, describes the policy development and current situation of education funds and funds for science and technology, and introduces the DEA method and hierarchy analysis method; (2) Based on the input and output of colleges and universities, colleges and universities education funding efficiency evaluation index system and technology investment efficiency evaluation index system are set up; (3) Empirical analysis of investment funds of colleges and universities in 30 provinces are made by using DEA method; (4) Based on analysis of funds of colleges and universities status and problems, this book provides suggestions to improve the efficiency of investment funds of colleges and universities.

The main fruits of the book are as follows: (1) The constructions of evaluation index system of efficiency of funds are constructed; (2) This book measures and analyzes the efficiency and effects of funds of colleges and universities inputs, using the panel data from 2002 to 2011 and the DEA Malamquist index model；（3）This book measures and analyzes the efficiency and effects of funds of colleges and universities inputs，using the panel data from 2002 to 2011 and the DEA Window analyse model.

目　　录

第一章　概念界定及文献综述

人类社会发展的历史经验证明，教育对国家和民族的发展意义重大，其中高等教育肩负着培养高素质人才的重任，承担着推进科学发展、科技创新的职责，是推动经济社会发展的重要力量。我国高等教育在飞速发展的同时也出现了一些问题，引起了国内外学者的关注，其中较为普遍的是高等学校经费供给紧张与需求膨胀之间的矛盾，如何衡量高等学校经费投入的效率、最大化提升经费的利用效率就显得尤为重要。

第一节　高等学校经费投入相关概念的界定

在对相关内容进行评价研究之前，本节首先对高等学校教育经费投入的相关概念进行介绍，包括高等学校、教育经费、科学技术活动、科技成果、科技经费、地区分类以及本书的主要数据来源，以便对高等学校经费投入效率评价进行更有效的研究。

一　高等学校

普通高等学校，简称"高等学校"，也简称"高校"，是指按照国家规定的设置标准和审批程序批准举办，通过全国普通高等学校统一招生考试，招收高中毕业生为主要培养对象，实施高等教育的全日制大学、独立设置的学院和高等专科学校、高等职业学校和其他机构。与普通高等学校相对应的是成人高校，它的招生对象主要是已经工作的在职人员，包括高等教育自学考试、成人高考、远程教育、广播电视大学等，成人高校不纳入本书讨论范围。

二　教育经费

对于高等学校教育经费的定义，目前主要有两种观点：一种观点认为，高等学校教育经费是指中央和地方财政部门的财政预算中实际用于发展各级、各类高等教育事业的费用，主要包括教育事业费（即各级、各类高等学校的人员经费和共用经费）和高等教育基本建设投资（建筑校舍和购置大型教学设备的费用）等，这一观点主要是从国家和政府投入这一狭义方面进行定义。另一种观点认为，高等学校教育经费除了国家和政府的投入外，还包括社会力量和个人用于高等教育的经费，包括学费、私人投入、社会捐赠、科研收入等方面，本书采用后面一种观点，认为高等学校教育经费不仅仅是国家和政府的投入，还包括社会和个人投入。

三 科学技术活动

根据教育部科学技术司 2010 年《高等学校科技统计（理、工、农、医类）工作文件》对科学技术活动的定义，科学技术活动即指所有与各科学技术领域（即自然科学、工程和技术、医学、农业科学、社会科学及人文科学）中科技知识的产生、发展、传播和应用密切相关的系统的活动。[1] 上述定义包含两个方面的含义：一是科学技术活动的性质，即这些活动必须集中于或密切关系到科技知识的产生、发展、传播和应用；二是所涉及的领域，即这些活动是在自然科学、工程与技术、医学、农业科学、社会科学及人文科学领域内进行的。根据文件内容，科学技术活动可分为以下四类：

（1）研究与试验发展（Research and Development，R&D）：指为增加知识总量（包括人类、文化和社会方面的知识），以及运用这些知识去创造新的应用而进行系统的、创造性的工作。主要包含具有创造性、具有新颖性、运用科学方法、产生新的知识或创造新的应用四个基本要素。按活动类型，可以把研究与试验发展分为基础研究、应用研究和试验发展，其中基础研究和应用研究统称为科学研究。

（2）研究与试验发展成果应用：指为使试验发展阶段产生的新产品、材料和装置，建立的新工艺、系统和服务以及作实质性改进后的上述各项能够投入生产或在实际中运用，解决所存在的技术问题而进行的系统活动。它不具有创新成分。研究与试验发展成果应用这一分类只用于自然科学、工程和技术、医学和农业科学领域，其特点如下：为使试验发展的成

---

[1] 教育部科学技术司：《高等学校科技统计（理、工、农、医类）工作文件》，2010 年 10 月。

果用于实际解决有关技术问题；运用已有知识和技术，不具有创新成分；成果形式是可供生产和实际使用的带有技术、工艺参数规范的图纸、技术标准、操作规范等。

（3）科学技术教育与培育（Science and Technology Education and Training，STET）：指包括非大学的专科高等教育与培训、可获得大学学位的高等教育与培训，研究生和其他大学生的教育与培训，以及为科学家和工程师（研究人员）组织的终身培训在内的所有活动。具体包括：大学专科的教育与培训、大学本科以及本科以上（硕士生、博士生）的教育与培训、为在职科学家和工程师（研究人员）组织的教育与培训。科技教育与培训不包括中等专业和中级普通教育（中专、高中）及以下的教育以及学徒工、在职工人的培训。

（4）科技服务（Science and Technology Service，STS），包括研究与试验发展成果应用和其他科技服务：其他科技服务活动是指与R&D活动相关并有助于科学技术知识的产生、传播和应用的活动。包括：为扩大科技成果的适用范围而进行的示范推广工作；为用户提供信息和文献服务的系统性工作；为用户提供可行性报告、技术方案、建议及进行技术论证等技术咨询工作，自然、生物现象的日常观测、监测，资源的考察和勘探，有关社会、人文、经济现象的通用资料的收集，如统计、市场调查等，以及这些资料的常规分析与整理；对社会和公众的科学普及；为社会和公众提供的测试、标准化、计量、质量控制和专利服务，但不包括企业为进行正常生产而开展的这类活动。

四 科技成果

科技成果，也称科研成果或科学技术研究成果，1986年出版的《现代科技管理辞典》对其定义：科技成果是指科研人员在他所从事的某一科学技术研究项目或课题研究范围内，通过实验观察、调查研究、综合分析等一系列脑力、体力劳动所取得并经过评审或鉴定，确认具有学术意义和实用价值的创造性结果。[①] 中国科学院在《中国科学院科学技术研究成果管理办法》中把"科技成果"定义为：某一科学技术研究课题，通过观察试验和辩证思维活动取得的，并经过鉴定具有一定学术意义或实用意

---

① 阙维明、张锦智：《现代科技管理辞典》，广东高等教育出版社1986年版。

义的结果。① 2003 年由科技部委托科技评估中心对全国各省市和行业部门做的大样本调查问卷中反映出大家对"科技成果"一词的普遍认识是：科技成果是指为提高生产力水平而在科学技术研究、开发等方面取得的具有实用价值的成果。具体而言，科技成果是指通过调研考察、实验研究、设计试验和辩证思维活动，对某一科学进行研究所取得的经过科学技术评价或社会时间承认的新成就，是具有一定学术意义或实用价值的创造性劳动成果。②

五 科技经费

科技经费泛指各种用于发展科学技术事业而支出的费用，包括科研活动中的人员劳务费、原材料费、科研业务费、试验材料费、固定资产购置费、其他管理费用等，涉及自然科学、工程技术、社会科学等各个领域，是进行科研活动的物质保障，更是促进科学研究工作的重要条件。科技经费通常由政府、企业、民间组织、基金会等通过委托方式或者对申请报告的筛选来分配，用于解决特定的科学和技术问题。

高校科技经费按照来源可以分为纵向科技经费和横向科技经费两类，定义分别如下：

（1）纵向科技经费是指承担国家各部委及各级地方政府计划安排的科研项目，由国家或地方有关部门拨给的科技经费。包括国家自然基金委、发改委、各部委、省市地各级地方政府批准立项的经费，高校与国外政府、学术机构间的国际科技合作经费，由政府立项、项目主持单位转拨到高校的项目合作经费，政府部门批准立项但经费自筹的项目经费，等等。

（2）横向科技经费是指高校承接的各企事业单位的科技合作、转让科技成果、科技咨询及其他涉及技术服务的项目，由企事业单位拨付给高校的专项经费或合同经费。随着科技创新的不断发展，社会资金纷纷涌入高校科技领域，高校横向科技经费呈现日益增长趋势。

六 地区分类

为更好地研究我国高校经费投入效率的区域性问题，本书在比较不同

---

① 中国校友会网：《2014 中国大学排行榜评价指标体系》，http://www.cuaa.net/cur/2014/xj02.shtml。

② 马洪芳：《我国高校科技成果转化的现状分析及其优化模式研究》，硕士学位论文，南京航空航天大学，2010 年。

地区效率差异时，拟将全国划分为东部、中部和西部三个地区进行研究。将我国划分为东部、中部和西部三个地区始于1985年，"七五"计划提出要"正确处理中国东部、中部和西部三个经济带的关系"，并在1994年《中国经济年鉴》中明确划分了东部、中部和西部三大经济区，东部地区包括北京、天津、河北、辽宁、上海、江苏、浙江、福建、山东、广东和海南11个省份；中部地区包括山西、内蒙古、吉林、黑龙江、安徽、江西、河南、湖北、湖南、广西10个省份；西部地区包括四川、贵州、云南、西藏、陕西、甘肃、青海、宁夏、新疆9个省份。1997年全国人大八届五次会议决定设立重庆市为直辖市，并划入西部地区后，西部地区所包括的省级行政区由9个增加为10个省份。2000年国家制定的在西部大开发中享受优惠政策的范围增加了内蒙古和广西，因此将内蒙古和广西纳入西部地区。[①]

目前东部包括北京、天津、河北、辽宁、上海、江苏、浙江、福建、山东、广东和海南共11个省份，中部包括山西、吉林、黑龙江、安徽、江西、河南、湖北和湖南共8个省份，西部包括内蒙古、广西、重庆、四川、贵州、云南、西藏、陕西、甘肃、青海、宁夏和新疆共12个省份。由于西藏数据不全，本书的统计数据除西藏外包含30个省份，其中东部有11个、中部有8个、西部有11个。

七　数据来源

本书采用的数据来源主要来自教育部科学技术司编写的《高等学校科技统计资料汇编（2002—2011）》（简称《汇编》）的数据。《汇编》是教育部科学技术司根据国家统一部署和高等学校科技工作的具体情况，结合第二次全国科学研究与试验发展（R&D）资源清查，在组织各省、自治区、直辖市教育厅（教育委员会）实施"全国普通高等学校科技统计年报（理、工、农、医）"的基础上，经过综合加工、整理而成的全面反映高等学校科技活动总体情况的数据资料汇集。《汇编》未包含中国台湾地区和香港、澳门特别行政区高等学校科技活动数据。《汇编》详细记录了全国设有理、工、农、医类教学专业的高等学校及其附属医院在基础研究、应用研究、试验发展以及R&D成果应用、其他科技服务等各个层面开展研究的总体状况，内容涉及科技人力、科技经费、科技机构、科技项

---

① 刘本盛：《中国经济区划问题研究》，《中国软科学》2009年第2期。

目和开展国际科技交流等情况，以及与此相关的高等学校科技活动产出情况。《汇编》数据的采集、编排参照国际通用的科学研究分类方法，全书资料翔实、丰富，有助于增进社会各界对高等学校科技活动情况的了解，便于国际、国内相关部门的比较研究，是国家有关部门决策和相关研究工作者的必备资料。①

2008 年之前的《汇编》包含科技人力、科技经费、科技机构、科技项目、国际科技交流、科技成果及技术转让六方面的内容；2008 年起《汇编》将前面的内容作为第一部分，名为"高等学校汇总资料"，并在此基础上增加了第二部分"高等学校科技活动概况"；2009 年《汇编》又增加了第三部分"教育部直属高等学校统计资料"。

第二节　效　率

"效率"这一概念在日常生活和学术研究中被广泛使用，通常是指在单位时间内完成的工作量或劳动的效果与劳动量的比率。从管理学角度来看，效率是指在特定时间内组织的各种投入与产出之间的比率，它与产出成正比，与投入成反比。本节首先介绍效率的概念，然后引入教育效率的概念，最后介绍高等学校经费投入效率的评价方法。

一　效率的概念

在经济学中，效率一直是经济学研究的核心问题，不同学者从不同角度对效率进行了阐述。著名经济学家帕累托（Pareto）认为，效率的定义是"在某种资源分配的状态下，若不存在使任何人情况变坏的情况下，使得至少一个人变好，那么这个状态的资源分配是最优的，也是最优效率的"，也称帕累托最优（Pareto Optimality）或帕累托效率（Pareto Efficiency）。萨缪尔森在《经济学》中对效率定义为"效率意味着不存在浪费，即经济在不减少一种物品生产的情况下，就不增加另一种物品的生产，它的运行便是有效率的，有效率的经济位于其生产可能性边界上"。我国经济学家樊纲认为"经济效率是指社会利用现有资源进行生产所提供的效用满足的程度，因此也可一般地称为资源利用效率，它是需要的满足程度

---

① 教育部科学技术司：《高等学校科技统计资料汇编》，2013 年版。

与所费资源（成本）的对比关系。因此，需要明确的是，它不是生产多少产品的简单的物量概念，而是一个效用概念或社会福利概念"。在有的经济学论著中，又把经济效率概括为配置效率、组织效率、动态效率等。

在实际应用中，效率又可引申出多种含义，如技术效率、纯技术效率、规模效率、资源配置效率、市场效率、成本效率、微观效率、宏观效率等。其中技术效率为在投入给定的情况下当前技术与最佳技术产出的比值，还可进一步分解为纯技术效率和规模效率；纯技术效率为组织在最优规模时投入要素的生产效率；规模效率为实际规模与最优生产规模的比值；资源配置效率为实际资源配置结果与最优资源配置结果的比值；市场效率为完全竞争状态下所能达到的帕累托最优效率；成本效率是指为了达到特定日的所需的最优成本与实际成本的比值；微观效率是指在评估某个企业的运行状况时，投入一定资源情况下实际产出与最优产出的比值或产出一定情况下最优投入与实际投入的比值；宏观效率是指在评估一个经济体时，不同资源能否得到有效合理配置，使其最大限度满足社会和人民的各种需求。

二 教育效率

"教育效率"一词最早是詹姆斯·科尔曼等（James Coleman et al.）于1966年撰写的《教育机会平等的报告》一文中提出的。这个术语一经出现就引起很多学者关注，随即他们围绕教育效率的概念、教育效率的影响因素、提高教育资源利用效率等课题展开了大量的研究。这些研究的历程可分为如下三个阶段。[①]

（1）大样本的数量化研究。20世纪60年代末至70年代初，这一时期为教育效率研究发展的初期，绝大多数研究主要是对大样本进行回归统计，目的是找出教育的投入与产出之间的相关性，最后得出学校性质、教职工素质、学生社会背景等因素可能直接影响教育水平的初步结论，并认识到要提高教育效率必须合理利用学校资源的重要性，但并未指出如何合理利用学校的教育资源。在这类研究的基础上，一些学者不再局限于学生的成绩评估，开始对高等教育的资源效率进行研究，认为学校的资源与其教育效率之间没有确定的关系，影响高等教育投入与产出效率的是学生、

---

① 王巧玲：《高等教育经费投入及对策研究》，《中国证券期货》2013年第2期。

教师、学校管理和财政投入。[①]

（2）调查与个案研究。20 世纪 70 年代末至 80 年代初为调查与个案研究的阶段。关于教育效率的调查研究始于埃德蒙兹（R. Edmonds）在 1979 年利用调查问卷对城镇居民的教育状况进行的研究。[②] 这是一种新型的教育效率的研究方法，能够节省人力和时间收集到大量的第一手信息，但由于编制内容的多样性及被调查者观念的差异，很难对教育效率的本质特征形成统一的认识。除调查研究外，对教育效率的研究出现了个案研究，可分为比较性个案研究和典型性个案研究两个等级，其中比较性个案研究是将多所高校的教育效率进行比较分析最后得出研究结论，典型性个案研究是指对某一所学校的运行经验进行分析并形成理论化的研究。

（3）研究精细化、逻辑化疑虑重重。20 世纪 80 年代末至 90 年代初，对教育效率的研究主要采用高级统计程序和精确的模型，致力于通过已经获得的理论假设突破先期研究中方法的局限。但这种方法遭到很多学者的反对，以齐尔克尔和格林伍德（P. A. Zirkel and S. C. Grreenwood）为首的学者认为，这种精确的计量方法对以前教育效率的研究造成了混乱。[③]

近年来，国内外学者们基于不同的研究视角对教育效率进行了不同定义。

王善迈认为，从经济角度出发，可将教育纳入生产活动或经济活动的范畴，将教育效率看成教育资源的利用效率，主要是衡量教育资源的消耗（教育的投入）与教育的产出成果（教育的产出）之比，教育效率也可被称为教育投资效率、教育资源利用效率、教育投资内部效率等。[④]

袁连生、袁强认为，教育投资的效率就是教育的产出与投入之比。教育投资是投入教育领域，用于培养学生的人力和物力的货币表现。[⑤] 教育产出又可分为内部产出和外部产出，前者属于教育过程的直接成果，包括学生技能的提高、思想品德的变化、身体素质的增强，后者指教育对社会

① R. J. Murnane, Interpreting the Evidence on School Effectives. *Teachers College Record*, 1981: 18 – 36.

② R. Edmonds, Effective Schools for the Unbanpoor. *Education Leadership*, 1979, 37, pp. 15 – 24.

③ P. A. Zirkel, S. C. Greenwood, Effective Schools and Effective Principals: Effective Research. *Teachers College Record*, 1987: 255 – 267.

④ 王善迈：《教育投入与产出研究》，河北教育出版社 1996 年版。

⑤ 袁连生、袁强：《教育投资内部效率探讨》，《教育与经济》1996 年第 1 期。

经济所起的作用和贡献。教育的外部效率为外部产出与教育投入之比，内部效率为内部产出与教育投入之比。

1985 年，英国的《贾勒特报告》（*Jarratt Report*）中，将教育效率分为内部指标、外部指标和运行指标三类，其中内部绩效指标反映了学校方面的特征，外部绩效指标反映了学校课程设置适应社会经济的情况，运行指标主要指学校的单位成本、教职员工的工作量、图书馆设备的利用率等教育工作运行的"生产率"情况。[①]

陈德静、周爱国认为，高等教育效率存在三种形式的指标。生产效率、资源配置效率和 X 效率。其中，生产效率表示教育部门投入的人力、物力、财力等教育资源与培养人才的数量和质量、创造的科研成果以及社会服务等绩效的比较，资源配置效率指教育资源在不同教育部门以及在教育部门内部人才培养、科学研究和社会服务三大领域的配置和良性运营情况，X 效率表示教育资源在一定经济社会背景下教育投入对经济社会发展实际贡献率与理论贡献率之间的比较。[②]

郑银华、姚利民认为，高等教育效率包括经济效率和社会效率两种结构形式，其中经济效率体现在一定时间内通过高校活动将资金、人员等投入转换为培养的学生、提供的服务等产出的关系，社会效率体现为高等教育对社会发展的作用状况，它包括有形的经济收益和难以评估的政治、文化、道德等无形的收益。[③]

上述学者基于不同的角度对教育效率的概念进行了阐述，虽然对教育效率表述的侧重点各不相同，但都涉及教育资源的投入和产出。本书采用的经费投入效率的概念，就是指教育经费或科技经费在进行教育或科技活动中，具体的高校经费的投入产出的利用情况。

三 高等学校经费投入效率评价方法

对高等学校经费投入效率的计算与评价，大多数学者引用了经济学中"生产效率"的概念，借助经济学中对生产效率的评价方法对高等学校经费投入效率进行评价，如比率分析法、层次分析法、生产函数法、问卷调查法、数据包络法等。这些方法各有优劣，下面来分别介绍这几种方法并分析其优缺点。

---

① 童宏保：《学校管理效益研究》，硕士学位论文，北京师范大学，2001 年。
② 陈德静、周爱国：《高等教育效率问题框架研究》，《黑龙江高教研究》2006 年第 10 期。
③ 郑银华、姚利民：《对高等教育效率的思考》，《大学教育科学》2006 年第 2 期。

（一）比率分析法

比率分析法（Ration Analysis Approach），又称为"比例分析法"，是通过计算有关指标之间的比率进行评价的一种方法，主要包括相关比率分析法、构成比率分析法、趋势比率分析法等。其中相关比率分析法是通过计算两个性质完全不同但又相关指标的比率进行分析的一种方法，例如周转率指标；构成比率分析法是计算某个总体中单项指标占比的一种方法，即单项与总体的比率；趋势比率分析法是对某个指标不同时期的数值进行比较，求出比率并分析其增减速度及发展趋势的一种方法。

比率分析法常用于财务报表，通过对财务报表中若干项项目数据的相互比较求出比率，用以分析和评价一个企业的经营活动。评价企业经营能力的比率指标可分为：获利能力比率（如资本报酬率、股东权益报酬率、每股盈利、销售利润率等）、偿债能力比率（如流动比率、速动比率、负债比率、流动资产构成比率等）、成长能力比率（如利润留存率、再投资率等）和周转能力比率（应收账款周转率、存货周转率、资本周转率等）四个大类。

比率分析法常用于财务分析，应用范围广泛，但也有一定的局限性，使用时需要注意如下几点：

（1）比率分析法只能选取单一的投入和产出指标，无法计算多投入多产出的情况及难以应对较复杂的系统分析，在利用该方法进行评价时须注意。

（2）在实际操作中应避免孤立地比较某一种比率，须注意将各种比率有机地联系起来进行全面比较分析，否则无法全面判断企业的生产经营情况。

（3）对比的口径必须保持一致，即对比的分子项和分母项在时间、范围等方面必须保持一致，否则将会导致计算结果不准确。

（二）层次分析法

层次分析法（Analytic Hierarchy Process，AHP）是美国著名运筹学家、匹茨堡大学教授托马斯·萨蒂（T. L. Satty）于20世纪70年代中期，在为美国国防部研究"根据各个工业部门对国家福利的贡献大小而进行分配"的课题时，应用网络系统理论和多目标综合评价方法，提出的一种层次权重决策分析方法，是一种定性和定量相结合的、系统化的、层次化的分析方法。

　　层次分析法的操作方法比较简单，首先在分析实际问题的基础上将复杂问题分解为多个组成因素，将这些组成因素进行不同层次的分解，建立层次结构模型；然后根据层次结构模型构造判断矩阵，并对每一个判断矩阵计算权重并做一致性检验；最后进行层次总排序并做一致性检验。

　　由于层次分析法在处理复杂问题上的适用性和有效性，它的应用很快遍及各个领域，包括经济、管理、绩效考核、能源分配、医疗和环境等。层次分析法的主要特点如下：

　　（1）简单实用的研究方法。层次分析法比较简单方便，它没有追求高深的数学理论，也不片面地注重逻辑推理，而是将定量与定性的方法结合起来，对复杂问题进行综合评价，采用逐层分解的方法，将复杂问题分解为多个单目标问题，通过两两比较及简单的数学运算，将复杂问题简单化，计算方法简单、易学，容易为决策者了解和掌握。

　　（2）所需定量信息较少。由于层次分析法主要采用两两比较的方法对同一层次之间的元素进行比较，将多个元素之间的复杂关系简化为简单的权重进行计算，主要强调评价者对问题的理解，所需定量的信息较少，操作起来无须过多的数据支持，简单易行。

　　（3）可检验性。层次分析法通过一致性检验方法对各个层次因素的目标权重进行一致性检验，检查计算出权重向量的合理性，确保各个因素权重的合理性。

　　层次分析法作为一种主观的、定性的评价方法，在各个领域得到了广泛的运用。但在应用过程中由于方法的缺陷，使得层次分析法的评价结果有时并不能准确反映实际情况，层次分析法在使用过程中主要有如下缺陷：

　　（1）无法提供系统性的决策方案。层次分析法只能在给定的方案中去选择最优的解，无法为决策者提供新的决策方案。这样可能会出现一种情况，就是由于自身的原因，利用层次分析法可以在提出的现有方案中找出一个最优解，但无法保证计算的结果是最优的方案。

　　（2）定性较多、定量较少。层次分析法需要专家系统的支持，专家系统的评价对最后的计算结果非常重要，如果专家系统对指标两两比较的结果给出的结果不合理，将会造成层次分析法计算出来的结果不准确。例如对两件衣服，有的人觉得第一件好看，而另一部分人觉得另外一件好看，如果专家偏向于某一件，将会造成最后计算结果的偏差。

（3）复杂问题分解的指标过多将会造成数据统计量增大且权重难以确定。如果一个复杂问题分解的指标过多，则意味着指标的层次增加及判断矩阵规模的增大，导致对指标之间两两判断出现困难，以及对层次单排序和总排序的一致性产生影响，致使一致性检验无法通过。

（三）生产函数法

生产函数法（Production Function Approach，PFA）是计量经济学中一种描述投入与产出之间相互关系的数学关系。它认为投入与产出之间存在一种依存关系，投入一定量的生产要素将会对应一定数量的产出，投入与产出之间的关系可以用函数形式来表示，这种函数即为生产函数。

生产函数是 20 世纪美国数学家查尔斯·柯布（Charles Cobb）和经济学家保罗·道格拉斯（Paul Dauglas）提出来的，并利用 1899—1922 年的数据资料导出了著名的柯布—道格拉斯生产函数。

$$y = A_{(t)} L^\alpha K^\beta + \varepsilon$$

其中，y 为总产出，$A_{(t)}$ 为生产率系数，L 为劳动力投入量，α 为劳动力产出弹性系数，K 为资本投入量，β 为资金产出弹性系数，ε 为随机干扰项。

通过对数变换，可以将上述生产模型转化为如下线性关系：

$$Y = a + \alpha X_1 + \beta X_2$$

其中，$Y = \ln y$ ［这里应为小写字母 a］ $1 = \ln A_{(t)}; X_1 = \ln L; X_2 = \ln K$。

在一定的技术水平下，劳动力、生产资料与产出之间的关系可以通过生产函数来描述：

$$y = f(x_1, x_2, \cdots, x_n, t)$$

其中，y 为总产出，x_1，x_2，$\cdots$，x_n 为 n 种生产要素的投入量，t 为时间。

生产函数法主要有如下特点：

（1）分析结果客观严谨。生产函数法利用一个数学函数来表达投入与产出之间的关系，表达的是一种最优投入产出的关系，分析结果客观、严谨。

（2）通过最优的投入产出关系，对整个社会经济环境产生一定的影响，要求人尽其才、物尽其用，要求资源得到最优的配置。

（3）通过最优的投入产出关系，可以将其作为比较差异与预测的工具，分析目标产出与最优产出之间的差异，便于提高生产效率。

生产函数法相对来说是客观严谨的，但其自身也有一定的缺陷：

（1）生产函数法只能设定单一的产出项作为产出变量，对多产出的生产活动进行评价时只能作为一种辅助的评价方法，具有一定的独立性。

（2）在计算生产的投入与产出之前必须假设投入与产出之间的关系为线性关系，有一定的局限性，如果投入与产出之间的关系为非线性关系将导致计算结果的失真。

（3）生产函数法的数学函数确定了各投入要素之间必须是相对独立的，如果生产要素之间具有高度的相关性，则会导致计算结果的失真。

（四）问卷调查法

问卷调查法也称为"书面调查法"或"填表法"，是使用书面形式间接收集研究材料的一种手段，是通过向被调查者发放问卷形式获取材料和信息，并对其进行定量研究的一种方法。问卷调查法首先根据被调查者的具体情况选择调查问卷，然后通过各种方式让调查对象填写，对调查对象填写的数据进行统计分析，最后得出统计结论。

问卷调查法在获取第一手资料时非常有效，它主要具有如下特点：

（1）时间灵活、效率高。问卷可以当场发放给调查对象，也可以通过邮寄或网络方式让被调查者填写，不仅能获取大量的时间，也节省了人力、物力、财力及时间。

（2）调查结果容易量化。通过对调查问卷的设计，可以对调查的统计结果进行量化，避免了定性问题的研究。

（3）便于统计分析。通过量化，能借助相关的统计分析软件对调查结果进行统计分析，方便对结果数据进行数据挖掘。

（4）具有一定的回避效果。通过多样化的调查方式，可以保证调查者和被调查者之间无须面对面地接触，具有一定的回避结果。调查问卷无须署名，容易获得被调查者的支持，使调查的结果比较客观真实。

问卷调查法在使用过程中也具有一定的局限性：

（1）问卷的回收率较低。问卷调查法需保证一定的回收率，否则无法保证资料的代表性。问卷的回收率与问卷的设计、问题的难易程度、是否涉及隐私、获得回报多少相关，需要注意提高问卷的回收率。

（2）设计问卷比较难。调查问卷设计的好坏将直接影响被调查者对问卷的填写态度，也会影响整个调查的结果。因此在设计问题时，需要注意设计的问题是否符合客观情况，也需要问卷设计者具备大量的问卷设计经验，保证问卷的针对性。

（3）调查问题无法深入。由于问卷调查是一种文字对话的形式，填写问卷的时间都比较短，调查者与被调查者无法对被调查的问题进行深入的探讨，要防止无法深入调查。

（4）调查结果的质量无法得到保证。在很多情况下调查者与被调查者无法面对面地进行交流，无法保证被调查者的情况。

（五）数据包络法

数据包络分析（Data Envelopment Analysis，DEA）是由美国著名运筹学家查尼斯、库珀和罗德斯等（A. Charnes，W. W. Cooper and E. Rhodes et al.）于1978年提出的一种基于效率评价的系统分析方法。它以决策单元（Decision Making Units，DMU）作为研究对象，将单输入、单输出下的工程效率概念推广到多输入、多输出DMU的相对有效性评价。[1] DEA的原型最早可以追溯至1957年经济学家法雷尔（Farrell）在对英国农业生产力进行分析时提出了单输入、单输出的DMU有效度量模型，因此DEA方法有时也被称为"非参数方法"或"法雷尔有效性分析法"。该方法自从问世以来，已经广泛应用到经济效率评价、风险评估、科技评估、资源配置、绩效评估等多个领域，并在不断发展、完善和创新，已逐渐成为多目标效率评价的首选方法。

DEA与其他效率评价方法相比，主要具有如下特点：

（1）DEA在评价决策单元效率时，可以处理多投入、多产出的生产系统，突破了投入、产出指标数量的限制，在处理多投入、多产出的效率评价时具有绝对的优势。

（2）DEA对效率进行评价时，无须设置投入和产出的权重，权重由数学模型计算得出，避免了人为因素的干扰，提升了效率评价的公正性和客观性。

（3）DEA最后计算的结果为一个单一的综合效率指标，可以了解每个决策单元的资源使用情况，能方便地为管理者提供决策支持。

（4）DEA利用数据规划方法计算有效生产前沿面，从多个决策单元

---

[1] Charnes, A., Cooper, W. W., Rhodes, E., Measuring the Efficiency of Decision Making Units. *European Journal of Operational Research*, 1978, 2 (6)：429 –444.

中分析相对有效的决策单元个体，其结果是一个综合指标，克服了使用生产函数的风险及平均性的缺陷。

DEA 方法在使用过程中也有一定的局限性：

（1）DEA 方法要求决策单元必须是相同类型的生产部门或企业，且必须处于同一个生产环境中，否则将导致计算的结果不准确。

（2）DEA 方法计算出的结果为相对效率，并非绝对效率。如果评价对象自身的效率不高，但根据 DEA 方法，仍能够计算出效率为 1 的评价对象作为 DEA 有效的决策单元，这样会导致计算结果的失真。

（3）由于 DEA 为非随机方法，所有投入、产出数据必须精确且可衡量，如果数据错误将会使最后计算受到影响。

（4）DEA 方法计算出来的评价结果对每个决策单元投入、产出的变动具有很强的敏感性，容易受到错误极端值的影响。

DEA 方法与传统的效率评价方法相比，由于能处理多投入多产出、无须预先设置权重、无须显示设定投入与产出之间的函数关系等特点，在高等教育系统及高等学校经费投入效率的评价上具有明显的优势，DEA 在高等学校教育经费投入效率的适应性如下：

（1）由于高等教育系统是一个多投入、多产出的复杂系统，具有多方面的功能，因此衡量高等教育及高等学校经费投入效率的指标是多方面的，难以采用统一的标准进行度量和比较，因此必须采用多指标的评价方法对高等学校经费投入效率进行评价，DEA 方法的特点正好符合这种多投入、多产出的复杂系统，非常适用于高等学校经费投入的效率评价。

（2）DEA 方法对决策单元的同质性要求较高，高等学校作为独立的个体，满足 DEA 方法对决策单元同质性的要求，利用 DEA 方法可以方便地对高等学校内部院系之间、高等学校之间、不同地区高等学校之间的经费投入效率进行评价。

（3）对高等学校经费投入效率的评价并没有一个绝对的标准，评价的结果往往作为排名的指标值，是一种相对的评价。DEA 方法正是一种相对效率的评价方法，它不仅可以评价决策单元之间的相对效率，还可以为经费投入效率提供具体的改进方案，为高等学校经费投入的方案决策提供依据。

对于类型相同的高等学校，其工作性质基本相同，无法简单利用利润最大化来对它们的投入效率进行评价，也很难找到一个能包含各项指标的效用函数。与传统的评价方法相比，DEA 可以处理多投入、多产出的生产系统，对高等学校的经费投入效率具有一定适应性。因此，本书主要采用 DEA 对我国高校的经费投入效率进行评价。在评价经费投入效率时，可以将每个高校作为一个决策单元，将其看作一个多投入、多产出的生产系统，利用 DEA 的相关模型对经费的投入效率进行评价。DEA 方法有多个模型，不仅支持横向的效率评价，也可以对面板数据进行历史分析，对于高校经费投入效率的评价具有适用性。

第三节　文献综述

DEA 方法自 1978 年提出以来，在世界很多领域得到了广泛应用，逐渐成为评价具有相同类型投入和产出生产部门相对效率的有效方法。20 世纪 90 年代，国内外学者开始使用 DEA 方法对高等教育的投入与产出效率进行评价，目前 DEA 方法已成为评价高等教育投入效率的一种普遍使用的方法。国内外学者对高等学校经费投入效率进行了广泛研究，研究方向大致可分为教育经费的投入效率和科技经费的投入效率两方面。

一　教育经费投入效率研究

将 DEA 方法运用到高等教育投入效率分析最早始于国外，20 世纪 90 年代国内学者逐步开始使用 DEA 方法对高等教育投入效率进行分析。

（一）国外研究

将 DEA 运用到高等教育投入效率分析最早始于国外，汤姆·金斯和格林（Tom Kins and Green，1988）使用 DEA 中的 C^2R 模型对英国各大学会计系效率进行了比较评价，并得出了一系列结论。此后越来越多的学者开始使用 DEA 方法对高等教育效率进行评价。[1]

安、查尼斯和库珀（Ann，Charnes and Cooper，1989）利用 DEA 方法中的 C^2R 和 BC^2 模型对美国公立大学和私立大学 161 个院系的教学效

---

[1] Tom, Kins C., Green, R., An Experiment in the Use of Data Envelopment Analysis for Evaluating the Efficiency of UK University Departments of Accounting. *Financial Accountability and Management*, 1988, 4: 147 – 164.

率进行评价,最后得出在办学效率上公立大学比私立大学更有效率的结论。① 安等人又利用 DEA 方法对得州境内 33 所高等学校进行评价,并认为 DEA 方法比较适合高等学校教学单位效率的评价。

Sinuany – Stern 等 (1994) 利用 DEA 方法,以各个学院的经费投入和教师工资作为投入指标,以毕业生人数、发表论文数、专利收入、科研项目获奖数作为产出指标,对 Ben – Gurion 大学的 21 个学院进行了相对效率的评价。②

Breu 和 Raab (1994) 利用 DEA 方法的 C^2R 模型,根据 1992 年数据对美国排名前 25 名的大学和学院的高等教育效率进行了评价,并将评价结果与 1992 年的大学排行榜相比较,研究发现 DEA 方法在评价高校教育效率上比传统的统计方法更为有效。③

比斯科 (Beasley, 1995) 从高等学校的教学和科研入手,利用 DEA 方法研究了影响高等学校教学和科研效率的因素。④ 查洛斯和约瑟夫 (Chalos and Joseph) 利用 DEA 方法成功对 207 所高等学校的资源效率进行了评价,并分析了影响高等教育资源配置的因素。⑤

麦克米兰和达塔 (Mcmillan and Dattta, 1998) 使用 1992—1993 年的数据,利用 DEA 方法评估了加拿大 45 所大学的效率情况,并进一步分析了部分大学非效率的决定因素。⑥

Agrell 和 Steuer (2000) 利用 DEA 方法对大学内各个院系的绩效进行评价,评价指标包括教师产出、科研产出、外部服务、内部服务和成本,

---

① Ann, T. , A. Charnes, W. W. Cooper, Some Statistical and DEA Evaluations of Relative Efficiencies of Public and Private Institutions of Higher Learning [J] . *Social Economic Planning Science*, 1989, 22 (6): 259 – 269.

② Amy Colbert, Reuven R. Levary, Michael C. Shaner, Determining the Relative Efficiency of MBA. Programs Using DEA [J] . *European Journal of Operational Research*, (2000) 125: 656 – 669.

③ Breu, T. M. , Raab, R. L. , Efficiency and Perceived Quality of the Nation's Top 25 National Universities and National Liberal Arts Colleges and Application of Data Envelopment Analysis to Higher Education [J] . *Socio – Economic Planning Sciences*, 1994, 28 (1): 33 – 45.

④ Beasley, J. E. , Determining Teaching and Research Efficiencies [J] . *Journal of Operational Research Society*, 1995, 46 (4): 441 – 452.

⑤ Chalos, P. , Joseph Cherian, An Application of Data Envelopment Analysis to Public Sector Performance Measurement and Accountability [J] . *Journal of Accounting and Public Policy*, 1995, 14 (2): 143 – 160.

⑥ Mcmillan, M. , Datta, D. , The Relative Efficiencies of Canadian Universities: A DEA Perspective [J] . *Canadian Public Policy – Analyse De Politiques*, 1998, 24 (4): 485 – 511.

通过评价各个院系在这五个指标上的表现，为各个院系的发展提出了决策建议。[1]

科伯特等（Cobert et al. ，2000）利用 DEA 的 BC^2 模型分析了美国排名前25名大学的 MBA 研究所课程规划的相对效率，研究结果表明，所有大学的效率均大于 0.9，且当产出指标的个数越少时，大学的效率值越高。[2]

Korhnen 等（2001）利用 C^{2}R 和 BC^2 模型并结合决策者的偏好信息评估了罗威 Helsinki 经济学院的研究生产力。[3]

Avkiran（2001）利用 DEA 方法对澳大利亚36所高校的办学效率进行了评价，提出了整体绩效、教育服务绩效和注册绩效三个绩效模式，研究结果发现，大多数高校均存在规模经济效益，并能通过 DEA 的结果为效率相对较低高校的资源配置提供参考依据。[4]

约翰等（John et al. ，2002）在比较纽约州立学校各教学区投入产出时，利用 DEA 方法获得了各教学区的投入、产出的不足，以调整不同成本环境下各个教学区的财政投入。[5]

阿博特等（Abbott et al. ，2003）运用 DEA 方法计算了澳大利亚公立大学的技术效率和规模效率，计算结果表明，澳大利亚大学之间的相对效率都比较高。[6]

弗莱格等（Flegg et al. ，2004）利用 DEA 方法考察了英国45所大学的效率在不同时期的变化问题，最后发现，随着时期的变化，英国大学的

① P. J. Agrell, R. E. Steuer, A Decision Support System for Faculty Performance Reviews ［J］. *Journal of Multi - Criteria Decision Analysis*, 2000, 9 (5): 191 -204.

② D. Cobert, Levary, R. R., Shanet, M. C. Determining the Realtive Efficiency of MBA Programs Using DEA ［J］. *Journal of Multi - Criteria Decision Analysis*, 2000 (9): 191 -204.

③ Korhnen, Tainio, Wallenius, Value Efficiency Analysis of Academic Research ［J］. *European Journal of Operational Research*, 2001 (130): 121 -132.

④ Avkiarn, N. K., Investigating Technical and Scale Efficiencies of Australian Universities through data Envelopment Analsis ［J］. *Socio - Economic Planning Sciences*, 2001, 35 (1): 57 -80.

⑤ John Ruggiero, Jerry Miner, Lloyd Blanchard, Measuring Equity of Educational Outcomes in the Presence of Inefficiency ［J］. *European Journal of Operational Research*, 2002, Vol. 142, No. 3, 642 -652.

⑥ Abbott, M., Doucouliagos, C., The Efficiency of Australian Universities: A Data Envelopment Analysis ［J］. *Economics of Education Review*, 2003, 22 (1): 89 -97.

效率发生了较大程度的提升。[①]

Joumady 和 Ris（2005）利用 DEA 方法，基于来自欧洲 8 个国家 209 所高等教育机构的毕业生调查数据，评价欧洲高等教育机构的效率问题，计算结果显示，英国、荷兰、奥地利效率较高，法国和德国效率居中，西班牙、芬兰和意大利效率较低。[②]

Johnes（2006）基于 2000—2001 年的数据，利用 DEA 方法分析了一百多所英国高校的运行效率，结果显示，英国大学的运行效率普遍较高。[③]

Worthington（2008）利用 Malmquist 指数对澳大利亚大学的生产率进行评价，结果表明，澳大利亚大学 1998—2003 年的生产率每年平均提升 3.3%，其中投入指标包括学术人员、非劳动支出、在校学生数量，产出指标包括毕业学生数量、发表论文书记的数量、行业捐款等。[④]

Agasisti（2009）利用 DEA 方法计算了意大利与英国高等教育机构的效率，并进行了对比分析，分析结果显示，两国高等教育机构的效率在各自国内比较时效率均较高，如果将两国高等教育机构合在一起进行效率评价时，英国高等教育机构的效率比意大利的要高。[⑤]

（二）国内研究

DEA 方法在国内高等学校教育评价领域也有了一定的应用，根据国内学者利用 DEA 方法对高等学校教育投入效率的评价，可根据评价对象范围的划分，将国内研究分为高校内不同院系之间的教育评价、高校与高校间的教育评价和不同地区高校的教育评价三类。

1. 不同地区间高校的教育评价

陈通和白建英（2003）利用 DEA 方法选取西部地区各省市作为决策

---

① Flegg, A. T., Allen, D. O., Field, K., Thurlow, T. W., Measuring The Efficiency of British Universities: A Multi – Period Data Envelopment Analysis [J]. *Education Economics*, 2004, 12 (3): 231 – 249.

② Joumady, O., Ris, C., Performance in European Higher Education: A Non – Parametric Production Frontier Approach [J]. *Education Econoics*, 2005, 13 (2): 189 – 205.

③ Johnes, J., Data Envelopment Analysis and Its Application to the Measurement of Efficiency in Higher Education [J]. *Economics of Education Review*, 2006, 25, 273 – 288.

④ Worthington, A. C., Lee, B. L., Efficiency Technology and Productivity Change in Australian Universities 1998 – 2003 [J]. *Economics of Education Review*, 2008, 27 (3): 285 – 298.

⑤ Agasisti T. Johnes, Beyond Frontiers: Comparing The Efficiency of Higher Education Decision – Making Units Across Countries [J]. *Education Economics*, 2009, 17 (1): 59 – 79.

单元评价 1999 年高等教育投入产出的相对有效性，其中投入指标为专任教师中具有博士硕士学历的比例、生均教学仪器设备值、生均预算内教育事业费，产出指标为学校数、在校生数、生师比、高校 R&D 与科技服务课题数。结果显示，西部大部分省份的高等教育均处在非 DEA 有效、规模收益递增阶段，高水平师资力量薄弱，学校规模小导致投入资源的利用率低，西部高校的科研能力偏低，并据此提出了要发挥政府主导作用、探索多元化办学的发展道路、培养高素质师资队伍、提高办学规模、优化专业结构配置、大力推进科技成果的转化和孕育高科技产业等优化西部高等教育投入产出的对策建议。[①]

徐健和汪旭辉（2009）利用 DEA 模型对我国 31 个地区的高等教育效率进行了综合评价，并对 10 个高等教育大省中无效率的省份进行了投影分析，以研究其非 DEA 有效的原因。计算结果表明，我国高等教育效率整体水平不高，平均总效率仅为 0.64，31 个地区中仅有 7 个地区是同时技术有效和规模有效的，大部分地区既非技术有效也非规模有效，很多高等教育大省的投入产出效率比较低下，研究生培养不足、科研产出过低。最后根据分析结果提出了需要进一步扩大高等教育投入以及重视高等教育投入产出指标优化的建议。[②]

曹阳龙（2006）首先从微观角度利用 DEA 方法对我国 31 个省市自治区的高等教育进行实证分析，系统分析了各地区高等教育发展过程中存在的不足，并为资源配置无效的地区提供建议，然后从宏观的角度系统分析了各地区高等教育与区域协调发展过程中存在的问题提出建议。[③]

田东平和苗玉凤（2006）以全国 53 所重点高校作为研究样本，利用 DEA 模型对高校 2001—2003 年的技术效率、纯技术效率、规模效率以及规模收益增减情况进行了测算和分析。结论显示，我国重点高校效率在院校之间具有一定的差异性，地域上存在分布不均现象，华东、华中、西北地区平均效率较高，而华南地区效率较低；从影响高校效率的原因来看，

① 陈通、白建英：《西部地区高等教育投入产出相对有效性的评价研究》，《西北农林科技大学学报》（社会科学版）2003 年第 2 期。

② 徐健、汪旭辉：《我国区域高等教育的效率评价——基于 DEA 模型的实证分析》，《高等工程教育研究》2009 年第 4 期。

③ 曹阳龙：《我国区域高等教育投入产出能力评价》，工作论文，西南交通大学，2006 年。

纯技术效率是影响效率的重要因素。[1]

成刚和孙志军（2008）利用 DEA 方法分析了我国高校 1998—2005 年的效率情况，结果显示，1998—2005 年我国高校的平均技术效率为 0.91，纯技术效率为 0.96、规模效率为 0.96，总体显示，我国高校的 DEA 效率较高，西部地区高校、理工院校、财经政法大学的效率表现更高。另外，我国高校存在规模经济和范围经济，自 1999 年扩招后总体规模经济程度不断上升，但总体范围经济程度在逐步下降。[2]

毛盛勇和喻晓琛（2011）以全国 31 个省区市 2000—2006 年间的数据为基础，利用 DEA 方法分析了省市间高等教育的效率。结果表明，我国 2000—2006 年 31 个地区高等教育效率的变化幅度较小，具有一定的稳定性，但各省市之间的相对效率值变化较大，不少地区规模效率在下降，表现出规模递增的地区在增加，并给出了要进一步提高改善各种投入的技术水平、对部分规模效率较低的地区要加大投入，进一步提高高等教育投入产出效率的建议。[3]

2. 高校与高校间的教育评价

刘亚荣（2001）利用 DEA 方法对我国 55 所综合大学和 257 所工科高等学校进行办学效率评价，其中投入要素有学校年经常费投入、高级职称教学人员、副高级职称教学人员、中级职称教学人员、初级职称教学人员、科研人员、行政人员、工勤人员、教学仪器设备总值、图书册数、教学用房面积、实验室面积、宿舍面积和食堂面积共 14 个指标，产出要素有专科生、本科生、研究生共 3 个指标，均采用 1988 年高校实际数。计算结果显示，综合大学 55 所，其中 49 所达到 DEA 有效；研究型工科大学 132 所，其中 99 所 DEA 有效；教学型工科大学 125 所，其中 71 所 DEA 有效。研究最后阐述了改革政府直接管理高等学校的体制、提高高等学校之间的竞争水平是高等教育管理体制改革的当务之急。[4]

韩海彬和李全生（2009）针对高校投入产出效率评价的问题，建立

① 田东平、苗玉凤：《2001—2003 年我国重点高校效率研究》，《高等工程教育研究》2006 年第 4 期。

② 成刚、孙志军：《我国高校效率研究》，《经济学》2008 年第 3 期。

③ 毛盛勇、喻晓琛：《中国高等教育效率的省际比较——基于 DEA 的分析》，《调研世界》2011 年第 5 期。

④ 刘亚荣：《我国高等学校办学效率评价分析》，《教育与经济》2001 年第 4 期。

了 AHP 和 DEA 相结合的两阶段评价模型。该模型首先利用层次分析法对定性指标进行分析，然后将分析的结果作为 DEA 方法的输出量，并结合其他定量指标进行 DEA 评价，最后通过选取教育部直属的 16 所理工类高校作为样本，验证了该模型的科学性和准确性。[①]

李丽（2005）基于 2003 年的数据，利用 DEA 方法对 12 所教育部直属重点高校的投入产出效率进行了评价。研究结果表明，单纯从投入或产出的绝对值上处于优势的高校，其相对效率可能偏低，如浙江大学、吉林大学；部分高校产出的增长主要是通过投入的增加而取得的，其实际效率可能没有增加，单纯以高校产出的绝对值给高校排名是不科学的。[②]

王巍等（2013）构建了高等教育投入产出指标体系，其中投入指标包括人力资源、物力资源和财力资源，产出指标包括人才培养、科学研究和社会服务，然后利用 DEA 方法中的 C^2R 模型和 BC^2 模型对黑龙江省 9 所高等院校进行实证分析，从微观层面分析了纯技术效率和规模效率，并给出了非规模有效高等院校的改进方向。[③]

李俊峰等（2014）以重庆 6 所市属高校为例，首先利用 AHP 模型对高校教育经费绩效评价体系中的指标进行了量化和权重计算，然后利用 DEA 方法计算了各个高校的经费投入效率，最后根据计算结果对非 DEA 有效的高校提供了整改目标。[④]

3. 高校内不同院系之间的教育评价

郭新立（2003）基于 DEA 模型建立了学科技术有效性评价模型，将高等学校学科作为决策单元，将师资、经费、设备等作为投入指标，成果、人才等作为产出指标，通过多组投入产出组合的结果分析，确定了评价学科的指标是可行的，DEA 方法不仅能确定有效性学科，也可以找到学科无效性的原因，为管理者提供改进依据。[⑤]

① 韩海彬、李全生：《基于 AHP/DEA 的高校投入产出效率评价研究》，《复旦教育论坛》2009 年第 7 期。

② 李丽：《基于 DEA 的高等教育投入产出效率研究》，硕士学位论文，大连理工大学，2005 年。

③ 王巍、王志浩、刘宇新：《高等教育投入产出的 DEA 规模效率研究》，《中国管理科学》2013 年第 11 期。

④ 李俊峰、冯树清、李勋华：《重庆市属高校教育经费投入的绩效评价研究——基于 DEA 及 AHP 模型的分析》，《教育财会研究》2014 年第 4 期。

⑤ 郭新立：《基于 DEA 的学科有效性评价》，《中国管理科学》2003 年第 12 期。

查勇和梁樑（2004）建立了一套对高校院系进行 DEA 有效性评价的指标体系，其中投入指标包括人员（包括高职、其他）和经费，产出指标分为学生数（本科生、研究生）、争取经费（横向经费、纵向经费）、科研成果（专利发明）、学术（国际、国内论文数）四大类，并对某高校 8 个学院的数据进行了分析，利用得到的经济效益评价指标、松弛变量、各投入产出的权重系数等多项分析参数对各院系的经营效益作出评价，而且还可以对其资源配置的合理性、资源利用的有效程度、导致经营无效的因素作出分析。[①]

樊相宇（2006）利用 DEA 中的 BC^2 和 C^2R 模型，以某高校 10 个学院为研究对象，选择教职工数、教学设备总值作为投入指标，选择在校学生数、学术论文数作为产出指标，对其运行效率进行了综合分析和评价，并根据计算结果，针对运行效率较低的院系提出了相应的改进意见。[②]

陈凯华（2006）引入 DEA 的超效率模型（SUP – CCR）对高校内部院系运行效率进行评价，然后利用纳什均衡原理建立均衡模型，得到公共权重，并利用该模型对兰州交通大学的 12 个院系进行了评价，取得了理想的结果。[③]

殷俊明和王平心（2011）利用某高等学校的数据，利用 DEA 方法对该校内部各个院系 2002—2005 年办学效率进行评价，计算出了各院系的技术效率、纯技术效率和规模效率，并进行了效率分析、松弛变量分析、敏感性分析，验证了模型的有效性，为高等院校优化配置各院系的资源提供了数据依据。[④]

傅毓维和邵争艳（2002）利用 DEA 模型中的 Malmquist 生产率指数评价我国 1997—2002 年区域高等教育资源配置的变化情况，并通过 Malmquist 生产率指数的分解，详细分析了区域高等教育资源配置变化的具体原因。分析表明，我国区域高等教育在 6 年时间内资源配置不断提

---

① 查勇、梁樑：《基于 DEA 模型的高等院校院系投入产出效率评估》，《科技进步与对策》2004 年第 1 期。

② 樊相宇：《基于 DEA 的高校院系效率评价》，《西安邮电学院学报》2006 年第 10 期。

③ 陈凯华：《基于 DEA 高校院系运行效率的均衡评价模型建立》，《中国高等教育评估》2006 年第 3 期。

④ 殷俊明、王平心：《基于 DEA 的高等学校内部院系绩效评价》，《管理评论》2011 年第 7 期。

高，提高的主要原因来自于宏观高等教育管理制度的创新。[①]

二 科技经费投入效率研究

根据科技部科技评估中心对科技评估的定义，科技评估是对与科学技术活动有关的行为，根据委托者的明确目的，由专门机构和人员依据大量的客观事实和数据，按照专门的规范、程序，遵循适用的原则和标准，运用科学的方法所进行的专业化判断活动。[②] 多年来，国内外学者针对科技评价进行了大量的研究，取得了许多有价值的成果。

（一）国外研究

美国是最早开始进行科技评价的国家，起始于 20 世纪 20 年代。20 世纪初，美国成立国会服务部（CRS），直接针对各委员会及议员们提出的各类问题进行研究、分析和评估。其中与科技有关的研究、分析和评估即可认为是科技评估的雏形。经过多年发展，该项工作在美国已成为制度化、经常性的工作行为，并建立了科技评估支持系统。其完善的评估机制以及丰富的评估形式和内容，最终影响了许多国家并纷纷效仿。基本效仿美国开展科技评估活动的国家有瑞典、德国、丹麦、荷兰、澳大利亚；部分借鉴美国科技评估的国家有瑞士、匈牙利、墨西哥、俄罗斯等。[③]

琼斯等（Jones et al.，1993）基于 1984—1988 年的数据，利用 DEA 方法对英国各大学经济学系的科研效率进行了评价。研究结果表明，有 9 个大学经济学系的科研水平处于相对有效的状态。另外，他们还发现一些大学的经济学系尽管只有少量的经费投入，但仍然产生了大量的科研成果，这类大学经济学系的做法值得借鉴。[④]

琼斯（2008）利用 DEA 对中国 109 所高等学校的科研效率进行了评价，其中投入指标为教师、学生、资金、资源，产出指标为科研产出的影响力。研究发现，综合性大学的效率比一般性大学要高，沿海地区大学的

① 傅毓维、邵争艳：《Malmquist 指数在评价中国区域高等教育资源配置变化中的应用》，《技术经济》2002 年第 2 期。

② 科技部科技评估中心：《什么是科技评估？科技评估有哪些特点》，http：//www.ncste.org/。

③ 科技部科技评估中心：《国际评估概述》，http：//www.ncste.org/。

④ G. Johnes, J. Jones, Measuring The Research Performance of UK Economics Departments: An Application of Data Envelopment Analysis [J]. *Oxford Economic Papers*, 1993, 45: 332–347.

科研效率比西部地区高。[①]

（二）国内研究

21世纪以来，DEA在国内高校科技投入效率评价领域有了一定发展，根据近些年国内学者利用DEA对高校科技投入效率评价的研究，按评价对象范围的划分可分为高校内不同院系之间的科技评价、高校与高校间的科技评价、不同地区高校的科技评价三类。

1. 不同地区间高校的科技评价

周静等（2005）利用DEA模型对我国29个地区高校科技创新效率进行评价，从人力资源、物资投入、科技经费、发表论文、获奖成果和科技服务六个方面构建了这些地区高校1994—2002年的DEA评价模型。运算结果表明，在评价的29个省份中有7个省份的科技创新效率相对有效，经济欠发达地区的高校也能达到效率有效，不同地区高校的科技创新效率总体差距并不悬殊，我国高校科技创新目前基本处于依靠规模投入带动的发展阶段。[②]

张海燕等（2007）利用DEA的C^2R模型对2002—2005年间我国各省份高校科技创新过程中的经费支出及人员投入的效率问题进行了比较研究。结果显示，24个省份DEA有效，6个省份非DEA有效，并提出了2个规模收益递增的地区需要增加科技经费的投入，4个规模收益递减的地区需要注意科技经费的合理使用、增强经费支出的监管力度。[③]

冯光娣等（2012）运用DEA方法对2000—2009年30个省份高校各项指标的年度数据进行计算，得出了各份高校科研投入产出状况的整体技术效率及其分解结果，然后利用Malmquist指数对各省份的高校科研效率进行动态评价。结果显示，我国高校科研整体上的投入产出效率是有效的，但增长率不尽如人意，从区域上来看，我国高校科研技术效率呈现出东部高于中部、中部高于西部的态势，引发科研效率增长的主要因素是

① Jill Johnes, Li Yu, Measuring the Research Performance of Chinese Higher Education Institutions Using Data Envelopment Analysis [J]. *China Economic Review*, 2008, 19: 679–696.
② 周静、王立杰、石晓军：《我国不同地区高校科技创新的制度效率与规模效率研究》，《研究与发展管理》2005年第2期。
③ 张海燕、陈士俊、王梅、李鑫：《2002—2005年间我国不同地区高校科技创新效率比较研究》，《科技进步与对策》2007年第11期。

技术进步。[①]

陈浩等（2013）利用 DEA 的视窗分析模型对我国各省份高校 2003—2007 年的科研效率进行了动态评价。通过分析结果表明，各省份高校的技术效率和纯技术效率呈递减趋势，规模效率变化无规律。最后分析了各省份高校的科研效率，并与传统的 DEA 方法进行对比，发现两者之间存在很大的偏差，进一步说明了建立分析模型的必要性。[②]

2. 高校与高校间的科技评价

曾昭智等（2003）针对高校内部各院所科研绩效的考核与评价，基于层次分析法和 DEA 方法提出了评价高校各院所科研绩效的二次相对评价法。该方法选用三大检索、科技著作、成果获奖专利权、成果鉴定、承担项目、科研经费、人才培养作为评价指标，在指标的处理上消除了各院系因基础条件差异造成对评价结果的影响，为全面、科学、客观评价高校院系的科研工作提供了一套度量方法。[③]

朱永明和李阳（2013）利用 DEA 方法对河南省 Z 大学 26 个学院 2005—2009 年的科研投入产出数据进行了分析。结果表明，该校部分学院科研投入产出情况较好，非 DEA 有效的院校随着时间的推移效率越来越接近最优，并提出了加强高等教育的合理化投资、增强投入资源的合理利用、缩小各学院不平衡发展状态等合理化建议。[④]

张大伟等（2009）利用面向输出的 C^2R 模型对某大学 13 个工科学院在教师资源、科研经费、在校学生产出、获奖、专利及论文 5 个指标上的效率进行评价。结果表明，只有 5 个学院 DEA 有效，其余 8 个非 DEA 有效，并对非 DEA 有效的 8 个学院提出了改进建议。[⑤]

张建中（2005）以西安交通大学、西安电子科技大学、西北工业大学三所高校的 24 个工科类二级学科为评估对象，应用带有 AHP 约束锥的

① 冯光娣、陈佩佩、田金方：《基于 DEA – Malmquist 方法的中国高校科研效率分析——来自 30 个省际面板数据的经验研究》，《现代财经》（天津财经大学学报）2012 年第 9 期。

② 陈浩、王晓红、张宝生：《基于视窗分析模型的我国高校科研效率研究》，《科研管理》2013 年第 7 期。

③ 曾昭智、牛争鸣、杨庆华、曾新燕：《高校内部院所科研绩效二次相对评价》，《成都理工大学学报》2003 年总第 30 期。

④ 朱永明、李阳：《基于 DEA 的高校投入产出效果分析》，《黑龙江高教研究》2013 年第 3 期。

⑤ 张大伟、薛惠锋、吴介军：《基于 DEA 方法的高校学院科研管理效率评价研究》，《科技管理研究》2009 年第 3 期。

C^2R 模型，对这 24 个学科的建设情况进行效率评价。[①]

3. 高校内不同院系之间的科技评价

王晓红等（2004）提出了一种基于 DEA 和多指标综合评价法的大学科研绩效模型。该模型首先根据多指标综合评价法计算各评价单元的评价结果，然后结合 DEA 模型的计算结果，对多指标评价法的结果进行修正，使得修正后的结果具有考察不同投入规模单元之间产出绩效的比较功能分析。最后，根据 57 所高校 2001 年的科研投入产出数据对绩效模型进行了验证，证明该模型的合理性和有效性。[②]

侯启娉（2005）利用 DEA 方法对 20 所全国知名研究型高校的科研效率进行评价分析。结果显示，理工型大学技术效率的平均值高于综合型大学，但理工型大学固定规模的标准差也大于综合型大学。最后表明 DEA 方法能有效衡量高校科研投入产出的复杂关系。[③]

田东平等（2005）利用 DEA 方法中的 C^2R 和 BC^2 模型对全国 75 所重点高校 2003 年的科研效率进行了分析。结果显示，2003 年我国 75 所重点高校科研平均效率为 0.92，整体相对良好，从地域分布情况来看东部平均值为 0.929，中部平均值为 0.915，西部平均值为 0.902，呈现东部高于中部、中部高于西部的分布趋势。造成我国 75 所重点高校技术无效的原因是规模和纯技术两方面的原因，其中纯技术效率无效造成的影响比重偏大。[④]

赵书新和郑林昌（2009）利用 DEA 方法对北京市 13 所教育部重点直属高校的科技投入产出效率进行分析。结果表明，北京市重点高校的技术效率平均值为 0.983、纯技术效率平均值为 0.988、规模效率平均值为 0.996，科技投入产出综合效率总体运行良好。最后对两所技术效率不为 1 的高校的数据进行了分析，并提出了改进措施。[⑤]

---

①　张建中：《基于 DEA 方法的工科类学科建设效率评估方法研究》，硕士学位论文，西安电子科技大学，2005 年。

②　王晓红、王雪峰、翟爱梅、冯英浚：《一种基于 DEA 和多指标综合评价的大学科研绩效评价方法》，《中国软科学》2004 年第 8 期。

③　侯启娉：《基于 DEA 的研究型高校科研绩效评价应用研究》，《研究与发展管理》2005 年第 1 期。

④　田东平、苗玉凤、崔瑞锋：《我国重点高校科研效率的 DEA 分析》，《科技管理研究》2005 年第 8 期。

⑤　赵书新、郑林昌：《北京市重点高校科技投入产出效率评价》，《消费导刊》2009 年第 8 期。

陆根书等（2005）利用 DEA 方法对教育部直属的 48 所高校 2003 年的科研效率进行了评价，其中投入指标有高级科研人员数、其他科研人员数、科研经费政府拨款和科研经费非政府拨款，产出指标有学术论文数、著作字数、鉴定结果数、技术转让收入。计算结果表明，48 所教育部直属高校科研投入产出效率平均值为 0.817，其中 21 所高校科研投入产出效率 DEA 有效，27 所高校非 DEA 无效，教育部直属高校的科研投入产出效率整体偏低。最后以西安交通大学为例，从投入和产出方面提出了改进方法与措施。[①]

戚湧等（2008）根据 DEA 方法的 C^2R 和 C^2GS^2 模型，设计了高校科研绩效评价指标体系，对江苏省 21 所高校 2006 年的科研效率进行了评价和实证分析，并对 DEA 的决策单元加以进一步区分和排序，通过建立最优和最差的虚拟决策单元，得到高校科研综合效率的统一排序，为高校进行科研效率评价提供了可操作思路。[②]

三 投入评价指标体系

英国副院长与大学校长协会（CVCP）和大学拨款委员会（UGC）联合编制的《英国大学管理统计和绩效指标体系》第二次公布的 39 个指标包括人均学生费用、人均教学人员费用、人均教学人员的辅助人员费用、人均教学人员的设备费用、人均科研收入、科研研究生占学生的比例、教学研究生占学生的比例、所有研究生占学生的比例、学生与教学人员的比例、学校管理费用占拨款总费用的比例、学校管理人员费用占学校管理费用的比例、人均学生学校管理费用、人均教学人员学校管理费用、图书馆费用占一般费用的比例、图书费用占图书馆费用比例、图书馆人员费用占图书馆费用的比例、人均学生的图书馆费用、人均教学人员图书馆费用、人均学生图书的费用、人均学生期刊费用、计算机服务费用占一般费用的比例、计算机服务人员费用占计算机服务费用的比例、人均学生计算机服务费用、人均计算机服务人员费用、房地产费用占总的一般费用的比例、房地产人员费用占其费用比例、取暖水电费占总的一般费用的比例、清洁和保管服务费用占总的一般费用的比例、修理和维护费用占总的一般费用

---

① 陆根书、刘蕾、孙静春、顾丽娜：《教育部直属高校科研效率评价研究》，《西安交通大学学报》（社会科学版）2005 年第 2 期。

② 戚湧、李千目、王艳：《一种基于 DEA 的高校科研绩效评价方法》，《科学学与科学技术管理》2008 年第 12 期。

的比例、电话费用占总的一般费用的比例、人均学生房地产费用、人均学生房地产人员费用、人均学生取暖水电费用、人均学生清洁和保管服务费用、人均学生修理和维护费用、人均学生电话费用、人均学生就业指导费用、人均学生学生会和社团费用、6 个月后毕业生的就业率，其中人均学生和人均教学人员分别指全日制等值学生和全日制等值教学人员。①

以中国管理科学研究院科学学研究所研究员武书连为组长的中国大学评价课题组自 1993 年首次发布《中国大学评价——1991 研究与发展》以来，不断对中国大学评价的指标体系和评价方法进行改善，目前形成了以人才培养和科学研究为两大指标的大学综合实力排行。武书连将中国大学评价指标体系分为三级指标，总权重100%，指标体系如图 1 - 1 所示。

2009 年，中国教育科学究院高等教育研究中心首次在国内发布《教育部直属高校绩效评价报告》②，2011 年高教中心课题组在 2009 年研究的基础上再次对 72 所教育部直属高校进行评价，为 69 所直属高校分别撰写个性化《高校绩效评价报告》，2012 年高教中心课题组在充分吸取直属高校合理化建议基础上，再次调整了高校绩效评价指标与方法，对直属高校最近五年的绩效状况进行评价。高教中心课题组将 72 所直属高校分为三个类型分别计算其投入产出值，其中，"综合类"高校含师范 27 所，"大理类"包括理工、农林、医药等高校共 32 所，"大文类"包括语文、财经、政法、艺术等高校共 13 所。根据分类思想，2012 年的高校绩效评价形成分类指标体系。三个大类所含高校的投入指标均相同，分为人力投入、财力投入和物力投入三类，包含教师、经费、基本建设等共 12 项指标。三个大类的产出指标分为教学产出、科研产出和社会服务产出三类，包含学生、论文、课程、成果运用、获奖、地方服务等指标。三个大类在指标上有不同的偏重，其中综合类包含 21 项指标、大理类包含 29 项、大文类包含 14 项。指标确定后，课题组采用主成分分析法分别计算出直属高校 2007—2011 年的投入、产出指标综合得分，然后以"位差法"归类显示高校的绩效状况（即将各高校产出得分排序与投入得分排序的差值

---

① Cave, Martin, Hanny, Stephen and Kogan, Mauric, *The Use of Performance Indicators in Higher Education: A Critical Analysis of Developing Practice.* Jessica Kingsleg Publicshers Ltd., 1988, 40 -41.

② 中国教育科学研究院高等学校绩效评价研究课题组：《教育部直属高校绩效评价(2012)》，《大学》（学术版）2013 年第 10 期。

作为绩效评价的归类标准），形成三种绩效类别。产出得分排序低于投入得分排序的划为"绩效偏低"类，表示产出低于投入；产出得分排序等于投入得分排序的划为"绩效相当"类，表示投入与产出相当；产出得分排序高于投入得分排序的划为"绩效偏高"类，表示产出高于投入。根据绩效归类结果，28所高校绩效偏高，16所高校绩效相当，28所高校绩效偏低。

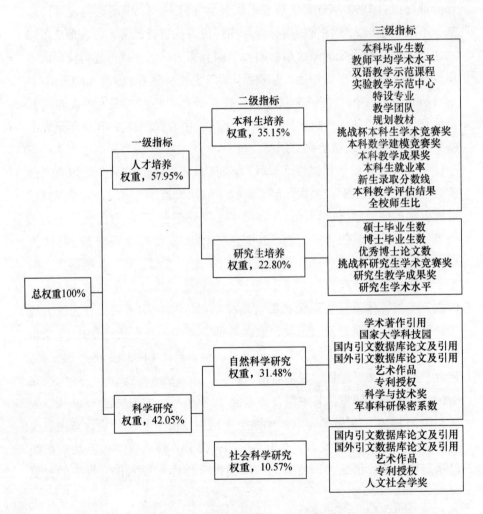

图1-1　武书连中国大学评价指标体系

中国校友会网（www.cuaa.net）自2003年首次发布《2003年中国大学排

行榜》，已连续 12 年发布中国大学评价研究报告。[1] 2014 年 3 月 26 日，中国校友会网发布了最新的《2014 中国大学评价研究报告》，报告公布了最新一期 2014 年中国大学排行榜、中国各类型大学排行榜、中国大学科学贡献排行榜等。排行榜以衡量高校的人才与科学贡献能力为评价指标，评价数据全部采用第三方权威机构、政府部门和新闻媒体公布和认定的客观数据，侧重对反映中国高校人才培养和科学研究的高端办学指标进行综合评价。[2] 大学排行榜以人才和科学贡献作为分类基准，将大学分为研究型大学、专业性大学、应用型大学和技术性大学四种办学类型。2014 年中国大学排行榜采取三级评价指标体系，一级指标由人才培养、科学研究和综合声誉三个指标构成；二级指标由科研基地、科研项目、科研成果、培养基地、师资队伍、杰出校友、办学定位和社会声誉构成；三级指标由科学创新基地、基础科研项目、高端科研成果、杰出人才、杰出师资、学科水平、办学层次、校友捐赠、生源竞争力和媒体影响力等高端指标构成。2014 中国大学排行榜评价指标及权重如表 1-1 所示。

表 1-1　　　　　　　2014 中国大学排行榜评价指标及权重

单位:%

一级指标	二级指标	三级指标	指标权重
人才培养	杰出校友	杰出人才	21.83
	师资队伍	杰出师资	13.10
	培养基地	学科水平	10.92
科学研究	科研成果	高端科研成果	21.83
	科研基地	科学创新基地	9.61
	科研项目	基础科研项目	12.01
综合声誉	办学定位	办学层次	2.18
	社会声誉	校友捐赠	3.06
		生源竞争力	1.09
		媒体影响力	4.37

---

①　中国校友会网:《中国大学评价研究报告》，http://www.cuaa.net。
②　中国校友会网:《2014 中国大学排行榜评价指标体系》，http://www.cuaa.net/cur/2014/xj02.shtml。

　　我国最早的高校科研机构评价指标体系是由教育部委托高校研究机构评估方案课题组于 1988 年设计完成的，该评价指标体系包括研究方向和任务、研究成果与人才培养、研究队伍和条件 3 个层次及 25 个指标，并确定了这些指标的权重和分值，指标采用人均数和比例数。

　　新疆大学党亚茹、杨霞、高峰等在 1998 年利用层次分析法分析了科技产出各项指标的权重，其中获奖成果权重为 0.40（国家自然科学奖为 0.22，国家发明奖为 0.22，国家科技进步奖为 0.22，国务院各部门科技进步奖为 0.18，省级科技进步奖为 0.16），专著权重为 0.10（其中部数为 0.67，字数为 0.33），论文数权重为 0.10（国外学术刊物为 0.60，全国性学术刊物为 0.30，地方性学术刊物为 0.10），鉴定成果权重为 0.20（国际水平为 0.46，国内首创为 0.31，国内先进为 0.15，其他为 0.08），专利权重为 0.10（专利申请数为 0.30，专利授权数为 0.50，专利出售数为 0.20），技术转让权重为 0.10（合同数为 0.40，实际收入为 0.60）。① 新疆大学党亚茹、杨霞在 2000 年对科研产出进行了新的调整，其中获奖成果为 0.50，技术转让为 0.12，专著为 0.11，论文数为 0.11，应用成果为 0.16。②

　　湖南师范大学陈冠初等在评价湖南省高等学校科技投入与产出状况时，同样利用层次分析法对高校的科技产出给出不同权重，分别是专著为 0.25，学术论文为 0.15，鉴定成果为 0.20，获奖成果为 0.20，技术转让合同数为 0.20。③

　　华南师范大学王楚鸿等（2010）在全国高校科技经费投入产出效率分析时，利用层次分析法对高校的科技产出指标分别计算了不同权重，其中科技论文（篇）分为国外科技论文数和国内科技论文数，权重分别为 0.6982、0.3018；专利成果（项）分为发明、实用新型和外观设计，权重分别为 0.6046、0.2583、0.1371；科技奖励（项）分为国家奖、部委奖和省级奖，权重分别为 0.5607、0.2607、0.1786，其中国家奖又分为特等、一等、二等、三等和四等，权重分别为 0.4958、0.2282、0.1442、

　　① 党玉茹、杨霞、高峰：《知识经济与全国高校科技实力评价》，《科学管理研究》1998 年第 1 期。

　　② 党亚茹、杨霞：《新疆高等院校的 R&D 评价》，《新疆大学学报》（社会科学版）2000 年第 4 期。

　　③ 陈冠初、颜胜利、周蒲荣、王季惠、陈红：《1986—1993 年湖南省高等学校科技投入与产出状况的统计与分析》，《湖南师范大学自然科学学报》1995 年第 2 期。

0.839、0.0479。①

漳州师范学院刘荣（2009）设计了高等教育经费投入绩效评价体系，将评价指标体系划分为投入资金指标、产出效益指标、资金利用效率指标、发展潜力指标及综合实力指标，每项大的指标类别中又分为若干个小指标。②

第四节　研究思路、研究方法及创新点

本节主要介绍本书的研究思路、研究方法及创新点。

一　研究思路

本书以高等学校经费投入效率为研究主题，在对我国高等学校教育经费和科技经费的现状、存在的问题和原因进行分析，并在借鉴国外高校经费管理模式经验的基础上，构建我国高校教育经费和科技经费投入效率评价指标体系，然后利用 DEA 的 BC^2 模型、C^2R 模型、Malmquist 指数、视窗分析模型对我国 30 个省份的教育经费和科技经费的投入效率进行实证分析，最后根据分析结果给出结论和建议。

本书共分为六章，各章的具体内容如下：

第一章首先对高等学校经费投入的相关概念进行了介绍，然后介绍了效率的概念以及高校经费投入效率评价的常用方法，最后介绍了国内外学者关于经费投入效率研究的相关文献。

第二章从教育经费和科技经费两方面分别介绍了经费投入的政策发展、理论基础、来源支出现状等。

第三章首先引入了效率的度量，包括投入主导型的效率度量、产出主导型的效率度量及规模效率，然后介绍了数据包络分析方法，包括 DEA 的产生、发展、基本模型、Malmquist 指数及视窗分析模型，最后介绍了计算指标权重的层次分析法。

第四章首先构建了高校教育经费投入效率评价指标体系，然后利用 DEA 模型对 2011 年高校教育经费的投入效率进行了分析，最后利用

① 王楚鸿、杨干生：《全国高校科技经费投入产出效率分析——基于 1992—2007 年面板数据的研究》，《科技管理研究》2010 年第 13 期。

② 刘荣：《高等教育经费投入绩效评价体系研究》，《财会通讯》2009 年第 2 期。

Malmquist 指数和视窗分析模型基于 2002—2011 年高校教育经费投入产出的面板数据，对 30 个省份十年来的高校教育经费投入效率进行分析。

第五章首先构建了高校科技经费投入效率评价指标体系，然后利用 DEA 模型对 2011 年的高校科技经费的投入效率进行了分析，最后利用 Malmquist 指数和视窗分析模型，基于 2002—2011 年高校教育经费投入产出的面板数据对 30 个省份十年来的高校科技经费投入效率进行分析。

第六章总结前面五章的主要内容，在 DEA 方法分析基础上并结合实际，对现阶段的教育经费和科技经费的投入效率进行评价，从而为未来高校教育经费和科技经费投入机制的进一步改革和完善提供有价值的建议。

二 研究方法

本书的研究采用如下方法：（1）文献法。对国内外大量关于高校教育经费和科技经费投入效率的研究成果进行整理，掌握最新的研究并了解其最新的发展趋势。（2）比较分析法。在对我国高校经费管理的现状、存在的问题及原因进行分析基础上，比较分析国外高校经费投入效率评价的成功经验和做法，为构建我国高校经费投入评价指标体系提供经验借鉴。（3）实证研究法。通过收集我国 30 个省份高校 2002—2011 年教育经费、科技经费的投入产出数据，基于我国高校经费投入评价指标体系，应用 DEA 相关统计分析软件，以实例对 2002—2011 年 30 个省份高校的经费投入效率进行实证分析。

三 创新点

本书的创新点主要如下：（1）将 DEA 方法运用于区域高校教育经费和科技经费投入效率评价的研究领域，构建了基于 DEA 的高校教育经费和科技经费投入效率评价指标体系，并以国家相关数据为依据，增强了数据的权威性，并保证了分析结果的准确性。（2）利用 DEA 方法中的 Malmquist 指数对 2002—2011 年高校经费投入产出的面板数据进行了分析，动态分析了高校经费投入效率的演变。（3）利用 DEA 方法中的视窗分析模型对 2002—2011 年高校经费投入产出的面板数据进行分析，比较分析了窗宽为 1—10 的我国高校教育经费的投入效率，然后确定了视窗分析模型的理想窗宽，最后对理想窗宽下高校经费投入效率进行了评价。

第二章 高校经费投入的
政策支持及现状

高等教育是国家发展和社会进步的重要推动力量，高等教育投入是高等教育发展的物质基础和经济支柱，世界各国都在不断探索和完善高等教育的投入机制。我国高等学校的经费政策随着我国管理体制、经济体制的变化不断完善，并经历了多个发展阶段，了解我国高等学校经费投入政策的发展及现状是深入认识我国高等学校经费投入体制的前提。[①] 本章将分别从教育经费和科技经费两方面介绍经费投入的政策发展、理论基础、来源和支出现状等，为后续的投入效率分析提供理论基础和数据支撑。

第一节 教育经费投入的
政策支持及现状

为了更好地分析我国高等学校教育经费的投入效率，本节首先介绍教育经费的发展政策；其次介绍高等教育经费的理论基础，包括准公共产品理论、成本分担理论、教育公平理论和人力资本理论；最后分析高等学校教育经费来源和支出的现状，以对我国高校教育经费投入的政策及现状有一个全面了解。

一 教育经费政策的发展

新中国成立以来，我国高等教育的发展经历了曲折的发展，随着管理体制、领导体制、经济体制的变化，高等学校教育经费的政策和来源也经历了几个发展阶段。

---

① 王建华、党艳芳、王丹：《高等教育投入体系与办学效益研究——以江苏省为例》，南京师范大学出版社 2011 年版。

（一）国家单一拨款阶段（1949—1979 年）

新中国成立之时，我国高等学校的学科设置、管理模式、内部财务制度等各方面都深受苏联的影响，高等学校的教育经费主要源于政府的预算内拨款，预算外资金只占很小比重。政府的预算内拨款主要包括财政预算内的教育事业费拨款、教育基本建设费拨款、各种用于高等教育的专项支出资金、其他预算内用于高等教育的支出资金等。在这种拨款体制下，高等学校所需经费完全由中央财政下拨、专款专用，高等学校在年终决算后需要将年终结余返还国家。

1950 年 6 月 1 日教育部召开第一次全国高等教育工作会议，讨论了改造高等教育的方针和新中国高等教育的建设方向，明确了新中国高等教育的服务目标，认为"工农"是新中国高等学校主要的服务对象。1952年 7 月 8 日，政务院发布《关于调整全国高等学校及中等学校学生人民助学金的通知》，当年 7 月 23 日教育部发布了《关于调整全国各级各类学校教职员工资及人民助学金标准的通知》，其中规定，"高等学校的学生，毕业后即由国家统一分配参加各种建设工作，现在人数还很有限，为鼓励青年升入高等学校并保证其学习任务，规定全部给予人民助学金"，这意味着我国建立了全面免除高等教育学费、以人民助学金解决生活费用的制度，这一制度基本延续到改革开放以后的十几年。

这一阶段的教育经费除了极少的科研经费来自企业外，几乎所有的资金都源于政府的预算内拨款，这一阶段的主要特征为经费来源一元化，这也是与当时的计划经济相符合的。这样的管理体制不仅给国家的财政带来了巨大的经济负担，也使高等教育缺乏活力，严重阻碍了高等学校的发展，也阻碍了经济的发展。

（二）财政拨款为主、其他多种渠道筹措教育经费为辅的阶段（1980—1996 年）

党的十一届三中全会的召开，不仅使我国在经济、政治领域发生了重大变化，也使我国的高等教育事业迎来春天。国家在经济领域实施市场经济的同时，也对我国高等教育经费的投入体制进行了改革。

1980 年 6 月 11 日，教育部、国家劳动总局、财政部联合发布《高等学校建立学校基金和奖励制度试行办法》，批准高等学校建立学校基金，将学校校办企业农林牧场实现的净利润、科员成果转让及利润分成、实验设备对外开放服务及对外销售产品收入、科技服务收入及后勤服务收入纳入学校基金进行管理，学校对基金拥有自主支配权。

1985 年 5 月 27 日，中共中央发布《关于教育体制改革的决定》，明确了在国家统一的教育方针和计划的指导下，扩大高等学校的办学自主权，加强高等学校同生产、科研和社会其他各方面的联系，使高等学校具有主动适应经济和社会发展需要的积极性和能力，进一步扩大了高等学校的办学自主权。

1987 年，国家开始推行非义务教育的成本分摊制度，将原来的助学金制度改为奖学金、助学金、贷学金相结合的方式，鼓励高等学校拓宽经费来源渠道。

1989 年，开始对高等教育实行试收费，虽然当年的收费标准为 200 元，却使高等教育收费改革迈出重要一步，此后收费范围逐步扩大，收费标准也逐步提高。

1993 年 2 月 13 日，中共中央、国务院颁布《中国教育改革和发展纲要》，纲要特别提出了"改革办学体制"、"改变政府包揽办学的格局，逐步建立以政府办学为主体、社会各界共同办学的体制"、"对社会团体和公民个人依法办学，采取积极鼓励、大力支持、正确引导、加强管理的方针"等政策方针，使我国逐渐开始形成以政府办学为主、社会各界广泛参与办学的新局面。

1995 年 3 月 18 日，第八届全国人民代表大会第三次会议通过了《中华人民共和国教育法》，自 1995 年 9 月 1 日起施行。教育法以法律形式确定了"国家建立以财政拨款为主、其他多种渠道筹措教育经费为辅"的体制，即以财政拨款为主，辅以教育税费、校办产业收入、社会捐赠、集资和建立教育基金等多渠道筹措教育经费，并在条例中提出了"国家财政性教育经费支出占国民生产总值的比例应当随着国民经济的发展和财政收入的增长逐步提高"这一举措。

（三）财政拨款为主、社会多渠道投入为辅的阶段（1997 年至今）

1996 年，我国高等教育试行并轨招生（不再分公费生、自费生），一些高校作为试点，其学费开始增加。1997 年，我国高等教育开始实行全面并轨招生，高校学费出现了大幅度地增长，由原来的 200 元普遍涨到了3000 元左右，到 2000 年高校学费普遍超过 4000 元，学费年增长幅度达到 30% 甚至 50%。

1998 年起，各级财政大大减少对高等学校的预算内基建拨款，允许高校通过适当收取住宿费的方式来解决基本建设所需资金。

1999 年 6 月 16 日，原国家计划发展委员会和教育部联合发出紧急通知，将全国普通高校招生规模从 1998 年的 108 万人扩大到 159 万人，从此我国的高等教育进入了国际公认的高等教育大众化发展阶段。

自 1999 年高校扩招以来，我国高校的经费来源开始出现多元化，国家财政投入的比例开始减少，部分高校的自筹资金与社会筹资部分之和已经超过了国家财政投入的资金。随着高校独立法人实体地位的确认，高校在招生、教学、筹资等方面都有了较大的办学自主权，高校有了一定的筹资功能，高校除了按国家规定标准收取的学费和住宿费外，还纷纷与金融机构进行直接或间接的融资。近年来，社会（民间）资本通过借贷、股份制、托管、合作等资本组合模式进入高校，出现了校校联合、校企联合、银校联合等多种办学模式。

2010 年 7 月 29 日，党中央、国务院发布了《国家中长期教育改革和发展纲要（2010—2020 年）》，这是中国进入 21 世纪之后的第一个教育规划，是指导全国教育改革和发展的纲领性文件。纲要中专门用一个章节讲述了"保障经费投入"，并明确规定"要健全以政府投入为主、多渠道筹集教育经费的体制，大幅度增加教育投入"、"各级政府要优化财政支出结构，统筹各项收入，把教育作为财政支出重点领域予以优先保障"、"提高国家财政性教育经费支出占国内生产总值比例，2012 年达到 4%"、"到 2020 年，基本实现教育现代化，基本形成学习型社会，进入人力资源强国行列"等措施。①

二　高等教育经费理论基础

由于我国高等教育经济学特别是高等教育经费筹资问题研究起步较晚，在高等教育经济学科理论体系构建之初，就借鉴了国外相关的理论，包括准公共产品理论、成本分担理论、教育公平理论、人力资本理论等，这些理论为我国高等教育规模的发展、政策支持提供了重要的理论依据，对研究高等学校教育经费提供了理论参考。

（一）准公共产品理论

公共产品的概念最初由兰度尔提出，后来萨缪尔森在 1954 年、1955

---

① 国家中长期教育改革和发展规划纲要工作小组办公室：《国家中长期教育改革和发展纲要（2010—2020 年）》，http：//www.gov.cn/jrzg/2010-07/29/content_ 1667143. htm。

年分别发表的《公共支出的纯理论》和《公共支出理论的图式探讨》中对公共产品进行了解释：公共产品是具有非排他性和非竞争性的产品。

公共产品是私人产品的对称，公共产品与私人产品相比具有非排他性、非竞争性和不可分割性三个显著不同的特征。其中，非排他性是指产品在消费过程中产生的利益不能为某个人或某些人独享，从技术上加以排除几乎不可能或排除成本很高，例如空气污染的治理；非竞争性，是指任何人对公共产品的消费不会影响其他人同时享用该产品，在现有的公共产品供给水平上，新增消费者不需要增加供给成本，如国防、灯塔等；不可分割性，是指公共产品不像私人那样可以被分割为很多可以买卖的单元，如治安、外交等。

根据公共产品非排他性、非竞争性特征，可以将公共产品划分为纯公共产品和准公共产品。纯公共产品一般具有规模经济特征，不可能通过特定的技术手段进行排他性使用，否则代价将非常昂贵，例如国防、法律秩序等属于典型的纯公共产品。还有一些产品介于私人产品和纯公共产品之间，既具有私人产品的性质，又具有纯公共产品的性质，被称为准公共产品。准公共产品，一方面在消费上具有排他性，在供给上可以实行排除，将不付款者排除在外；另一方面，它又具有外在利益，可以为社会共同享有，不能在个人间划分，也不能将一些人排除出去。这类产品在消费时既不是排他的，也不是人人都可以享用的，它带有局部公共产品的性质，因此又被称为"俱乐部产品"，大多采取限制式的购票消费形式，必须付费才能消费，例如有线电视、高速公路等。

高等教育作为非义务教育，是建立在普通教育上的专业性教育，我国的公民都有进入高等学校享受高等教育的权利。但由于我国人口众多，高等教育资源比较匮乏，每年的招生人数有限，社会对高等教育的需求量远远超过高等教育的供给量，高等教育必须通过招考的方式适量选拔学生进入高等学校进行学习，在既定的高等教育的投入下，一个人受高等教育势必会减少其他人受高等教育的机会，这样使高等教育具有一定的竞争性和排他性，具有私人产品的特征。高等教育除了人才培养，还可以带来巨大的社会效益（如可以推进科技进步、提升医疗技术水平、提高国民素质等），高等教育的社会效益对于整个国家和社会而言是不可分的，从这个角度看它又具有纯公共产品的特征。综上所述，高等教育既具有公共产品的特征，又具有私人产品的特征，属于准公共产品的范畴。

高等教育作为准公共产品，一方面准公共产品的经济属性决定了在高等教育的资源配置中，政府具有不可或缺的重要作用，政府有责任对高等教育机构进行监管并通过财政拨款的方式为高等教育提供教育经费；另一方面，高等教育具有私人产品的特征，它为受教育者提供了教育服务，受教育者也有义务交纳一定的学费。由此可见，基于高等教育的准公共产品属性，国家、社会、个人都是高等教育的受益者，均需承担相应的教育成本，这为高等学校教育经费来源的多元化提供了理论依据。

(二) 成本分担理论

高等教育成本分担理论是由美国著名高等教育财政问题专家布鲁斯·约翰斯通 (D. Bruce Johnstone) 在《高等教育成本分担：英国、联邦德国、法国、瑞典和美国的大学资助》中正式提出来的。高等教育成本分担是指高等教育成本完全由政府或者纳税人负担，转向至少部分地依靠家长和学生负担，以交学费的方式补偿部分教学成本，或以支付使用费来补偿由政府或大学提供的住宿和膳食。

高等教育成本分担理论认为，高等教育的成本分担应当由在教育中获得益处各个主体来承担，分担遵循"利益获得"和"能力支付"原则。其中"利益获得"原则是指从高等教育中获得好处和利益的主体，应当支付教育经费；"能力支付"原则是指以获取利益主体的分担能力作为高等教育成本的分担标准，能力越大、投入越多、分担越多，这也体现了社会的公平，这两个原则相辅相成，缺一不可。

高等教育成本分担理论认为，可以将高等教育成本的分担主体分为如下四个部分：政府、学生、学生家庭、捐赠个人或团体。高等教育作为准公共产品，具有一定的公共产品属性，它除了为社会经济发展培养各种有用人才外，还承担一定的社会政治及思想文化功能，国家的政治稳定、经济发展和文化繁荣都离不开高等教育，因此政府作为高等教育的最大受益者，应该为高等教育承担主要的经济费用。学生在接受高等教育的过程中，不仅在学校能获得知识，还能在毕业后获得更好的工作机会，获得更高的收益，因此学生作为受教育的主体应该承担一定的高等教育成本。对学生家庭而言，学生接受高等教育后，未来的收入不仅能提升家庭的经济收入，也能提高家庭的社会地位，因此学生的家庭或家长有责任和义务承担一定的高等教育成本。企业不仅能从高等教育的学生中招聘符合企业要求的人才，也能享受高等教育的科研成果，从利益获得原则出发，企业也应该承担一部分高等教育成本。约翰斯通分析认为，教育成本的分担有六种形式：初始学费、大幅上涨的学费、住宿费和生活费、奖学金助学金的减少、助学贷款的增加以及政府补贴的减少。[①]

目前，高等教育成本分担理论获得了世界上大部分国家的认可，我国采取的是财政拨款为主、社会多渠道投入为辅的分担模式，高等教育成本分担理论为高等教育经费的来源提供了理论支撑。

（三）教育公平理论

教育公平观念源远流长，追求教育公平是文明社会孜孜以求的理想。在我国，早在两千多年前，孔子就提出了"有教无类"的朴素的教育公平原则；在西方，古希腊大思想家柏拉图最早提出了教育公平的思想，亚里士多德则首先提出通过法律来保证公民的教育权利，18 世纪末，教育公平的思想已经在一些西方国家转化为立法措施，通过法律确定了人人都有受教育的权利。通过历史分析，可以这样界定教育公平：所谓教育公平，是指国家对教育资源进行配置时所依据的合理性的规范或原则，这里所说的"合理"是指要符合社会整体的发展和稳定，符合社会成员的个体发展和需要，并从两者的辩证关系出发来统一配置教育资源。

瑞典教育家胡森针对欧美在第二次世界大战后的教育公平研究做了综合型的评述，通过对"平等"和"机会"的解说来分析教育公平问题。

他认为，"平等"主要有三个含义：教育起点公平、过程公平和结果公平。教育起点公平是教育公平最基本、最明显的标志，是指每个人不受种族、出身、性别、经济地位、居住环境的影响，均有平等享受教育的权利和义务；教育过程公平是指在接受教育的过程受到公平的对待，即以公平为基础对待不同种族、不同社会出身的人，在教育过程中，教育过程公平涉及学生的人格是否得到尊重、学习过程能否得到公平评价、是否公平地享受学校的教学资源等；教育结果公平是指学生的学习结果实质性的公平，它以承认个体差异为前提，每个人接受教育后，取得学业成功的机会均等。

"机会"则是作为可变因素，包括一组对个人教育有影响的变量，主要如下：一是学校外部的各种因素，如学生的家庭情况、学校地理位置、

---

① 范文、闫国华：《高等教育发展的财政政策——OECD 与中国》，教育科学出版社 2005 年版。

交通工具等；二是学校的各种物质设施，如学校的教室设备、图书馆、实验室、操场等；三是家庭环境中的某些心理因素，如家长对知识的态度、家长对子女的期待等；四是学校环境中的某些心理因素，如教师的能力、教师的专业态度、教师对学习成绩的期望等；五是学习机会，包括教学时数、课外作业量等。

我国早在 1986 年就发布了《中华人民共和国义务教育法》来保证所有适龄儿童、少年接受九年义务教育的权利。法律规定，"义务教育是国家统一实施的所有适龄儿童、少年必须接受的教育，是国家必须予以保障的公益性事业。国家建立义务教育经费保障机制，保证义务教育制度实施"，它对我国社会发展和科技进步、教育普及等产生了深远的影响。政府对教育公平十分重视。党的十八大报告明确指出，要"大力促进教育公平，合理配置教育资源，重点向农村、边远、贫困、民族地区倾斜，支持特殊教育，提高家庭经济困难学生资助水平，积极推动农民工子女平等接受教育，让每个孩子都能成为有用之才"。虽然我们国家和政府对教育公平问题很重视，但由于社会发展的不均衡、教育资源配置的差异，仍然导致了高等教育的不公平，主要表现在教育资源配置失衡，导致两级教育差距较大，东部发达地区与中西部贫困地区教育资源两极分化、贫富差距所享受的教育资源两极分化严重；高等教育招生制度中的部分特殊政策造成"区域差别"和"高考移民"等现象，同样考分的学生因为所处区域不一样导致进入高校等级不一样；教育歧视现象普遍存在，突出表现在就业竞争的不公平，众多学生因学校、性别、家庭出身、社会经济地位、生理条件等原因，在学习与发展、升学与就业等方面遭遇不公平待遇等。

对个人而言，教育公平是社会公平、经济公平、政治公平的起点和基础，教育不公平会影响学生的一生。经济合作与发展组织（Organization for Economic Cooperation and Development，OECD ）所做的 PISA 研究（Programme for International Student Assessment，一项国际性学生学习质量比较研究项目）表明，一些国家和地区的教育系统可以有效地缩小社会不公平对学生学业表现的影响，促进教育公平和社会公平；对社会而言，教育公平对促进经济公平、就业公平意义重大，通过公平的教育，可以提升个人的生产能力，促进就业，带来社会的公平，促进社会的稳定和发展。

为促进教育公平，需要继续合理、高效地建立高等学校教育经费的投入机制，建立一个强有力的高等教育学生经济保障体系，确保在接受高等教育过程中学生受到公平对待。教育公平理论为高等学校教育经费的投入效率研究提供了理论指引和保障。

（四）人力资本理论

人力资本理论最早起源于西方经济学的研究，1935 年美国哈佛大学学者沃尔什在其著作《人力资本观》中首次提出了"人力资本"的概念。1979 年诺贝尔奖获得者西奥多·W. 舒尔茨（Thodore W. Schults）在 1960 年美国经济学年会上以会长身份作了题为"人力资本投资"的演说，系统地阐述了人力资本理论，明确提出人力资本是当今时代促进国民经济增长的关键动因。舒尔茨还进一步研究了人力资本形成方式与途径，并对教育投资的收益率以及教育对经济增长的贡献作了定量研究，可以说舒尔茨是人力资本理论开创者。随后贝克尔、爱德华·丹尼森、雅各布·明赛尔等经济学家不断对人力资本理论丰富和完善，现在人力资本理论作为经济学的一门分支已经形成并发展起来。

物力资本是指物质产品上的资本，包括厂房、设备、土地、原材料、机器、货币等，而人力资本则是与物力资本相对应的概念。人力资本是指凝聚在劳动者身上的知识和技能的积累，由于这种知识和技能可以为其所有者带来工资、奖金等收益，因而形成了一种特定的资本——人力资本。人力资本可以通过教育、培训、实践经验、医疗卫生保健、劳动力国内流动、国外移民、人才引进等途径形成。

人力资本理论突破了传统理论中的资本只是物力资本的束缚，认为对生产物质的投资和对人的投资都是生产性的投资，都是经济增长必不可少的动力，但人力资本比物力资本更重要、具有更大的增值空间，特别是在现在科技飞速发展、经济飞速增长的时代，人力资本有着更大的增值潜力。人力资本的投资有多种途径，其中教育是人力资本投资的核心，这种投资的经济效益远大于物力投资的经济效益，因此也可以将人力投资问题视为教育投资问题。

人力资本作为一种投资，能够给社会和个人带来巨大的收益。对社会而言，教育提高了劳动生产率，增加了经济效益，人力资本投资收益率远超物力资本的投资收益率，比物力资本投资作用更为显著。舒尔茨运用"经济增长余数分析法"对 1929—1957 年美国教育投资与经济增长的关系作了定量研究，最后得出结论：各级教育投资的平均收益率为 17%，教育投资增长的收益占劳动收入增长的比重为70%，教育投资增长的收益占国民收入增长的比重为33%。对个人而言，通过教育可以提高人的知识和技能，提高生产效率和处理不平衡状态的能力，使个人的工资和薪金结构发生变化，从而带给个人更高的收入、更强的就业能力。个人教育水平的提升也能提升整个社会的素质，影响个人收入的分配，减少收入分配不平衡的状态，增强社会的稳定，促进经济的发展。由此可以看出，通过教育投资所形成的人力资本，无论是对社会还是个人均起到了重要作用，根据"利益获得"原则，这种投资应该由人力资本的获益者——社会和个人共同负担。高等教育是人力资本的源泉，其成本应当由人力资本的受益者社会、个人、家庭、企业共同分担，这也为高等教育经费来源多元化奠定了理论基础。

三　高等学校教育经费来源及支出现状

经济基础决定上层建筑。高等学校的发展也同样需要巨大的经费投入来支撑，高等学校经费投入的多少将直接影响高等学校的发展。本小节先从我国教育经费的来源着手，分析我国教育经费的来源结构，然后分析我国高等学校教育经费的来源结构，最后分析我国高等学校教育经费的支出结构，以期对我国高等学校教育经费的来源支出进行整体把握。

（一）教育经费来源结构

为更好地对我国高等教育经费来源进行分析，首先对2002—2011年的我国各级各类学校的教育经费来源结构进行统计分析。从表2-1可以看出，我国的教育经费总量呈绝对增长趋势，从2002年的5480.03亿元增长到2011年的23869.29亿元，十年间增长了3倍多，每年保持13%以上的增长速度，其中，2006—2007年、2010—2011年增长速度达到了20%以上。国家用于发展教育事业的财政性教育经费从2002年的3491.4亿元增长到2011年的18586.7亿元，十年间增长了432%，除2002—2003年增长速度稍缓外，其余年份保持16%以上的增长速度，2006—2007年更是达到了30%。国家财政预算内教育经费在国家财政性教育经费中处于绝对的主体地位，基本保持在财政性教育经费总量的90%左右，且增幅基本与财政性教育经费保持一致。教育经费总量占GDP的比重基本保持持续的增长，由2002年的4.55%增长到2011年的5.05%。国家财政预算内教育经费占财政支出的百分比基本维持在14%—15%的水平。教育经费的年均增长速度为17.81%，财政性教育经费的年均增长速度为

20.57%，均高于 GDP 的年均增长速度 16.49%，可见，国家对教育的财政投入大于国内生产总值增长速度。

表 2 - 1　　　　　　　全国教育经费、财政性教育经费总额
及占比情况　　　　　　单位：亿元、%

年份	教育经费	国家财政性教育经费	国家财政预算内教育经费	国内生产总值GDP	财政支出	全国教育经费占GDP百分比	财政性教育经费占GDP百分比	财政预算内教育经费占财政支出百分比
2002	5480.03	3491.40	3114.24	120332.69	22053.15	4.55	2.90	14.12
2003	6208.27	3850.62	3453.86	135822.76	24649.95	4.57	2.84	14.01
2004	7242.60	4465.86	4027.82	159878.34	28486.89	4.53	2.79	14.14
2005	8418.84	5161.08	4665.69	184937.37	33930.28	4.55	2.79	13.75
2006	9815.31	6348.36	5795.61	216314.43	40422.73	4.54	2.93	14.34
2007	12148.07	8280.21	7654.91	265810.31	49781.35	4.57	3.12	15.38
2008	14500.74	10449.63	9685.56	314045.43	62592.66	4.62	3.33	15.47
2009	16502.71	12231.09	11419.30	340902.81	76299.93	4.84	3.59	14.97
2010	19561.85	14670.07	13489.56	401512.80	89874.16	4.87	3.65	15.01
2011	23869.29	18586.70	16804.56	473104.05	109247.79	5.05	3.93	15.38

国家财政性教育经费占 GDP 的比重出现了显著的提升，如表 2 - 1 所示，由 2002 年的 2.9% 增长到了 3.93%，但是这一成绩还未达到 1993 年中共中央、国务院颁发的《中国教育改革和发展纲要》中提出的"逐步提高国家财政性教育经费支出（包括各级财政对教育的拨款、城乡教育费附加、企业用于举办中小学的经费和校办产业减免税部分）占国民生产总值的比例，本世纪末达到 4%"的目标，也未达到 2010 年党中央、国务院发布的《国家中长期教育改革和发展纲要（2010—2020 年)》中继续重申的国家财政性教育经费占国内生产总值的比例要达到 4% 的目标。2012 年国家财政性教育经费占 GDP 的比重达到了 4.28%，但仍与发达国家相差较大，与世界平均水平的 7% 尚有一段距离。

从表 2 - 2 和表 2 - 3 可以看出，各渠道教育经费的绝对总量基本保持上升趋势，国家财政性教育经费、财政预算内教育经费、事业收入、学杂费、其他教育经费与十年前相比，基本翻了几番，但社会捐赠费用十年间

相对变化不大，总体表现平稳。然而，各渠道经费所占总教育经费的比例却在不断变化。国家财政性教育经费在教育经费中的占比从 2002 年的 63.71% 降至 2005 年的 61.30%，然后逐年上升，直至 2011 年的 77.87%。国家财政预算内教育经费的占比从 2002 年的 56.83% 降至 2005 年的 55.42%，然后逐年上升至 2011 年的 70.40%，基本与国家财政性教育的增幅一致，说明国家在逐步增大财政性教育经费的投入力度，加大对教育的投入。社会捐赠经费在十年间由于绝对总量基本保持不变，导致在总的教育经费中的比重呈下降趋势，由 2002 年的 2.32% 降至 2011 年的 0.47%，由于社会捐赠经费在绝对数量上没有增加而导致了社会捐赠经费在总的教育经费的占比持续下降。事业收入在总的教育经费的占比在 2002—2005 年缓慢增长，2005 年后事业收入的占比逐步下滑，从 2005 年的 27.79% 降至 2011 年的 18.54%。学杂费在总的教育经费的占比和事业收入的变化趋势基本保持一致，2002—2005 年缓慢增长，2005 年后占比逐步下滑，从 2005 年的 18.45% 降至 2011 年的 13.90%。其他教育经费占总教育经费的比重基本趋于稳定，逐年之间起伏不大。

表 2-2　　　　2002—2011 年我国各级各类学校教育经费来源结构　　单位：亿元

年份	教育经费	国家财政性教育经费	国家财政预算内教育经费	社会捐赠经费	事业收入	学杂费	其他教育经费
2002	5480.03	3491.40	3114.24	127.28	1460.92	922.78	227.87
2003	6208.27	3850.62	3453.86	104.59	1721.84	1121.50	272.19
2004	7242.60	4465.86	4027.82	93.42	2011.43	1346.55	324.04
2005	8418.84	5161.08	4665.69	93.16	2340.00	1553.05	372.38
2006	9815.31	6348.36	5795.61	89.91	2407.30	1552.33	420.67
2007	12148.07	8280.21	7654.91	93.06	3177.24	2130.91	516.62
2008	14500.74	10449.63	9685.56	102.67	3367.07	2349.30	511.52
2009	16502.71	12231.09	11419.30	125.50	3527.59	2515.60	543.54
2010	19561.85	14670.07	13489.56	107.88	4106.07	3015.56	572.40
2011	23869.29	18586.70	16804.56	111.87	4424.69	3316.97	634.10

表 2 - 3　　　　2002—2011 年我国各级各类学校教育经费来源结构　　　　单位:%

年份	教育经费	国家财政性教育经费	国家财政预算内教育经费	社会捐赠经费	事业收入	学杂费	其他教育经费
2002	100.00	63.71	56.83	2.32	26.66	16.84	4.16
2003	100.00	62.02	55.63	1.68	27.73	18.06	4.38
2004	100.00	61.66	55.61	1.29	27.77	18.59	4.47
2005	100.00	61.30	55.42	1.11	27.79	18.45	4.42
2006	100.00	64.68	59.05	0.92	24.53	15.82	4.29
2007	100.00	68.16	63.01	0.77	26.15	17.54	4.25
2008	100.00	72.06	66.79	0.71	23.22	16.20	3.53
2009	100.00	74.12	69.20	0.76	21.38	15.24	3.29
2010	100.00	74.99	68.96	0.55	20.99	15.42	2.93
2011	100.00	77.87	70.40	0.47	18.54	13.90	2.66

教育部、国家统计局、财政部《关于 2013 年全国教育经费执行情况统计公告》的数据显示,2013 年,全国教育经费总投入为 30364.72 亿元,比 2012 年的 27695.97 亿元增长 9.64%。其中,国家财政性教育经费(主要包括公共财政预算教育经费、各级政府征收用于教育的税费、企业办学中的企业拨款、校办产业和社会服务收入用于教育的经费等)为24488.22 亿元,比 2012 年的 22236.23 亿元增长 10.13%。2013 年,全国国内生产总值为 568845.2 亿元,国家财政性教育经费占国内生产总值比例为 4.30%,比 2012 年的 4.28% 增加了 0.02 个百分点。全国公共财政教育支出(包括教育事业费、基建经费和教育费附加)为 21405.67 亿元,比 2012 年的 20314.17 亿元增长 5.37%。其中,中央财政教育支出3883.92 亿元,比 2012 年增长 2.7%。全国高等学校公共财政支出为15591.72 元,比 2012 年的 16367.21 元下降 4.74%,增长最快的是贵州省(24.58%)。全国高等学校生均公共财政预算公用经费支出为 7899.07元,比 2012 年的 9040.02 元下降 12.62%,增长最快的是贵州省(59.81%)。[1]

(二)高等教育经费的来源结构

高等学校教育经费来源结构是指高等学校总的教育经费中不同来源的

---

[1]　教育部、国家统计局、财政部:《关于 2013 年全国教育经费执行情况统计公告》。

教育经费所占比例。一个国家和地区的高等学校教育经费的来源结构能反映高校投资体制的现状及变革，不同层次类别的高等学校教育经费来源结构既能反映出不同的高校教育投资体系，也能反映出当地政府或社会对高等教育的关注程度。

随着社会主义市场经济体制的逐步建立，我国高等教育经费形成了以国家财政拨款为主、多渠道筹措教育经费的体制。我国高等教育经费来源渠道众多，按照来源的不同可以归纳为财、税、费、产、社、基、科、贷、息九类，其中"财"表示国家财政预算的教育拨款，"税"表示各级政府征收用于教育的税费，"费"表示向学生收取的学杂费，"产"表示校办产业的收入，"社"表示社会捐赠收入，"基"表示教育基金收入，"科"表示高校的科研经费收入，"贷"表示高校的贷款收入，"息"表示利息收入。[①]

根据高等教育经费的性质划分，可将高等教育经费分为两块：以政府为主导作用的财政性教育经费和其他渠道的非财政性教育经费。其中，财政性教育经费包括公共财政预算教育经费、各级政府征收用于教育的税费、企业办学中的企业拨款、校办企业和社会服务收入用于教育的经费、其他属于国家的财政性教育经费等，非财政性教育经费包括民办学校中举办者投入、社会捐赠经费、学费和杂费、其他教育经费等。财政性教育经费属于国家或政府对教育的公共投入，非财政性教育经费属于社会或个人对教育的投入。财政性教育经费在总经费中所占的比率能反映我国教育系统对政府财源的依赖程度，也从一定程度上反映了我国政府在教育经费中投入的力度。我国高等学校教育经费来源结构如图 2 -1 所示。

国家财政性教育经费可分为教育事业费拨款、基本建设拨款、科研拨款、其他经费拨款。教育事业费拨款分为经常性拨款和专项性拨款，其中经常性拨款主要用于满足高校的基本运行，专项性拨款大多为"竞争性经费"，需要高校就具体的项目申报，通过评审和竞争的方式方可获得。无论经常性拨款和专项性拨款均只能用于教育事业的支出，它为高校的教育运行提供了一定的经费保障。基本建设拨款是指国家财政按基本建设计划预拨给受托经办基本建设支出的专业银行，或拨付基本建设财务管理部门的基本建设款项，主要用于学校的基础设施建设。科研经费拨款指高校

---

① 陈晓宇：《我国教育经费结构：回顾与展望》，《教育与经济》2012 年第 1 期。

从财政部门或有关主管部门取得的专项和非专项科研经费拨款，它为高校的科学研究提供了资金支持，从某种程度上来说，高校的科研水平越高，获取科研经费拨款也就越多，获取的拨款越多也会促进高校科研水平进一步提升。其他经费拨款指高校从财政和有关部门取得的、除上述拨款以外的各类专项和非专项拨款，如公费医疗经费、住房改革经费等。

事业收入包括教育事业收入和科研事业收入。其中，教育事业收入指高等学校开展教学及其辅助活动所取得的收入，包括通过教育向学生个人或单位收取的学费、住宿费、培养费、考试劳务费、培训费和其他教育事业收入等，它是高等教育成本分担的重要组成部分，也是高校完成人才培养任务的重要保障。科研事业收入是指高校开展科研及其辅助活动所取得的收入，包括通过承接科研项目、开展科研协作、进行科技咨询、转化科技成果所取得的收入，不包括从同级财政部门获取的科研财政拨款。

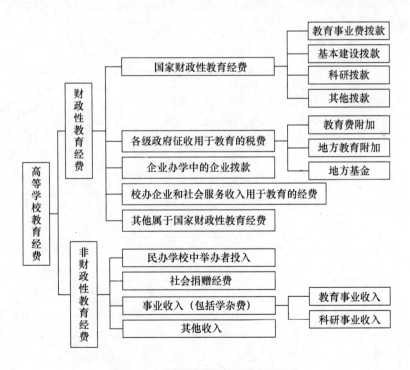

图 2 - 1　高等学校教育经费来源结构

从 2002—2011 年我国高等学校教育经费来源结构及占比情况来看，我国高等学校的教育经费总额、国家财政性教育经费、事业收入、学杂费的绝对量在总体上都有大幅度提升。如表 2 - 4 和图 2 - 2 所示，高等学校教育经费从 2002 年的 1527.50 亿元增长至 2011 年的 7020.87 亿元，十年间增长了 3 倍多，除 2009—2010 年外，每年增长速度都在 16% 以上，年平均增长速度达到了 19%，高于国内生产总值的增长速度。高等学校教育经费在总教育经费的比重基本保持在 29% 左右，与总教育经费的增长速度保持一致。高等学校国家财政性教育经费从 2002 年的 675.58 亿元增长至 2011 年的 4096.32 亿元，十年间增长了 506.34%，增幅巨大，年平均增长速度更是达到了 22%，这说明国家对高等学校的财政支持力度在逐步加大。高等学校社会捐赠经费变化较小，总量增长不大，是可以利用和进一步开发的渠道，有巨大的发展潜力。高等学校事业收入增幅也较大，从 2002 年的 643.66 亿元增长至 2011 年的 2462.00 亿元，十年间增幅达到了 282.5%，年均增长速度为 16%。高等学校学杂费和教育经费的增长速度基本一致，十年间增长了 3 倍多，年均增长速度为 19%。

表 2 - 4　　　　　　　　高等学校教育经费来源结构　　　　单位：亿元、%

年份	教育经费	高等学校教育经费	高等学校教育经费在总教育经费的占比	高等学校国家财政性教育经费	高等学校国家财政预算内教育经费	高等学校社会捐赠经费	高等学校事业收入	高等学校学杂费	高等学校其他教育经费
2002	5480.03	1527.50	27.87	675.58	573.66	27.85	643.66	426.45	74.18
2003	6208.27	1778.60	28.65	751.44	626.62	25.74	779.09	548.75	104.28
2004	7242.60	2103.50	29.04	873.58	733.63	21.63	949.50	693.87	130.93
2005	8418.84	2443.54	29.02	991.30	807.12	21.20	1142.82	837.91	161.40
2006	9815.31	3057.77	31.15	1302.52	1246.85	19.48	1291.04	906.07	210.10
2007	12148.07	3762.30	30.97	1648.12	1599.92	27.47	1766.16	1277.45	288.64
2008	14500.74	4346.88	29.98	2062.46	1998.64	29.00	1932.88	1474.29	292.38
2009	16502.71	4782.78	28.98	2327.38	2249.35	26.39	2018.89	1540.35	302.34
2010	19561.85	5629.08	28.78	2965.32	2777.80	29.98	2276.77	1724.54	330.04
2011	23869.29	7020.87	29.41	4096.32	3830.33	43.45	2462.00	1862.24	385.80

从表 2 - 5 所示的高等学校教育经费来源结构占比来看，高等学校

国家财政性经费在总的高等学校教育经费的比重最大，事业收入次之。可以看到高等学校财政性教育经费在 2002—2006 年逐年下滑至 42.60%，2007—2011 年持续增长，2011 年占比更是达到了 58.34%，这也与我国"财政拨款为主、社会多渠道投入为辅"的教育经费来源模式相符。由于高等学校社会捐赠的绝对量增幅较慢，导致社会捐赠占整个高等学校教育经费的比率逐年下降，近年已不足 1%。高等学校事业收入占比仅次于国家财政性教育经费，基本保持在 40% 左右，学杂费是事业收入的重要组成部分，也已成为除国家财政性教育经费外高等学校主要经费来源。

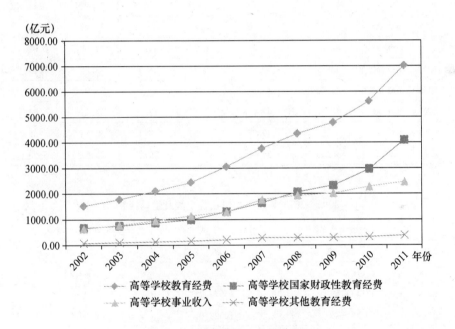

图 2 - 2　高等学校教育经费数据

1999 年高校扩招以来，我国高等教育的规模迅速扩大，2002—2006 年在校生人数以年均 17.86% 的速度增长，2007 年开始逐渐放缓。从表 2 - 6 可以看出，2002—2006 年我国高等学校生均投入和生均财政投入的绝对量基本维持在同一水平，但由于通货膨胀影响，生均投入和生均财政投入实际值是下降的，说明高等教育经费投入的增长赶不上高校学生数的增长，生均投入逐年下降是必然的。从 2007 年开始国家逐步加大高等教育经费的投入力度，生均教育经费开始逐渐增长，2011 年生均投入增长率超过 20%。

表 2 – 5　　　　　2002—2011 高等学校教育经费来源结构占比　　　　单位:%

年份	高等学校教育经费	高等学校国家财政性教育经费	高等学校国家财政预算内教育经费	高等学校社会捐赠经费	高等学校事业收入	高等学校学杂费	高等学校其他教育经费
2002	100.00	44.23	37.56	1.82	42.14	27.92	4.86
2003	100.00	42.25	35.23	1.45	43.80	30.85	5.86
2004	100.00	41.53	34.88	1.03	45.14	32.99	6.22
2005	100.00	40.57	33.03	0.87	46.77	34.29	6.61
2006	100.00	42.60	40.78	0.64	42.22	29.63	6.87
2007	100.00	43.81	42.53	0.73	46.94	33.95	7.67
2008	100.00	47.45	45.98	0.67	44.47	33.92	6.73
2009	100.00	48.66	47.03	0.55	42.21	32.21	6.32
2010	100.00	52.68	49.35	0.53	40.45	30.64	5.86
2011	100.00	58.34	54.56	0.62	35.07	26.52	5.50

表 2 – 6　　　　　　2002—2011 年高等学校在校生数及生均经费

年份	高等学校在校生人数（万人）	高等学校生均投入（元）	高等学校生均财政投入（元）
2002	903.36	16470.28	8326.10
2003	1108.60	15824.89	7582.34
2004	1333.50	15971.21	7272.52
2005	1561.78	16329.08	6984.59
2006	1738.84	16901.32	7243.73
2007	1884.90	19280.57	8479.61
2008	2021.02	20832.19	9913.34
2009	2144.66	21658.52	10558.84
2010	2231.79	24634.30	13002.11
2011	2308.51	29803.80	17429.00

高等学校教育经费总量的多少及结构占比情况受经济、文化、科技、

政治、人口、国际等多方面因素影响①，主要因素有：

（1）政治因素。高等教育经费来源的多少与政治密切相关，国家政治决策会直接影响财政对教育经费的投入，国家的教育发展规划、对教育的重视程度及相关政策也会影响企业、社会、家庭、个人对高等教育的投入。

（2）文化因素。一个国家和社会的文化传统以及对高等教育的重视程度会影响企业、社会、家庭、个人对高等教育的投入，越重视高等教育，国家、企业、个人会越愿意加大对高等教育的投入。

（3）经济因素。高等教育经费总量的规模从根本上取决于国家的经济发展水平和综合经济实力，社会经济的发展决定了高等教育经费的需要量。除了国家经济发展水平外，家庭和个人对高等教育的经济承受能力也是影响高等教育经费来源的重要因素之一，如果社会和个人无法承担高等教育的部分成本，则会导致社会和个人对高等教育投入意愿降低。

（4）科技因素。高等教育是科学技术发展的推动力，科技水平的发展会影响社会经济结构、劳动力结构的变化，也会影响高等教育的专业设置、教育系统内部运转的变化。一般来说，科技水平发展越高，对高科技人才的需求越大，对高等教育的需求也会越大，会直接影响高等教育经费的投入。

（5）人口因素。人口的分布、年龄构成、教育程度结构都是决定高等教育投入规模的直接因素，人口越多、增长速度越快、年龄构成越轻，意味着适龄教育人口越多，在人均教育成本一定情况下，意味着高等教育投入规模越大。

（6）国际因素。现在国与国之间的竞争都是以科技和经济为基础的综合国力的竞争，高等教育在科技进步和经济发展中起着关键作用，国家提出的科教兴国战略和人才强国战略都与高等教育密切相关，高等教育是科技人才的摇篮。在当前激烈竞争的国际环境下，加大高等教育的经费投入是大势所趋。

（三）高等教育经费的支出结构

与高等教育经费的来源结构类似，高等教育经费支出结构是指高等学校总的支出中各项支出所占比例，按照不同的标准有不同的分类。根据

---

① 王建华、党艳芳、王丹：《高等教育投入体系与办学效益研究——以江苏省为例》，南京师范大学出版社 2011 年版。

2014 年版的《高等学校会计制度》，高等学校教育经费的支出包括教育事业支出、科研事业支出、行政管理支出、后勤保障支出、离退休支出、上缴上级支出、对附属单位补助支出、经营支出、其他支出等。[1] 根据 2012 年财政部、教育部印发的《高等学校财务制度》，高等学校支出包括事业支出（高等学校开展教学、科研及辅助活动发生的基本支出和项目支出）、经营支出（高等学校在教学、科研及其辅助活动之外开展非独立核算经营活动发生的支出）、对附属单位补助支出（用财政补助收入之外的收入对附属单位补助发生的支出）、上缴上级支出（按照财政部门和主管部门的规定上缴上级单位的支出）和其他支出（包括利息支出、捐赠支出等）。[2]

按照我国公开的教育经费统计数据《中国教育经费统计年鉴》中的划分方法，高等教育经费支出可分为事业性经费支出和基本建设支出，其中事业性经费支出又可划分为个人和公共部分，其中个人部分包括在职职工和临时聘用人员的各类工资、补助、其他工资、职工福利费、社会保障费、助学金等，公共部分包括购买的商品和服务（不包括购置固定资产支出的开支），如公务费、业务费、设备购置费、修缮费、其他费用、业务招待费等。我国高等教育经费支出结构如图 2 - 3 所示。

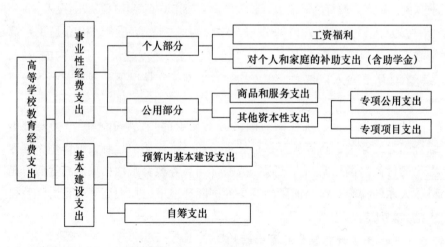

图 2 - 3　高等学校教育经费支出结构

① 财政部：《高等学校会计制度》（2014 年版），http://kjs. mof. gov. cn/zhengwuxinxi/zhengcefabu/201401/t20140106_ 1033019. html。

② 财政部、教育部：《高等学校财务制度》（2012 年版），http://jkw. mof. gov. cn/zheng-wuxinxi/zhengcefabu/201212/t20121226_ 721866. html。

我们对2002—2011年我国各级各类学校的教育经费支出结构进行统计分析，如表2-7所示。教育经费支出从2002年的5047.88亿元增长至2011年的23085.78亿元，十年间增长了3倍多，平均增长速度达到18.59%。事业性经费支出（包括个人和公共部分）在总的教育经费支出中占据主导地位，增长速度基本和总的教育经费支出保持一致，从教育支出结构的总量来看，用于个人部分的经费支出大于公共部分的支出，体现在专项的投入不足。基本建设费用十年间变化不大，但在总的教育经费支出中的占比逐年降低，显示基本建设相对不足。

表2-7 　　　　2002—2011年全国教育经费支出结构数据　　　单位：亿元、%

年份	教育经费支出	事业性经费支出	个人部分	个人部分占比	公用部分	公用部分占比	基本建设支出	基本建设支出占比
2002	5047.88	4545.66	2826.20	55.99	1719.46	34.06	502.22	9.95
2003	5733.58	5161.48	3141.96	54.80	2019.52	35.22	572.09	9.98
2004	6668.64	5992.82	3654.70	54.80	2338.12	35.06	675.82	10.13
2005	7672.44	6983.39	4178.66	54.46	2804.73	36.56	689.05	8.98
2006	8688.64	7994.00	4759.70	54.78	3234.30	37.22	694.64	7.99
2007	11668.39	11170.10	6543.92	56.08	4626.18	39.65	498.29	4.27
2008	12973.66	12495.79	7327.93	56.48	5167.86	39.83	477.87	3.68
2009	15292.30	15354.81	9011.99	58.93	6342.82	41.48	568.59	3.72
2010	18796.13	18183.37	10495.03	55.84	7688.35	40.90	612.76	3.26
2011	23085.78	22475.29	12156.80	52.66	10318.50	44.70	610.49	2.64

从表2-8可以看出，我国高等学校的教育经费支出总额、事业性经费支出、个人部分经费支出、公共部分支出、基本建设支出在总体上均有大幅提升。高等学校的教育经费支出从2002年的1474.31亿元增长至2011年的6653.33亿元，年均增长速度18.44%，与全国总的教育支出的增速基本持平。高等学校个人部分支出在高等学校教育经费支出中的占比十年间基本保持不变，占39%左右。高等学校公用部分支出在高等学校教育经费支出中的占比十年间呈逐年上涨趋势，这说明高等

学校的教育经费支出结构在逐渐发生变化，在逐渐增大事业性公共部分的支出，将更多的资金资源倾斜于公共部分。高等学校基本建设支出的绝对量基本保持不变，随着高等学校总的教育经费支出的不断增大，其占比不断缩小。

表 2-8 **2002—2011 年高等学校教育经费支出结构表** 单位：亿元、%

年份	高等学校教育经费支出	高等学校事业性经费支出	高等学校个人部分	高等学校个人部分占比	高等学校公用部分	高等学校公用部分占比	高等学校基本建设支出	高等学校基本建设支出占比
2002	1474.31	1215.03	584.75	39.66	630.28	42.75	259.28	17.59
2003	1802.65	1470.61	684.10	37.95	786.52	43.63	332.04	18.42
2004	2117.26	1726.65	807.55	38.14	919.09	43.41	390.61	18.45
2005	2422.10	2031.17	950.94	39.26	1081.23	44.64	389.93	16.10
2006	2696.05	2315.19	1071.46	39.74	1243.73	46.13	290.41	10.77
2007	3618.26	3315.77	1436.44	39.70	1879.33	51.94	302.49	8.36
2008	4238.95	3942.22	1672.08	39.45	2270.14	53.55	296.73	7.00
2009	4653.31	4423.89	1907.44	40.99	2516.45	54.08	229.42	4.93
2010	5338.37	5107.76	2168.50	40.62	2939.26	55.06	230.61	4.32
2011	6653.33	6408.57	2506.12	37.67	3902.45	58.65	244.76	3.68

从表 2-9 可以看出，我国教育经费的生均支出包括高等学校教育经费的生均支出均得到显著提高，全国教育经费的生均支出十年间增长了 3 倍多，平均增长速度为 17.49%，基本和全国总的教育经费支出的增长速度保持一致，这说明高等学校经费的支出速度基本与学生规模的增长速度持平。从高等学校生均经费支出来看，高等学校教育生均教育经费支出由 2002 年的 13305.13 元增长至 2011 年的 24040.83 元，增长了 80.69%，个人部分生均支出占高等学校生均教育经费支出的比重基本保持在 40% 左右，公共部分生均支出的比重逐渐加大，生均基本建设支出比重在减少，这也说明基本建设拨款的不足。

表2-9　　　　　2002—2011年全国教育生均教育经费支出　　　　单位：元

年份	教育经费支出	事业性经费支出	基本建设支出	高等学校教育经费支出	高等学校事业经费支出	高等学校个人部分	高等学校公共部分	高等学校基本建设支出
2002	2327.25	2095.71	231.54	13305.13	10965.24	5277.19	5688.04	2339.89
2003	2625.17	2363.23	261.94	13455.52	10977.07	5106.29	5870.79	2478.45
2004	3062.74	3852.35	310.39	13473.55	10987.81	5139.00	5848.81	2485.74
2005	3543.50	3225.26	318.24	13912.03	11672.37	5462.02	6210.35	2239.66
2006	4033.95	3711.44	322.51	15332.80	13136.34	6078.51	7057.83	2196.46
2007	4965.41	4759.71	207.70	15493.48	14227.13	6422.96	7804.17	1266.35
2008	5514.35	5338.22	176.13	17256.86	16021.97	7030.50	8991.46	1234.92
2009	6952.00	6702.62	249.38	18149.52	17270.57	7754.83	9515.74	878.95
2010	7960.23	7697.01	263.22	19952.96	19118.61	8382.42	10736.19	834.34
2011	9849.84	9575.85	273.99	24040.83	23110.27	9254.98	13855.29	930.56

　　在高等学校教育经费支出数据中，事业性经费支出和基本建设支出是两个组成部分，影响高等教育经费支出中事业经费支出和基本建设支出占比的因素主要有：

　　（1）高等教育投资的充足程度。一般来说，如果高等教育经费紧张，为确保高等教育系统的正常运行，会保证事业教育经费的支出，而减少基本建设费用的支出。当经费充足时，除了保证事业教育经费正常支出外，会加大基本建设费用的支出，以满足高等教育更好发展。

　　（2）高等教育规模的变化趋势。如果高等教育规模扩张较快，则需要加大基本建设费用的支出，以满足规模扩张带来的基本建设的需要，如学生宿舍、教学楼、实验室、图书馆等；如果高等教育规模保持不变或者缩小，则基本建设支出主要用于现有设施的维修和保养，会导致基本建设支出在整个教育经费支出中的比重降低。

　　（3）高等学校的层次结构和专业结构。一般来说，高等学校的层次越高，对技术条件的要求也越高。对专业而言，理工科专业比人文社会科学类专业需要更多的技术条件投资。

　　事业性经费支出分为公共部分和个人部分，影响公共部分和个人部分在事业性经费支出中占比的因素有：

（1）事业性经费的充足程度。如果事业性经费紧张，则首先会考虑个人的经费支出，保证教育系统的正常运行，个人部分的比例会较高，公共部分的比例则会降低；如果事业性经费充足，则会在保证个人经费支出情况下，考虑更多的公共部分的支出，公共部分的比例则会升高。

（2）教师与学生的数量比（师生比）。师生比越高，则说明高校老师人数越多，则会提升个人部分支出在事业性经费支出中所占的比例。

（3）个人的工资水平。在事业性经费和教师数量一定的情况下，教师工资水平越高，则个人经费所占的比重越大；反之则越小。

第二节　科技经费投入的政策支持及现状

为了更好分析我国高等学校科技经费的投入效率，本节首先从科技作用开始分析，随后介绍科技经费的投入政策，然后介绍我国 R&D 经费的投入、支出现状，最后分析高校科技经费投入产出的现状，以期对我国高校科技经费投入的政策及现状有一个全面了解。

一　科技的作用

随着科技的发展，科技已经日益渗透到社会各个领域，在经济社会发展中扮演着不可或缺的角色，成为生产力中最活跃的因素。科技实力的强弱在综合国力的竞争中占据着决定性的地位，世界上绝大多数国家都把大力发展科技放在非常重要的战略位置上。邓小平同志提出"科学技术是第一生产力"的论断后，我国逐年加大对科技的投入，确定了科学技术对我国经济社会发展的重要地位。

（一）我国科技的重要性

1988 年 9 月，邓小平同志根据现代科技发展的现状和趋势，提出了"科学技术是第一生产力"的论断，伴随着这一论断的提出，迎来了中国科技的飞跃发展。

1995 年全国科技大会上提出"科教兴国"的战略，这一战略的提出正式确立了科技和教育是国家繁荣昌盛的手段和基础这一战略方针。

国务院发布的《国家中长期科学和技术发展纲要规划（2006—2020年)》中明确提出了要以邓小平理论、"三个代表"重要思想为指导，贯彻落实科学发展观，全面实施科教兴国战略和人才强国战略，立足国情，以人为本，深化改革，扩大开放，推动我国科技事业的蓬勃发展，为实现全面建设小康社会目标、构建社会主义和谐社会提供强有力的科技支撑。必须把提高自主创新能力作为国家战略，贯彻到现代化建设的各个方面，贯彻到各个产业、行业和地区，大幅度提高国家竞争力。规划中还明确了规划期内科技工作的指导方针是：自主创新，重点跨越，支撑发展，引领未来。

党的十六届五中全会把提高自主创新能力、建设创新型国家作为"十一五"时期的主要任务之一。2010年10月18日中国共产党第十七届中央委员会第五次全体会议通过的《中共中央关于制定国民经济和社会发展第十二个五年规划的建议》中的第一条就是"加快转变经济发展方式，开创科学发展新局面"，并在正文中着重提出了科技对于我国战略发展的意义，原文如下："坚持把科技进步和创新作为加快转变经济发展方式的重要支撑。深入实施科教兴国战略和人才强国战略，充分发挥科技第一生产力和人才第一资源作用，提高教育现代化水平，增强自主创新能力，壮大创新人才队伍，推动发展向主要依靠科技进步、劳动者素质提高、管理创新转变，加快建设创新型国家。"

国家为了支持科技创新，大幅提高科技经费投入，并制定了一系列配套政策，实施了包括国家科技重大专项、"973"计划、国家重大科学研究计划、"863"计划、国家科技支撑计划、政策引导类科技计划及专项、国际科技合作等一系列国家科技计划项目。

（二）高校的重要性

在我国的科技体系中，高等学校作为科学研究和科技活动的基地一直占据着独特而重要的地位，在我国科技发展中发挥着重要的作用。

科学技术部、教育部于2002年印发了《关于充分发挥高等学校科技创新作用的若干意见》。该意见明确了高校在推进我国创新体系建设中的重要地位，"在推进我国国家创新体系的建设中，要明确高校的重要地位，大力推进体制创新，形成促进高校科技创新的新的体制和机制。要加大国家对高校科研和人才培养的支持力度，提高高校科技创新能力。要创造良好的政策环境，进一步调动高校师生科技创新的积极性。要努力使高校真正成为我国高层次人才培养的摇篮，科技创新的基地，新产业培育发展的源泉，国家和地方经济发展的重要科技支撑，成为我国科技创新队伍中的主要力量之一"。

2002 年前科技部部长徐冠华在《在高等学校加强科技创新工作座谈会开幕式上的讲话》中指出:"高等学校是科学技术知识生产的主体之一。高校具有能激发创新思维的独特人文环境,大跨度的学科间交叉、渗透以及数量巨大、源源不断地脱颖而出的创新人才,使其在探索性较强的基础科学和前沿高技术研究方面往往具有独特的优势。实践已经证明,高等学校已经成为我国创新体系的最重要的组成部分之一。实现科技与教育的紧密结合,对于我国科技事业的持续发展具有重要的意义;充分认识和发挥高等学校的作用,是科技管理部门的重要任务。"①

从承担科研任务看,"十一五"以来,高校承担国家科技攻关项目占全国总数的 1/3 左右;承担国家"863"项目占 1/3 以上,承担"973"项目占 2/3 以上。尤其近两年来,高校牵头承担"973"项目 133 项,占项目总数的 68%;牵头承担国家重大科学研究计划 89 项,占项目总数的 67%;承担国家科技重大专项任务 11 个,民口重大项目中近 1/4 的课题;科技部仪器开发专项高校牵头承担 16 项,总立项项目中超过 90% 的项目由高校作为项目子任务承担单位。此外,高校还承担科技部国际合作项目立项 206 项,占总项目数的 1/3,承担各类国防科研项目近 5000 项。高等学校已成为我国组织实施各类科研任务的主阵地之一。

从科技论文看,2012 年,高校共发表 SCI 论文 127505 篇,占全国发表总数的 82.8%,近五年高校发表 SCI 论文数占全国比例均保持在 80%以上;十年来高校发表的 EI 论文数也占我国 EI 论文总数的 75% 以上。

从科技专利看,2012 年,高校国内专利申请授权数为 68971 件,全国为 1163226 件,高校占比为 5.9%。全国专利数量 10 年增长 7.77 倍,高校专利数量 10 年增长 17 倍,增速远快于全国增长速度,占全国比重从 2.6% 提升到 5.6%。另外,高校的专利转让出售金额也呈明显上升趋势(2006 年为 2.8 亿元,2012 年为 8.22 亿元),反映专利的质量和效益也在同步提升。

从科技奖励看,2012 年,高校为第一完成单位获得的国家三大奖,国家自然科学奖,高校获得 24 项,占全部获奖的 58.5%;技术发明奖,

① 教育部科技司:《科技部部长徐冠华在高等学校加强科技创新工作座谈会开幕式上的讲话(2002 年 7 月 31 日)》,《高等学校科技工作文件汇编》第五辑,高等教育出版社 2003 年版。

高校获得 45 项，占全部的 71.4%；科技进步奖 70 项，占全部的 43.2%。总体上看，高校在国家科技奖励三大奖中的获奖比例一直处于"高位运行"态势：自然科学奖平均 60% 左右，技术发明奖平均 70% 左右，科技进步奖平均 45% 左右。

从科技人才培养看，仅以理工农医学科研究生为例，2012 年培养人数为 26 万人，十年累计培养近 170 万人，科技人才成为高校重要的科技产出。

从社会服务看，2012 年，高校横向经费为 391.81 亿元，十年增长了近 4 倍，占总拨入经费的比例为 33.48%。横向经费数量的大幅增长，说明高校服务能力和意识更强；占比下降说明高校与企业在创新型国家建设中的主体分工趋向更加合理。

二　科技经费发展

新中国成立后，国家教育部根据"以培养工业建设人才和师资为重点，发展专门学院、整顿和加强综合大学"的方针，以华北、东北、华东为重点，进行全国高等院校院系调整工作，直至 1953 年年底调整基本完成。

1956 年，我国逐步开始建立国家科研工作体制，但在财政上没能全面建立相应的科技经费拨款体制，1963 年以前中国科学院和产业部门的独立机构可以从国家科学支出或各部门的科学研究经费中获取科研费，唯独高等学校的事业费中不列"科技经费"，高等学校的科技经费一部分来自教育经费，另一部分来自中央各行业部门在部门的经费支出。

1963 年，中央文教小组和中央科学小组批准了教育部提交的《关于高等学校科技经费问题的报告》，同意高等学校承担科学计划任务所需的经费由国家科委审核后在国家科学事业费中开支，自此高等学校科技经费纳入国家科学管理范围。这期间，科学研究活动属于计划体制，科技经费主要通过国家财政拨款，拨款的项目有科技三项费用、科学事业费、国防科学事业费等。

1966—1976 年，我国的教育事业受"文化大革命"的影响，各级各类学校基本处于瘫痪状态，很多教师和知识分子受到迫害，许多科研机构被撤销，在一个时期内造成了"文化断层"、"科技断层"、"人才断层"，高校的科研工作基本处于停滞甚至倒退状态，科技经费也基本撤销。

1978 年 3 月 18 日，中共中央召开的全国科学大会是我国科技发展史上一次具有里程碑意义的会议。会议上邓小平指出了"现代化的关键是科学技术现代化",并重申了"科学是第一生产力"这一马克思主义基本观点,明确了科学技术在生产力中重要且具有决定性意义的地位。

1985 年 3 月 13 日,中共中央发布的《中共中央关于科学技术体制改革的决定》提出"改革对研究机构的拨款制度,按照不同类型科学技术活动的特点,实行经费的分类管理",确定了对科技经费分类管理的科技经费改革方案。同年 5 月 27 日,中共中央发布了《中共中央关于教育体制改革的决定》,明确了高等学校科技工作在国家科技体系和高等教育中的地位。

1986 年 1 月 23 日,国务院发布了《关于科学技术拨款管理的暂行规定》,加强了对科技经费的管理,"规定"主要包括:国家重大科技项目应向全国招标,保证所有投标单位的同等权利,保证项目指标达到国家项目要求;国家重大科技项目普遍实行合同制;国家重大科技项目的经费由主持项目的部门或省、自治区、直辖市委托银行监督使用,并负责按照合同规定回收应该偿还的资金;对一些不能取得使用价值的应用研究单位,经费将逐渐减少;从事多种类型研究工作的单位,其经费来源可以分别具体情况、通过多种渠道解决。

1999 年,中共中央、国务院发布了《关于国家经贸委管理的 10 个国家局所属科研机构管理体制改革的实施意见》,提出对 10 个国家局所属 242 个科研机构的管理体制进行改革,改革使科研机构的管理体制和运行机制发生了根本转变,相应的科技经费制度也进行了调整:对技术开发类院所而言,转制为企业的经费下拨到地方,转制为中央直属企业或进入企业集团的经费由科技部直接拨付,撤销并入其他机构的经费进行相应的划转;公益类机构转为非营利科研机构的,经费直接划转至行业主管部门。

2014 年 3 月 3 日,国务院以国发〔2014〕11 号印发《关于改进加强中央财政科研项目和资金管理的若干意见》,对改进加强中央财政民口科研项目和资金管理做出全面部署,分为改进加强科研项目和资金管理的总体要求、加强科研项目和资金配置的统筹协调、实行科研项目分类管理、改进科研项目管理流程、改进科研项目资金管理、加强科研项目和资金监管、加强相关制度建设、明确和落实各方管理责任八个部分,对科技经费的管理提出了具体要求。

我国 1985 年科学技术体制改革以来,随着国家科技经费渠道的扩宽以及经费投入的大幅增加，高校可以申请的科技经费的渠道和数量也越来越多，目前高校可申请的科技经费主要包括国家科技重大专项、"973"专项、国家重大科学研究计划、"863"计划、国家科技支撑计划、政策引导类科技计划及专项、国际科技合作、国家自然科学基金、国家社会科学基金、各部委省市的科研科技创新等专项等。①

三 我国 R&D 经费支出现状

R&D 经费支出，又称为研究与试验发展经费支出，指统计年度内全社会实际用于基础研究、应用研究和试验发展的经费支出，包括实际用于研究与试验发展活动的人员劳务费、原材料费、固定资产购建费、管理费及其他费用支出。

（一）R&D 经费投入的总体分析

R&D 投入是国家实施科教兴国战略、推动科学技术发展的重要保障。自改革开放以来，我国 R&D 经费支出保持逐年增加的趋势，2011 年我国的 R&D 经费支出为 8687.01 亿元，为 2002 年的 7 倍左右，年增长率超过了 60%，R&D 投入强度（R&D 经费投入占 GDP 的百分比，R&D/GDP）也在逐渐上升。虽然我国逐年增大了 R&D 投入的力度，但与发达国家相比还有差距。在 R&D 支出金额上，美国 2009 年支出为 4016 亿美元②，日本 2010 年的支出为 1788 亿美元，我国 2011 年支出为 1345 亿美元，位列第三，与美国相比还有一定差距。从 R&D 投入强度来看，发达国家的R&D 投入强度一般在 2% 以上，以 2009 年为例，美国的 R&D 投入强度为2.9%，日本为 3.36%，法国为 2.26%，德国为 2.82%，均超过了 2%，并逐渐向 3% 发展，而我国虽然经过逐年提升但还未达到 2%，还需继续加强 R&D 经费的投入强度。如表 2-10 所示，国家财政科技拨款的增长速度基本与 R&D 经费投入速度保持一致，可以看到国家财政科技拨款在国家财政总支出的比重逐年上升，说明国家财政加大了对科技投入的力度。同时，我国科研人员总量和每万就业人员中科研人员数量也在大幅增加，目前我国科研人员数量居全世界第一位，但每万就业人员中科研人员数量与其他国家还有不小的差距，例如日本 2010 年为 133、俄罗斯 2010年为 111、德国 2010 年为 132、法国 2009 年为 138。

① 孙燕：《高等学校科技经费的历史沿革》，《中国高校科技与产业化》2005 年第 10 期。
② 周庚旭：《我国财政科技经费投入规模及国际比较》，《经济研究参考》2010 年第 37 期。

表 2 - 10　　　　　　　　　　2002—2011 年 R&D 经费支出数据

年份	R&D 经费支出 (亿元)	R&D 内部支出占 GDP 的百分比	国家财政科技拨款 (亿元)	占国家财政总支出的比值（％）	国家财政科技拨款占 R&D 经费内部支出占比（％）	科研人员总量 (万人)	每万就业人员中科研人员（人）
2002	1287.64	1.07	816.2	3.70	63.39	103.51	11.30
2003	1539.63	1.13	944.6	3.80	61.35	109.48	12.10
2004	1966.33	1.23	1095.3	3.80	55.70	115.26	15.00
2005	2449.97	1.32	1334.9	3.90	54.49	136.48	17.53
2006	3003.10	1.39	1688.5	4.18	56.23	150.25	19.20
2007	3710.24	1.40	2113.5	4.25	56.96	173.62	22.08
2008	4616.02	1.47	2581.8	4.12	55.93	196.54	26.01
2009	5802.11	1.70	3224.9	4.23	55.58	229.13	30.22
2010	7062.58	1.76	4114.4	4.58	58.26	255.38	33.56
2011	8687.01	1.84	4902.6	4.49	56.44	288.29	35.28

（二）R&D 经费支出结构

从资金来源的角度看我国 R&D 经费支出的结构，R&D 经费由政府、企业、国外和其他来源等几部分构成，如表 2 - 11 所示。从结构上来看，来源于企业的 R&D 经费在我国 R&D 经费支出中占据了主导地位，且逐年上升，由 2003 年的 60.11％上升至 2011 年的 73.91％。来自政府的 R&D 经费在支出中的比例仅次于来自企业的 R&D 经费，虽然政府的投入逐年上升，但由于企业投入力度的加大，导致来自政府的 R&D 经费占比逐年下滑。R&D 经费支出中来自国外和来自其他的占比在整个经费支出中占比较少，近几年两者占 5％左右。可见，在 R&D 经费支出中，企业和政府是 R&D 经费支出的主要来源，企业占据主导地位。

2002—2011 年我国按执行部门划分的 R&D 经费支出结构如表 2 - 12 所示。可以看出，我国 R&D 经费支出的执行部门主要有企业、研究机构、高等学校和其他事业单位。2002—2011 年，无论是 R&D 经费支出还是各执行部门的经费支出在数量上均大幅增长。在过去相当长时间内，我国 R&D 经费支出相对集中在研究机构和高等学校，随着市场化竞争的加剧，各执行机构在 R&D 经费支出中的占比却大相径庭。企业在 R&D 经费支出中的占比呈逐年上升的趋势，从 2002 年的 61.20％上升至 2011 年的

75.74%，上升了将近15%，这说明企业已成为我国 R&D 活动的主体。研究机构在 R&D 经费支出中的占比逐年下滑，已由2002年的27.28%下滑至2011年的15.04%。高等学校在 R&D 经费中的占比缓慢下滑，2007—2011年基本维持在8%左右。其他事业单位的经费支出由于数量较少，占比基本稳定在1%左右。

表 2-11　2003—2011 年 R&D 经费支出结构（按资金来源分）　单位：亿元、%

年份	R&D 经费支出	来源政府	来源政府占比	来源企业	来源企业占比	来源国外	来源国外占比	来源其他	来源其他占比
2003	1539.63	460.6	29.92	925.4	60.11	30.0	1.95	123.8	8.04
2004	1966.33	523.6	26.63	1291.3	65.67	25.2	1.28	126.2	6.42
2005	2449.97	645.4	26.34	1642.5	67.04	22.7	0.93	139.4	5.69
2006	3003.10	742.1	24.71	2073.7	69.05	48.4	1.61	138.9	4.63
2007	3710.24	913.5	24.62	2611.0	70.37	50.0	1.35	135.8	3.66
2008	4616.02	1088.9	23.59	3311.5	71.74	57.2	1.24	158.4	3.43
2009	5802.11	1358.3	23.41	4162.7	71.74	78.1	1.35	203.0	3.50
2010	7062.58	1696.3	24.02	5063.1	71.69	92.1	1.30	211.0	2.99
2011	8687.01	1883.0	21.68	6420.6	73.91	116.2	1.34	267.2	3.08

表 2-12　2002—2011 年 R&D 经费支出结构（按执行部门分）　单位：亿元、%

年份	R&D 经费支出	企业	企业占比	研究机构	研究机构占比	高等学校	高等学校占比	其他事业单位	其他事业单位占比
2002	1287.64	788.0	61.20	351.3	27.28	130.5	10.13	17.8	1.39
2003	1539.63	960.2	62.37	399.0	25.92	162.3	10.54	18.1	1.18
2004	1966.33	1314.0	66.82	431.7	21.95	200.9	10.22	19.7	1.00
2005	2449.97	1673.8	68.32	513.1	20.94	242.3	9.89	20.8	0.85
2006	3003.10	2134.5	71.08	567.3	18.89	276.8	9.22	24.5	0.82
2007	3710.24	2681.9	72.28	687.9	18.54	314.7	8.48	25.7	0.69
2008	4616.02	3381.7	73.26	811.9	17.58	390.2	8.45	32.9	0.71
2009	5802.11	4248.6	73.23	995.9	17.16	468.2	8.07	89.4	1.54
2010	7062.58	5185.5	73.42	1186.4	16.80	597.3	8.46	93.4	1.32
2011	8687.01	6579.3	75.74	1306.7	15.04	688.9	7.93	112.1	1.29

与其他国家相比，高等学校在我国 R&D 经费支出中的占比偏低，发达国家基本高于 10%，如表 2-13 所示。例如美国 2009 年为 13.5%、日本 2010 年为 12.9%、德国 2010 年为 18%、法国 2010 年为 21.3%、英国 2010 年为 27.2%，而我国 2011 年仅为 7.90%，且呈现下滑趋势。高等学校在我国科技发展中作用重大，需加大对高等学校的经费投入，逐步缩小与发达国家之间的差距。

表 2-13　　　　部分国家 R&D 经费支出占比（按执行部门分）　　　　单位：%

国家	年份	研究与开发机构占比	企业占比	高等学校占比	其他占比
中国	2011	15.00	75.70	7.90	1.30
美国	2009	11.70	70.30	13.50	4.50
日本	2010	9.00	76.50	12.90	1.60
德国	2010	14.70	67.30	18.00	0.00
法国	2010	16.40	61.20	21.30	1.10
英国	2010	9.40	60.90	27.20	2.50
加拿大	2010	10.50	50.70	38.20	0.60
俄罗斯	2010	31.00	60.50	8.40	0.10
韩国	2010	12.70	74.80	10.80	1.70

我国 2002—2011 年 R&D 按活动类型划分的经费支出结构如表 2-14 所示，按活动类型分可将 R&D 经费支出分为基础研究、应用研究和试验发展。可以看出，我国基础研究在 R&D 经费支出中的占比较低，基本保持在 5% 左右浮动；应用研究占比呈逐年下滑趋势，由 2002 年的 19.16% 下滑至 2011 年的 11.84%；试验发展在整个 R&D 经费支出中占据了绝大部分，且还有继续增加的趋势。

与发达国家相比，我国的基础研究占比过低，如表 2-15 所示。例如美国 2009 年为 19%、法国 2009 年为 26%、意大利 2008 年为 26.7%、日本 2009 年为 12.5%、韩国 2010 年为 18.2%、俄罗斯 2010 年为 19.6%，均超过 10%，而我国 2002—2011 年基本保持在 5% 左右，远远低于发达国家。应用研究的占比与发达国家相比也较低，而试验发展占比远高于发

表2－14　　　　　　　　2002—2011年中国R&D经费支出结构

（按活动类型）　　　　单位：亿元、%

年份	R&D经费支出	基础研究	基础研究占比	应用研究	应用研究占比	试验发展	试验发展占比
2002	1287.64	73.77	5.73	246.68	19.16	967.20	75.11
2003	1539.63	87.65	5.69	311.45	20.23	1140.52	74.08
2004	1966.33	117.18	5.96	400.49	20.37	1448.67	73.67
2005	2449.97	131.21	5.36	433.53	17.70	1885.24	76.95
2006	3003.10	155.76	5.19	488.97	16.28	2358.37	78.53
2007	3710.24	174.52	4.70	492.94	13.29	3042.78	82.01
2008	4616.02	220.28	4.78	575.16	12.46	3820.04	82.76
2009	5802.11	270.29	4.66	730.79	12.60	4801.03	82.75
2010	7062.58	324.49	4.59	893.79	12.66	5844.30	82.75
2011	8687.01	411.81	4.74	1028.39	11.84	7246.81	83.42

达国家。这说明我国R&D经费支出结构不合理，基础研究、应用研究投入不足，试验发展投入过高。与发达国家相比，我国基础研究整体水平与发达国家仍有较大差距，表现在缺少重大科学发现、领军人才欠缺、创新氛围不足等，虽然我国目前将较多的R&D经费用于技术开发，短时间内能加快技术进步，迅速实现技术现代化，但从长远来看这种科技发展战略后劲匮乏，将极大阻碍我国科技水平的发展。刘磊等（2000）指出，科技研发资金配置状况（特别是基础研究投入）是科学技术国际竞争力评价最重要的测度指标之一[①]，王金妹等（2011）对福建省科技经费配置结构研究进一步发现，在不同科技活动类型配置中基础研究对科技活动产出影响最大，实验发展研究次之，应用研究影响较小。[②] 从长远看，必须提高基础研究在R&D经费中的比重，充分调动政府、企业、高校投入基础研究的积极性。

[①]　刘磊、胡树华：《国内外R&D管理比较研究及对中国科技资源配置的启示》，《科学学研究》2000年第3期。

[②]　王金妹、黄敬前、刘欢：《福建省科技经费配置结构优化的多元回归分析》，《福州大学学报》（哲学社会科学版）2011年第3期。

表 2 - 15　　　　　部分国家 R&D 经费支出（按活动类型分）　　　　单位:%

国家	年份	基础研究占比	应用研究占比	试验发展占比
意大利	2008	26.7	47.6	25.6
美国	2009	19.0	17.8	63.2
法国	2009	26.0	39.8	34.2
日本	2009	12.5	22.3	60.5
韩国	2010	18.2	19.9	61.8
俄罗斯	2010	19.6	18.8	61.6
中国	2011	4.7	11.8	83.5

2002—2011 年，我国科技产出成果如表 2 - 16 所示，主要包含的科技产出成果有国家知识产权局专利申请量和授权量、国内职务发明专利申请量和授权量、国内论文数、国际论文数（SCI、EI、CPCI - S 检索数）。从表 2 - 16 中可以看出，2002—2011 年十年间我国的科技成果的数量出现大幅增长，高校在科技投入产出中发挥着巨大的作用。根据世界知识产权组织 2012 年工业产权统计，2010 年，我国国内发明专利授权量世界排名第三，仅次于日本和美国；国外发明专利授权量排名第二，仅次于美国。2011 年，我国 SCI、EI、CPCI - S 论文索引数分别排在第 2 名、第 1 名和第 2 名。

表 2 - 16　　　　　　　　　2002—2011 年科技产出成果

年份	国家知识产权局专利申请量（万件）	国家知识产权局专利授权量（万件）	国内职务发明专利申请量（万件）	国内职务发明专利申请量（高校）	国内职务发明专利授权量	国内职务发明专利授权量（高校）	国内论文数（万篇）	高校论文数	国际论文发表数（万篇）
2002	25.3	13.2	2.27	0.43	0.31	0.07	23.90	15.80	7.7
2003	30.8	18.2	3.47	0.77	0.70	0.17	27.50	18.20	9.3
2004	35.4	19.0	4.18	0.96	1.22	0.35	31.20	21.50	11.1
2005	47.6	21.4	6.22	1.46	1.48	0.45	35.50	23.50	15.3
2006	57.3	26.8	8.14	1.73	1.84	0.62	40.50	24.30	17.2
2007	69.4	35.2	10.77	2.30	2.45	0.82	46.30	30.60	20.8
2008	82.8	41.2	14.04	3.08	3.70	1.02	47.20	31.80	25.0
2009	97.7	58.2	17.21	3.80	5.23	1.44	52.10	34.40	25.4
2010	122.2	81.5	22.37	4.83	6.61	1.90	53.10	34.30	27.2
2011	163.3	96.1	32.42	6.30	9.50	2.66	53.00	33.60	32.0

四　高校科技经费投入现状分析

根据《高等学校科技统计资料汇编》资料，下面介绍高等学校的科技经费投入和产出情况，主要分为四个方面：高校科技活动概述、高校科技经费来源、高校科技经费支出和高校科技成果。

（一）高校科技活动概述

本节通过高校数量、科技人员、科技机构、科技经费来简单介绍2002—2011年高校科技活动，如表2－17所示。关于表中的教学与科研人员、R&D人员、R&D全时人员的定义，本书参考《高等学校科技统计资料汇编》中的定义，教学与科研人员，是指高等学校在册职工在统计年度内从事大专以上教学、研究与发展、研究与发展成果应用及科技服务工作人员以及直接为上述工作服务的人员，包括统计年度内从事科研活动累计工作时间一个月以上的外籍和高教系统以外的专家和访问学者；研究与发展人员（R&D人员），是指统计年度内从事研究与发展工作时间占本人教学、科研总时间10%以上的教学与科研人员；R&D全时人员，是指在统计年度内从事研究与发展（包括科研管理）工作时间占本人全部工作时间90%及以上的人员，即工作时间在9个月以上的人员，寒暑假和加班工作时间不计，一年按10个月计。

表2－17　　　　　　　　　高校科技活动数据

年份	学校（所）	科技活动机构数	教学与科研人员（人）	R&D人员	R&D全时人员（人年）	拨入经费合计(亿元)	支出经费合计(亿元)	支出在拨入的占比(%)
2002	697	4842	630337	248486	143597	219.63	188.44	85.80
2003	713	5035	645177	263123	148953	253.34	237.49	93.75
2004	748	2872	647703	241168	144651	344.40	295.15	85.70
2005	786	3078	686195	260049	155982	403.60	365.34	90.52
2006	800	3249	702529	272861	163698	457.28	407.95	89.21
2007	786	3567	727616	284026	170380	545.36	469.52	86.09
2008	827	4054	751795	302394	181403	654.52	575.77	87.97
2009	988	4552	796327	315755	189413	727.74	657.39	90.33
2010	958	5010	812650	331016	198570	940.28	818.48	87.05
2011	974	5564	835802	338629	203139	1030.22	930.06	90.28

2002—2011 年，我国高等学校无论从数量、教学与科研人员、科技活动机构还是从经费的拨入、支出看都逐年平稳增加。高校数量从 697 所增加至 974 所，增加了约 300 所高校，增长了约 40%。科技活动机构从4842 个增加至 5564 个，增加了 722 个科技活动机构。高校的教学与科研人员、R&D 人员、R&D 全时人员数量均出现了较大增长，其中教学与科研人员增长了近 20 万人、增长率为 32.6%；R&D 人员增长了近 9 万人、增长率约为 36.3%；R&D 全时人员增长了近 6 万人、增长率约为41.5%。科技经费的拨入量和支出量都出现了巨幅增加，其中拨入经费从2002 年的 219.63 亿元增长至 2011 年的 1030.22 亿元，增长了 3 倍多，年平均增长近 20%；支出经费从 2002 年的 188.44 亿元增长至 2011 年的930.06 亿元，增长了近 4 倍，年平均增长约 20%。高校科技经费支出在当年经费拨入总额中的占比基本保持在 85%—90%，尽管经费支出和经费拨入没有完全拟合，但其拟合度还是比较高的。

（二）高校科技经费投入

根据《高等学校科技统计资料汇编》的分类，高校科技经费投入可分为科研事业费、主管部门专项费、其他政府部门专项费、企事业单位委托经费、各种收入中转为科技经费和其他。其中科研事业费指学校上级主管部门从科学事业费、教育事业费中通过切块和按项目戴帽下达，以及学校从教育事业费中安排的研究经费。主管部门专项费指学校上级主管部门从科技三项费、技术措施改造费中为学校安排的研究经费。其他政府部门专项费指从其他政府获取的科技经费。企事业单位委托经费指学校从校外企、事业单位获得的研究经费，包括中国科学院所属各研究单位拨付学校的经费。按照不同的来源渠道分，科技经费的投入分为政府经费、企事业单位委托经费和其他经费。其中，政府经费是指来自政府的科技经费，包括科研事业费、主管部门专项费、其他政府部门专项费；企事业单位委托经费指受企业委托进行科研活动而获取的经费；其他经费指从除上述两个渠道外其他渠道获取的经费。

从表 2-18 可以看出，随着科教兴国、人才强国等战略的提出与实施，国家对高校科技的投入力度明显加强，表现为科技经费的投入逐年上升，从 2002 年的 219.63 亿元增长至 2011 年的 1030.22 亿元，各个类型的经费投入数额普遍呈上涨趋势。在科技经费的来源渠道中，来自政府的经费（包括科研事业费、主管部门专项费、其他政府部门专项费）占据了最主要的部分，从 2002 年的 114.45 亿元增长至 2011 年的 602.45 亿元，上升了将近 4 倍。来自企事业单位的委托经费占据第二大阵营，在总拨入经费中的占比约为 40%。其他经费在总拨入经费中占比较少，近几年基本在 1% 左右。从科技经费的投入情况来看，来自政府和来自企事业单位委托的经费是主要来源，这也间接地说明我国高校科技经费的投入渠道比较单一。

表 2-18　　　　　　　2002—2011 年高校科技经费投入数据　　　　单位：亿元

年份	拨入经费合计	科研事业费	主管部门专项费	其他政府部门专项费	企事业单位委托经费	各种收入中转为科技经费	其他
2002	219.63	30.34	13.97	70.14	86.97	9.42	8.80
2003	253.34	14.26	15.15	87.70	108.57	16.61	11.06
2004	344.40	31.27	43.97	97.28	144.03	18.28	9.56
2005	403.60	33.03	47.56	125.30	166.55	21.99	9.17
2006	457.28	34.73	59.69	137.41	189.49	27.96	8.00
2007	545.36	36.36	72.36	187.34	209.55	30.73	9.02
2008	654.52	43.85	84.12	239.63	244.22	34.46	8.24
2009	727.74	46.51	84.81	271.64	275.48	41.20	8.09
2010	940.28	53.14	114.35	398.05	318.88	46.70	9.16
2011	1030.22	56.56	143.60	402.29	367.38	49.81	10.58

（三）高校科技经费支出

高校科技经费的支出按照支出渠道可分为内部支出和转拨给外单位经费。内部支出指高校用于内部开展科研活动的实际支出费用，又可分为科研人员费、业务费、固定资产购置费、上缴税金和其他，其中科研人员费指支付给科研人员的经费，业务费指从事科技活动的全部消耗性支出，如药品材料费、水电费、差旅费、计算机机时费、资料印刷费等，固定资产购置费指使用非基建项目资金购置的按固定资产管理的仪器设备费用和为研究所（室）设备改造、维修支付的费用等，上缴税金指因科技活动上缴给国家的税金。

近年来随着我国对高校科研活动投入量的持续增加，对应的科技经费支出量也在持续不断增长。从表 2-19 可以看出，我国高校科技经费支出由 2002 年的 188.44 亿元增加到 2011 年的 930.06 亿元，整个支出过程是逐步增长的，而且增长幅度较大，年均增长速度为 19.53%，十年时间增长了近四倍。在科技经费支出中，内部支出基本占据了 90% 以上，转拨给外单位经费不足 10%。在内部支出经费中，业务费占据了一半以上，其次是科研人员费，固定资产购置费位列第三。从数据可以看出，2002—2011 年业务费占据了科技经费支出总额的大部分，而反映科技人员劳动报酬的科研人员费均未达到科技经费支出总额的 20%，这说明作为科技项目中的核心——科研人员没有获得合理的报酬，其投入的人力资本的价值没有得到相应的体现。因此，必须尽快改变这种状况，通过支付合理的报酬来激发科研人员的工作积极性。

表 2 - 19　　　　　2002—2011 年高校科技经费支出　　　　单位：亿元

年份	支出经费合计	内部支出小计	科研人员费	业务费	固定资产购置费	上缴税金	其他	转拨给外单位经费
2002	188.44	178.15	33.55	90.38	22.53	1.71	19.34	10.29
2003	237.49	222.78	43.23	117.34	40.03	2.93	19.25	14.72
2004	295.15	276.70	51.17	138.09	56.53	3.93	26.98	18.45
2005	365.34	336.50	62.57	173.36	64.44	4.64	31.48	28.84
2006	407.95	378.53	68.57	195.12	76.57	5.22	33.06	29.41
2007	469.52	428.00	75.78	228.57	84.19	6.31	33.14	41.52
2008	575.77	523.03	91.16	276.98	108.22	7.13	39.55	52.74
2009	657.39	600.78	100.88	326.50	119.07	7.67	46.66	56.60
2010	818.48	733.95	116.77	405.87	138.66	10.49	62.16	84.53
2011	930.06	852.64	134.98	468.10	169.58	13.68	66.29	77.42

（四）高校科技成果

高校科技成果是高校科技活动的主要产出之一，也是反映我国高校科技活动的主要指标之一。近年来，随着我国高校科技实力的不断增强、科技经费投入的不断增加，科技成果数量不断增加、质量不断提高。根据《高等学校科技统计资料汇编》分类，高校的科技成果主要可分为出版科技著作、发表学术论文、国家级项目验收、知识产权与专利等。从表 2 - 20 可以看出，出版科技著作、发表学术论文、技术转让的数量均出现了成倍增长，国家级项目验收、专利授权数出现了大幅增长。

2002—2011 年高校科技成果情况如表 2 - 20 所示。出版科技著作方面，高校著作数从 2002 年的 6325 部增长至 2011 年的 11090 部，出现了成倍增长。学术论文是评价我国高校科技成果的重要内容之一，十年来高校的发表学术论文数从 2002 年的 345842 篇增长至 2011 年的 786812 篇，数量上增长了 40 余万篇，年平均增长率接近 10%。通过表中的数据还可以发现发表于国外学术刊物的学术论文数比在总的学术论文数的增长率要高，国外学术刊物的学术论文数平均增长率为 22.39%，国外学术刊物的学术论文在学术论文中的比率也在逐渐提高，从 2002 年的 9.92% 增长至 2011 年的 26.60%，说明高校学者越来越倾向于在国外发表学术论文，越来越与国际接轨。国家级项目根据项目来源可以分为如下五项："973"计划、科技攻关计划、"863"计划、自然科学基金和其他项目，随着高校科技实力的增强，承担的国家级项目数越多，国家级项目验收数也出现了较大幅度的增长。随着国家和地方一系列政策的出台，高校科研人员的知识产权保护意识显著提高，专利授权数也出现了巨幅增长，从 2002 年的 2251 项增长至 2011 年的 49436 项，增长了 20 余倍。科技成果获奖方面，十年来高校获得的国家级获奖数从 2002 年的 96 项增长至 2011 年的338 项，科技成果国家级获奖数的增加说明了高校的科技活动为我国的科技发展、自主创新提供了技术支持。

表 2 - 20　　　　　　　　　2002—2011 年高校科技成果情况

年份	出版科技著作(部)	发表学术论文(篇)	发表于国外学术刊物(篇)	技术转让(项)	国家级项目验收(项)	专利授权数(项)	成果获奖(项)	国家级获奖数(项)
2002	6325	345842	34314	5683	1056	2251	3829	96
2003	15618	387290	41521	7809	1801	3954	3859	166
2004	8619	428229	55929	9188	1450	4335	4102	190
2005	8777	477756	66550	7321	3768	8214	4523	213
2006	9902	548909	86726	6878	3345	24490	4452	156
2007	10477	610662	104444	6920	1993	14111	5006	265
2008	11568	660713	129281	8408	2407	17418	4821	273
2009	13898	703358	151542	8770	3135	24708	4876	307
2010	31752	744474	175165	9159	5464	35098	4888	329
2011	11090	786812	209272	10550	4623	49436	5259	338

第三章　数据分析模型

国内外学者在对高等学校教育经费投入效率的研究中，采用了各种各样的方法对教育经费的投入效率进行度量和分析，包括比率分析法、层次分析法、生产函数法、问卷调查法、数据包络法等。本章首先引入效率度量的概念，然后介绍本书拟对高等学校教育经费投入效率进行分析所采用的两种方法：数据包络法和层次分析法。

第一节　效率的度量

传统的经济理论认为产量的增长主要依赖两个部分：生产要素和生产率。生产要素的投入短时间内能提高产量，但超过一定量后将导致规模收益递减，无法持续增长，可持续增长只能通过生产率的提高来实现。目前很多学者将生产率分解为技术效率和技术进步两部分分别进行研究，经济学家法雷尔（Farrell，1957）认为，一般意义上的经济效率可分解为技术效率（Technical Efficiency，TE）和配置效率（Allocative Efficiency，AE）两部分。[①] 他认为，技术效率是指在生产技术和市场价格不变的情况下，按照既定的要素投入比例，生产一定量的产品所需的最小成本与实际成本的百分比；配置效率是指在给定生产要素投入价格的情况下使用最优比例的能力，将技术效率和配置效率结合起来则可以计算总的经济效率。

技术有效性的研究最早开始于 1951 年，库普曼斯（Koopmans）给出了技术有效的定义：如果在不减少产出或增加投入的情况下，技术上不可能增加任何产出或减少任何投入，则认为该投入产出向量是技术有效的，

---

① Farrell, M. J., The Measurement of Productive Efficiency [J]. *Journal of the Royal Statistical Society*, 1957 (120A): 125 – 281.

技术有效的所有投入产出向量的集合即为生产前沿面。

一　投入主导型的效率度量

投入主导型关注的是在不减少产出数量情况下，投入能够减少多少。下面以一个简单的例子来说明投入主导型的效率度量。

假设有一个生产活动的规模报酬不变，使用两个投入要素 x_1 和 x_2 生产单一产出 y，如图 3-1 所示，横坐标 x_1、纵坐标 x_2 分别表示生产要素 x_1、x_2 的投入值，技术有效的曲线为 SS'，该曲线上的点都是技术有效的。P、Q、Q' 为不同的生产单元的样本点，其中，P 表示非经济有效单位，Q 表示技术有效但配置无效单元，Q' 表示经济有效的单元。

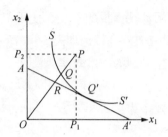

图 3-1　投入主导型效率的量

假设某一生产单元需要用 P_1 数量的 x_1 和 P_2 数量的 x_2 去生产一单位的 y，对应坐标图中的 P 点，则生产单元的技术无效可以用 PQ 的距离来表示，就是在不减少产出的情况下，所有的投入按比例减少的数量，则生产单元的技术效率 TE 为：

$$TE_I = OQ/OP = (OP - QP)/OP = 1 - QP/OP$$

生产单元技术效率的取值为 0—1，1 代表完全的技术有效，例如，图 3-1 中的 Q、Q' 点都是技术有效的，小于 1 则表示技术不完全有效。

假设投入要素 x_1、x_2 的价格比率由图 3-1 中的直线 AA' 表示，则 P 点的配置效率 AE_I 为：

$$AE_I = OR/OQ$$

图中 RQ 的距离表示如果生产采用 Q' 点对应的投入量，而不是技术有效但配置无效的 Q 点对应的投入量，则可以降低成本。

P 点对应的总的经济效率可以用 OR/OP 来表示，RP 的距离代表该生产单元要达到经济有效可节省的投入成本，如下：

$$EE_I = OR/OP$$

其中，EE_I 又可通过技术效率和配置效率来计算得出：

$$EE_I = OR/OP = (OQ/OP) \times (OR/OQ) = TE_I \times AE_I$$

由上述公式可以看出投入主导型的经济效率 = 技术效率 × 配置效率。

二　产出主导型的效率度量

前面讨论了投入主导型的效率度量，描述的是在不减少产出数量的情况下，投入能够减少多少。人们也许会提出这样的问题：在不改变投入的情况下，产出能够增加多少？这就是产出主导型所要解决的问题，它与投入主导型是相对的效率度量方法。

下面通过一个简单的例子来阐述投入主导型和产出主导型效率度量的差别。假设有一个生产活动规模报酬不变，使用单一的投入 x，生产单一的 y，函数 $f(x)$ 为技术有效的直线，如图 3-2 所示。有一个 P 点运行的无效率生产单元，投入主导型的技术效率为：

$$TE_I = AB/AP$$

产出主导型的技术效率为：

$$TE_O = CP/CD$$

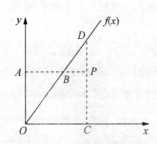

图 3-2　投入和产出主导型的效率度量（规模报酬不变）

由于规模报酬不变，技术有效在图中表现为一条直线，可以看到 AB/AP = CP/CD，可以得出结论：对于规模报酬不变，投入主导型的效率度量和产出主导型的效率度量是相等的。

现在假设上述活动的规模报酬是可变的，同样使用单一的投入 x 生产单一的 y，函数 $f(x)$ 为技术有效的曲线，如图 3-3 所示，对于 P 点运行的无效率生产单元，投入主导型的技术效率为：

$$TE_I = AB/AP$$

产出主导型的技术效率为：

$$TE_O = CP/CD$$

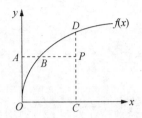

图3-3　投入和产出主导型的效率度量（规模报酬可变）

由于 $f(x)$ 是一条曲线，可以看到 AB/AP 不等于 CP/CD，由此可以得出结论：对于规模报酬可变的情况下，投入主导型的效率度量和产出主导型的效率度量是不相等的。

下面通过一个投入和两个产出的生产活动来进一步说明产出主导型的效率度量。假设生产活动是规模报酬不变的，使用一个投入要素 x 生产两个产出 y_1 和 y_2，如图3-4所示，横坐标 y_1/x、纵坐标 y_2/x 分别表示相同的投入要素 x 产出 y_1、y_2 的比例，技术有效的曲线为 ZZ'。

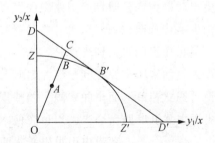

图3-4　产出主导型的效率度量

假设一生产单元需要投入一单位生产要素生产 a_1 数量的 y_1 和 a_2 数量的 y_2，对应坐标图中的 A 点，由于该点位于效率曲线 ZZ' 的下方，因此该点对应的生产单元为无效率的生产单元。该生产单元的技术无效可以用 AB 之间的距离来表示，即在不增加额外投入的情况下，可以增加产出的数量，该生产单元的技术效率为：

$TE_O = OA/OB$

在 y_1 和 y_2 售价确定的情况下可以确定等产量曲线 DD′，则 A 点的配置效率为：

$AE_O = OB/OC$

图中 BC 的距离表示如果生产采用投入相同数量的 x 生产 B′点对应的 y_1 和 y_2，而不是技术有效但配置无效的 B 点对应的产出，则可以增加产出。

A 点对应的总的经济效率可以用 OA/OC 来表示，AC 的距离表示该生产单元要达到经济有效可以增加的产出，经济效率如下：

$EE_O = OA/OC$

EE_O 也可通过技术效率和配置效率来计算得出：

$EE_O = OA/OC = (OA/OB) \times (OB/OC) = TE_O \times AE_O$

由上述公式可以看出，产出主导型的经济效率 = 技术效率 × 配置效率。

三 规模效率

规模报酬是指在其他条件不变的情况下，企业内部各种生产要素按相同比例变化时所带来的产量变化。规模报酬分析的是企业的生产规模变化与所引起的产量变化之间的关系。根据规模报酬是否变化，可以将经济活动归纳为两种模型：规模报酬不变模型（The Constant Returns to Scale Model，CRS 模型）和规模报酬变化模型（The Variable Returns to Scale Model，VRS 模型）。

目前很多研究将从 CRS 模型中获取的技术效率分解为两个部分：规模无效和纯技术无效。这可以通过在相同数据上实施 CRS 和 VRS 模型来计算，如果对于一个决策单元通过 CRS 和 VRS 计算得出的技术效率不同，则表明该决策单元存在规模无效。

假设一个生产活动为使用一个投入要素 x 生产单一产出 y，如图 3 – 5 所示，横坐标 x 表示投入要素的数量，纵坐标 y 表示产出的数量，CRS 和 VRS 的技术效率曲线分别如图 3 – 5 所示。

假设某一生产单元的生产活动对应坐标图中的 P 点，对于投入主导型的 CRS 模型，其技术无效为 BP 的距离，技术效率如下：

$TE_{I,CRS} = AB/AP$

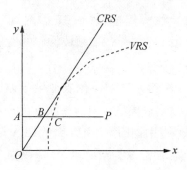

图3-5 规模效率的计算

对于投入主导型的 VRS 模型，其技术无效为 CP 的距离，技术效率为：

$$TE_{I,VRS} = AC/AP$$

CRS 与 VRS 之间的差距即规模无效率，在图中显示为 BC 的距离，投入主导型的规模效率（Scale Efficiencies，SE）如下：

$$SE_{I,VRS} = AB/AC$$

由于

$$AC/AP = (AB/AP) \times (AC/AB)$$

因此可以得出：

$$TE_{I,CRS} = TE_{I,VRS} \times SE_{I,VRS}$$

即可以理解为 CRS 的技术效率可以分解为纯技术效率和规模效率。

在技术效率的度量分析中，均假设生产前沿面是已知的，但是，在实际应用过程中，该前沿面需要确定，下面将引入一种常见的方法——数据包络分析法。

第二节　数据包络分析

一　数据包络分析的产生和发展

数据包络分析是由美国著名运筹学家查尼斯、库珀和罗德斯等（A. Charnes，W. W. Cooper and E. Rhodes et al. ，1978）提出的一种基于效率评价的系统分析方法，由于该方法能方便地处理多投入、多产出的生产系统，被广泛用于经济效率评价、资源配置、技术进步、绩效评估、物流与供应链、风险评估等多个领域，它的发展主要经历了如下几个阶段。

1957年，经济学家法雷尔在对英国农业生产力进行分析时提出了单输入单输出的 DMU 有效度量模型，但由于实际生产中多为多输入和多输出，因此未能得到有效利用，该模型可以称作 DEA 模型的原型。

1978年，A. 查尼斯、W. W. 库珀和 E. 罗德斯等在相对效率的基础上引入了第一个 DEA 模型 C^2R，该模型允许对决策单元规模有效性和技术有效性同时评价。[①]

1984年，R. D. 班克（Banker）、A. 查尼斯和 W. W. 库珀等提出了不考虑生产可能集满足锥性公理的 DEA 模型，简称为 BC^2 模型。[②]

1985年，A. 查尼斯、W. W. 库珀、B. 戈兰尼（Golany）、L. 塞福德（Seiford）和 J. 斯塔茨（Stutz）给出了另一个模型（称为 C^2GS^2 模型），BC^2 模型和 C^2GS^2 模型都是用来研究生产部门间的"技术有效性"的。

1986年，A. 查尼斯、W. W. 库珀和魏权龄为了进一步评估有效生产前沿面，利用 A. 查尼斯、W. W. 库珀和科塔尼克（K. Kortanek）于1962年提出的半无限规划理论，将决策单元的个数由有限多个拓展到无穷多个，给出了一个新的 DEA 模型 C^2W 模型。

1987年，A. 查尼斯、魏权龄和黄志民得到了称为锥比率的 DEA 模型 C^2WH，该模型可以用来处理具有过多的输入及输出的情况，而且锥的选取可以体现决策者的偏好。

1989年，A. 查尼斯、W. W. 库珀和魏权龄在具有锥结构的 C^2WH 模型基础上，进一步提出了具有锥结构的半无限规划 DEA 模型 C^2WY。

经过多年的发展，DEA 方法广泛应用在各行各业，形成了运筹学、管理科学和数理经济学交叉研究的一个新的领域。

二 数据包络分析的基本模型——C^2R 模型

传统的 C^2R 模型是由查尼斯、库珀和罗德斯等于1978年提出的，根

---

① Charnes, A. , Cooper, W. W. , Phodes, E. , Measuring the Efficiency of DMU［J］. *European Journal of Operational Research*, 1978（2）：429 – 444.

② R. D. Banker, A. Charnes, W. W. Cooper, Some Models for Estimating Technical and Scale Inefficiencies in data envelopment analysis［J］. *Management Science*, 1984（9）：1078 – 1092.

据他们名字的首字母 CCR，故命名为 C^2R。

在 DEA 方法中，将一个经济系统或一个生产过程看作一个实体或者单元在一定的可能范围内、通过投入一定数量的生产要素生产一定数量的产品的活动。这种活动的目的是尽可能使这一活动获取最大的收益，这样的实体或单元称为决策单元（Decision Making Units，DMU）。具有相同目标和任务、相同的外部环境、相同的输入和输出的同类型 DMU 可以构成一个 DMU 集合。

假设有 n 个被评价的 DMU，每个决策单元都有 m 种类型的输入和 s 种类型的输出，如图 3－6 所示。

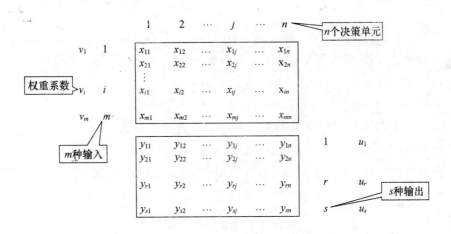

图3－6　n 个决策单元的输入输出

图 3－6 中，x_{ij} 表示第 j 个决策单元对第 i 种类型输入的投入量，$x_{ij} > 0$；y_{rj} 表示第 j 个决策单元对第 r 种类型输出的产出量，$y_{rj} > 0$；v_i 表示第 i 种类型输入的一种度量（或称权重系数）；u_r 表示第 r 种类型输出的一种度量（或称权重系数）；其中，$i = 1, 2, \cdots, m$，$r = 1, 2, \cdots, s$，$j = 1, 2, \cdots, n$。

为方便起见，记：

$$x_i = (x_{1j}, x_{2j}, \cdots, x_{mj})^T, j = 1, 2, \cdots, n$$

$$y_i = (y_{1j}, y_{2j}, \cdots, y_{sj})^T, j = 1, 2, \cdots, n$$

$$v = (v_1, v_2, \cdots, v_n)^T$$

$$u = (u_1, u_2, \cdots, u_n)^T$$

对于每个决策单元，都有其对应的效率评价指数：

$$h_j = \frac{\sum\limits_{r=1}^{s} u_r y_{rj}}{\sum\limits_{i=1}^{m} v_i x_{ij}}$$

总可以适当地选取权重系数 v 和 u，使其满足

$$h_j \leqslant 1, \ j = 1, \ 2, \ \cdots, \ n$$

当对第 $j_0(1 \leqslant j_0 \leqslant n)$ 个决策单元进行效率评价时，以权重系数 v 和 u 为变量，以第 j_0 个决策单元的效率指数为目标，以所有决策单元的效率指数作为约束，可以构建一个线性模型 P_{C^2R} 如下：

$$P_{C^2R} \begin{cases} \max h_{j_0} = \dfrac{\sum\limits_{r=1}^{s} u_r y_{rj_0}}{\sum\limits_{i=1}^{m} v_i x_{ij_0}} \\ \dfrac{\sum\limits_{r=1}^{s} u_r y_{rj}}{\sum\limits_{i=1}^{m} v_i x_{ij}} \leqslant 1, j = 1,2,\cdots,n \\ v = (v_1, v_2, \cdots, v_m)^T \geqslant 0 \\ u = (u_1, u_2, \cdots, u_m)^T \geqslant 0 \end{cases}$$

将上述线性模型 P_{C^2R} 转换为向量形式如下：

$$P_{C^2R} \begin{cases} \max \dfrac{u^T y_0}{v^T x_0} \\ \dfrac{u^T y_j}{v^T x_j} \leqslant 1, j = 1,2,\cdots,n \\ v \geqslant 0 \\ u \geqslant 0 \end{cases}$$

上述规划是一个分数线性规划，其解有无穷多组。为解决这一问题，1978 年，查尼斯、库珀和罗德斯将其转换为线性规划，即查尼斯—库珀转换，如下式所示：

令 $t = \dfrac{1}{v^T x_0}$，$w = tv$，$\mu = tu$

可得出：

$$\begin{cases} \mu^T y_0 = \dfrac{u^T y_0}{v^T x_0} \\[3mm] \dfrac{\mu^T y_j}{w^T x_j} = \dfrac{u^T y_j}{v^T x_j} \leqslant 1 \\[3mm] w^T x_0 = 1 \\[2mm] w \geqslant 0, \mu \geqslant 0 \end{cases}$$

将其转化为一个线性规划模型 P_{C^2R}:

$$\begin{cases} \max \mu^T y_0 \\ w^T x_j - \mu^T y_j \geqslant 0, j = 1, 2, \cdots, n \\ w^T x_0 = 1 \\ w \geqslant 0, \mu \geqslant 0 \end{cases}$$

该线性规划的对偶规划为:

$$\begin{cases} \min \theta \\ \displaystyle\sum_{j=1}^{n} x_j \lambda_j \leqslant \theta x_0 \\ \displaystyle\sum_{j=1}^{n} y_j \lambda_j \geqslant y_0 \\ \lambda_j \geqslant 0, j = 1, 2, \cdots, n \end{cases}$$

对上述对偶规划分别引入松弛变量 s^- 和剩余变量 s^+,可得到如下线性规划模型 D_{C^2R}:

$$\begin{cases} \min \theta \\ \displaystyle\sum_{j=1}^{n} x_j \lambda_j + s^- = \theta x_0 \\ \displaystyle\sum_{j=1}^{n} y_j \lambda_j - s^+ = y_0 \\ \lambda_j \geqslant 0, j = 1, 2, \cdots, n \\ s^- \geqslant 0, s^+ \geqslant 0 \end{cases}$$

利用运筹学可以证明,线性规划和对偶规划都存在最优解,并且最优值 $\mu^T y_0 = \theta \leqslant 1$。

针对 C^2R 模型的效率评价,有如下定义:若线性规划 P_{C^2R} 的最优值为 1,则称决策单元 j_0 为弱 DEA 有效;反之亦然。若线性规划 P_{C^2R} 存在

最优解 w^*、μ^*，满足 $w^* > 0$，$\mu^* > 0$，且最优值为 1，则称决策单元 j_0 为 DEA 有效；反之亦然。

对于对偶规划 D_{C^2R}，若 $\theta^* = 1$，s^{-*}、s^{+*} 存在非零值，则称决策单元 j_0 为弱 DEA 有效；若 $\theta^* = 1$，$s^{-*} = 0$，$s^{+*} = 0$，则称决策单元 j_0 为 DEA 有效；若 $\theta^* < 1$，则称决策单元 j_0 为 DEA 无效。

检验 C^2R 模型的有效性时，如果利用线性规划，需要判断 $w^* > 0$，$\mu^* > 0$，且 $h_{j_0}^* = 1$；如果利用对偶规划，则需判断 $\theta^* = 1$，$s^{-*} = 0$，$s^{+*} = 0$，无论利用哪种方法都不方便。通过在 C^2R 模型中引入非阿基米德无穷小的概念，可以使模型的检验简化。假设 ε 是非阿基米德无穷小量，它是一个小于任何正数但大于 0 的数，带有 ε 的 C^2R 模型如下：

$$\begin{cases} \max h_{j_0} = \mu^T y_0 \\ w^T x_j - \mu^T y_j \geq 0, j = 1, 2, \cdots, n \\ w^T x_0 = 1 \\ w \geq \varepsilon \hat{e}, \mu \geq \varepsilon e \end{cases}$$

其对偶规划如下：

$$\begin{cases} \min\{\theta - \varepsilon(\hat{e}^T s^- + e^T s^+)\} \\ \sum_{j=1}^{n} x_j \lambda_j + s^- = \theta x_0 \\ \sum_{j=1}^{n} y_j \lambda_j - s^+ = y_0 \\ \lambda_j \geq 0, j = 1, 2, \cdots, n \\ s^- \geq 0, s^+ \geq 0 \end{cases}$$

对于上述模型，设 ε 为非阿基米德无穷小，规划问题的最优解为 θ^*、s^{-*}、s^{+*}，若 $\theta^* = 1$，则称决策单元 j_0 为弱 DEA 有效；若 $\theta^* = 1$ 且 $s^{-*} = 0$，$s^{+*} = 0$，则称决策单元 j_0 为 DEA 有效。

设某个决策单元在一项经济或生产活动的投入量为 $x = (x_1, x_2, \cdots, x_m)^T$，产出量为 $y = (y_1, y_2, \cdots, y_s)^T$，用 $T = \{(x, y) \mid$ 投入量为 x 的情况下可以产出 $y\}$ 来表示这个决策单元的经济或生产活动。

n 个决策单元所对应的投入、产出量分别为：

$$x_j = (x_{1j}, x_{2j}, \cdots, x_{mj})^T$$

$y_{j.} = (y_{1j}, y_{2j}, \cdots, y_{sj})^T \quad j = 1, 2, \cdots, n$

通常利用 $(x_j,\ y_j)(j = 1,\ 2,\ \cdots,\ n)$ 组成的集合 $\{(x_1,\ y_1),\ (x_2, y_2),\ \cdots,\ (x_n,\ y_n)\}$ 去描述生产可能产生的集合，称之为生产可能集。[①]

根据实际情况和研究方便，一般假设生产可能集满足如下公理：

（一）平凡性公理

$(x_j, y_j) \in T, j = 1, 2, \cdots, n$

平凡性公理表示对于投入 x_j、产出 y_j 的基本活动 $(x_j,\ y_j)$ 属于生产可能集中的一种生产方式。

（二）凸性公理

对于任意的 $(x,\ y) \in T$ 和 $(\overline{x},\ \overline{y}) \in T$，以及 $\mu \in [0,\ 1]$，均有

$\mu(x, y) + (1 - \mu)(\overline{x}, \overline{y}) \in T$

凸性公理表示如果分别以 x 和 $\overline{x}$ 的 μ 和 $1 - \mu$ 比例之和作为新的投入，可以产生分别以 y 和 $\overline{y}$ 的相同比例之和新的产出。

（三）无效性公理

经济学中也称为自由处置性公理。

对于任意 $(x,\ y) \in T$ 及 $\dot{x} \geq x$，均有 $(\dot{x},\ y) \in T$

对于任意 $(x,\ y) \in T$ 及 $\dot{y} \leq y$，均有 $(x,\ \dot{y}) \in T$

无效性公理表明，在原来生产活动的基础上增加投入或减少产出来进行生产是可能的。

（四）锥性公理（经济学中也称为可加性公理）

对于任意的 $(x,\ y) \in T$ 及 $k \geq 0$，均有

$k(x, y) = (kx, ky) \in T$

锥性公理表明，若以投入 x 的 k 倍进行投入，即可得到原来产出 y 的 k 倍产出。

（五）最小性公理

最小性公理表示，生产可能集 T 是满足前面四条公理的所有集合的交集，对于已有的生产活动 $(x_j,\ y_j) \in T$, $j = 1,\ 2,\ \cdots,\ n$，可以构成生产可能集：

$$T = \left\{(x, y) \mid \sum_{j=1}^n \lambda_j x_j \leq x, \sum_{j=1}^n \lambda_j y_j \geq y, \lambda_j \geq 0, j = 1, 2, \cdots, n\right\}$$

① 魏全龄：《数据包络分析》，中国人民大学出版社 2004 年版。

（六）压缩性公理

对于任意的 $(x, y) \in T$ 及 $k \in (0, 1]$，均有

$$k(x,y) = (kx,ky) \in T$$

压缩性公理表明生产方式是可以缩小规模的。

（七）扩张性公理

对于任意的 $(x, y) \in T$ 及 $k \geqslant 1$，均有

$$k(x,y) = (kx,ky) \in T$$

扩张性公理表明生产方式是可以扩大规模的。

三 其他数据包络分析模型介绍

在 C^2R 模型的基础上，国内外学者对 DEA 的模型进行了不断研究，发展了 BC^2 模型、C^2GS^2 模型、C^2W 模型、C^2WH 模型等。

（一）BC^2 模型

生产可能集的公理中存在一个锥性假设，认为 C^2R 模型是规模收益不变的，即假设决策单元通过同等比例的增加投入即可得到同比例的产出。这一假设相当严格，与实际差异较大。1984 年，R. D. 班克、A. 查尼斯和 W. W. 库珀等提出了不考虑生产可能集满足锥性公理的 DEA 模型——BC^2 模型。

BC^2 模型在 C^2R 模型基础上增加了一个凸性假设：

$$\sum_{j=1}^{n} \lambda_j = 1$$

生产可能集 T 变为

$$T = \{(x,y) \mid \sum_{j=1}^{n} \lambda_j x_j \leqslant x, \sum_{j=1}^{n} \lambda_j y_j \geqslant y, \sum_{j=1}^{n} \lambda_j = 1, \lambda_j \geqslant 0, j = 1,2,\cdots,n\}$$

相应的线性规划如下：

$$\begin{cases} \max(\mu^T y_0 + \mu_0) \\ w^T x_j - \mu^T y_j - \mu_0 \geqslant 0, j = 1,2,\cdots,n \\ w^T x_0 = 1 \\ w \geqslant 0, \mu \geqslant 0 \end{cases}$$

其对偶规划为：

$$\begin{cases} \min\theta \\ \sum\limits_{j=1}^{n} x_j\lambda_j \leqslant \theta x_0 \\ \sum\limits_{j=1}^{n} y_j\lambda_j \geqslant y_0 \\ \sum\limits_{j=1}^{n} \lambda_j = 1 \\ \lambda_j \geqslant 0, j = 1,2,\cdots,n \end{cases}$$

（二）C^2GS^2 模型

1985 年，A. 查尼斯、W. W. 库珀、B. 戈兰尼、L. 塞福德和 J. 斯塔茨提出了生产可能集不满足锥性公理的 DEA 模型——C^2GS^2 模型。

C^2GS^2 模型的生产可能集为：

$$T = \left\{ (x,y) \mid \sum_{j=1}^{n} \lambda_j x_j \leqslant x, \sum_{j=1}^{n} \lambda_j y_j \geqslant y, \sum_{j=1}^{n} \lambda_j = 1, \lambda_j \geqslant 0, j = 1,2,\cdots,n \right\}$$

相应的线性规划为：

$$\begin{cases} \max(\mu^T y_0 + \mu_0) \\ w^T x_j - \mu^T y_j - \mu_0 \geqslant 0, j = 1,2,\cdots,n \\ \mu^T y_j = 1 \\ w \geqslant 0, \mu \geqslant 0 \end{cases}$$

其对偶规划为：

$$\begin{cases} \min\theta \\ \sum\limits_{j=1}^{n} x_j\lambda_j \leqslant \theta x_0 \\ \sum\limits_{j=1}^{n} y_j\lambda_j \geqslant y_0 \\ \sum\limits_{j=1}^{n} \lambda_j = 1 \\ \lambda_j \geqslant 0, j = 1,2,\cdots,n \end{cases}$$

（三）C^2W 模型

1986 年，A. 查尼斯、W. W. 库珀和魏权龄为了进一步评估有效生产前沿面，利用 A. 查尼斯、W. W. 库珀和 K. 科塔尼克（Kortanek）于 1962 年提出的半无限规划理论，将决策单元的个数由有限多个拓展到无穷多个，给出了一个新的 DEA 模型——C^2W 模型。

设 T 是决策单元的集合，T 为有界闭集。

$x_i(T)$ 为决策单元 T 对第 i 项输入的投入量，为线性函数，$i = 1, 2, \cdots, m$。

$y_r(T)$ 为决策单元 T 对第 r 项输出的产出量，为线性函数，$r = 1, 2, \cdots, s$。

对任意的 $z \in T$，设

$$x(z) = [x_1(z), x_2(z), \cdots, x_m(z)]^T > 0$$

$$y(z) = [y_1(z), y_2(z), \cdots, y_s(z)]^T > 0$$

对于决策单元 z_0 对应的 DEA 模型为：

$$\begin{cases} \max \mu^t y(z_0) \\ w^t x(z) - \mu^t y(z) \geq 0, \forall z \in T \\ w^t x(z_0) = 1 \\ w \geq 0, \mu \geq 0 \end{cases}$$

其对偶规划为：

$$\begin{cases} \min \theta \\ \displaystyle\sum_{z \in T} x(z)\lambda(z) - \theta x(z_0) \leq 0 \\ -\displaystyle\sum_{z \in T} y(z)\lambda(z) + y(z_0) \leq 0 \\ \lambda(z) \geq 0, \forall z \in T \end{cases}$$

式中，$\lambda(z) \in E^1$，$\lambda = [\lambda(z): z \in T] \in S$，$S$ 为广义有限序列空间，向量 λ 只有有限多个分量不为零。

（四）C^2WH 模型

在前面介绍的 C^2R、BC^2、C^2GS^2、C^2W 模型中，输入和输出指标的权重没有任何限制，没有体现决策者的偏好。1987 年，A. 查尼斯、魏权龄和黄志民得到了称为锥比率的 DEA 模型 C^2WH，该模型可以用来处理具有过多的输入及输出的情况，而且锥的选取可以体现决策者的偏好。

该模型如下：

$$\begin{cases} \max \dfrac{u^t y_0}{v^t x_0} \\ v^t x - u^t y \in K \\ v \in V \setminus \{0\} \\ u \in U \setminus \{0\} \end{cases}$$

其中，$x = (x_1, x_2, \ldots, x_n)^T$，$y = (y_1, y_2, \ldots, y_m)T$，且 $V \subset E_+^m$，$U \subset E_+^s$，$K \subset E_+^n$，为闭凸锥。

利用查尼斯—库珀变化，将其转变为具有锥结构的 DEA 模型 D_{C^2WH}，如下：

$$\begin{cases} \max \mu^T y_0 \\ w^T x - \mu^T y \in K \\ w^T x_0 = 1 \\ w \in V, \mu \in U \end{cases}$$

其对偶规划 P_{C^2WH} 为：

$$\begin{cases} \min \theta \\ x\lambda - \theta x_0 \in V^* \\ -y\lambda + y_0 \in U^* \\ \lambda \in -K^* \end{cases}$$

四 面板数据和 Malmquist 指数

前面介绍的模型无论是 C^2R 模型还是 BC^2 模型都是基于各个决策单元在同一时间点上进行横向分析，对效率值的研究分析都是处于一种静止状态，在比较各个决策单元在一个时间序列上的不同表现时显得有些不足。Malmquist 指数正好弥补了这些模型的不足，它可以用于研究不同时期决策单元的效率演变，介绍 Malmquist 指数之前，首先介绍面板数据概念。

面板数据也称为平行数据，或时间序列截面数据或混合数据，是指在时间序列上取多个截面，在这些截面上同时选取样本观测值所构成的样本数据。面板数据有时间序列和截面两个维度，从横截面上来看是由若干个个体在某一时刻构成的截面观测值，从纵剖面上看则是一个时间序列。

面板数据用双下标变量表示，如下：

y_{it}，$i = 1, 2, \cdots, N$；$t = 1, 2, \cdots, T$

式中，N 表示面板数据中含有 N 个个体，T 表示时间序列的最大长度。若 t 固定不变，y_{it} 是横截面上的 N 个随机变量，表示在 t 时刻 N 个个体的观测值；若 i 固定不变，y_{it} 是纵剖面上的一个时间序列，表示第 i 个个体在时间 1—T 的观测值。

例如，2004—2013 年全国 31 个省市 10 年的 GDP 数据，该面板数据由 31 个各地组成，共有 310 个观测值。对于某一年份，它是由 31 个省市的 GDP 数字组成的截面数据；对于某一个省份，它是由 10 年的 GDP 组成的一个数据。

Malmquist 指数最初是由瑞典经济学和统计学家 Sten Malmquist 在 1953 年提出来的，最初用于分析不同时期的消费变化。卡维斯等（Caves et al., 1982）首次用它作为生产效率指数，与 DEA 理论相结合，在生产率测算中的应用日益广泛。1994 年，Fare、Grosskopf、Norris 和 Zhang 建立了用来考察全要素生产率变化（total factor productivity change，TFP – ch）的 Malmquist 生产力指数，进而应用 Shephard 距离函数（Distance Function）将 TFP – ch 分解为技术变动（technical change，TECH – ch）与技术效率变动（technical efficiency change，TE – ch）。[1] 如今，该方法被广泛应用于金融、工业、医疗等部门生产效率的测算，并依据效率测算的结果进行国际比较方面研究。

假设存在 n 个决策单元，每个决策单元在 t 时期使用投入 m 种生产要素获取 s 种产出，如下：

$x_j^t = (x_{1j}^t, x_{2j}^t, \cdots, x_{mj}^t)^T$ 表示第 j 个决策单元在时期 t 的投入指标值；

$y_j^t = (y_{1j}^t, y_{2j}^t, \cdots, y_{sj}^t)^T$ 表示第 j 个决策单元在时期 t 的产出指标值；

式中，$t = 1, 2, \cdots, T$ 表示时间序列。

根据 DEA 方法的基本原理，t 时刻的规模报酬不变的生产可能集为：

$$T_{CRS} = \left\{ (x^t, y^t) \left| \sum_{j=1}^n \lambda_j x_j^t \leqslant x^t, \sum_{j=1}^n \lambda_j y_j^t \geqslant y^t, \sum_{j=1}^n \lambda_j = 1, j = 1,2,\cdots,n \right. \right\}$$

t 时刻的规模报酬可变的生产可能集为：

$$T_{VRS} = \left\{ (x^t, y^t) \left| \sum_{j=1}^n \lambda_j x_j^t \leqslant x^t, \sum_{j=1}^n \lambda_j y_j^t \geqslant y^t, \sum_{j=1}^n \lambda_j = 1, \lambda_j \geqslant 0, j = 1,2,\cdots,n \right. \right\}$$

Malmquist 指数是以距离函数为基础定义的，从投入角度来看，距离函数实际上就是 t 时期实际的投入值与最小投入值之间的比值，也就是实际值与前沿面之间的距离。通过投入距离函数的定义，距离函数正好是 C^2R 模型和 B^2R 模型效率值的倒数。

在规模报酬不变情况下，令 $D_C^t(x^t, y^t)$ 为 (x^t, y^t) 在 t 时期的距离函数，$D_C^{t+1}(x^t, y^t)$ 为 (x^t, y^t) 在 $t + 1$ 时期的距离函数，$D_C^t(x^{t+1}, y^{t+1})$ 为 (x^{t+1}, y^{t+1}) 在 t 时期的距离函数，$D_C^{t+1}(x^{t+1}, y^{t+1})$ 为 (x^{t+1}, y^{t+1}) 在 $t + 1$

---

[1] Fare, Grosskopf, Norris, Productivity Growth, Technical Progress, and Efficiency Change in Industrialized Countries, 1994.

时期的距离函数。$D_C^t(x^t, y^t)$、$D_C^{t+1}(x^t, y^t)$、$D_C^t(x^{t+1}, y^{t+1})$、D_C^{t+1}
(x^{t+1}, y^{t+1})的效率模型分别如下：

$$D_C^t(x^t, y^t)\begin{cases} \max z = \left[D_c^t(x^t, y^t)\right]^{-1} \\ \sum_{j=1}^n x_j^t \lambda_j \leqslant x^t \\ \sum_{j=1}^n y_j^t \lambda_j \geqslant zy^t \\ \lambda_j \geqslant 0, j = 1, 2, \ldots, n \end{cases}$$

$$D_C^{t+1}(x^t, y^t)\begin{cases} \max z = \left[D_c^{t+1}(x^t, y^t)\right]^{-1} \\ \sum_{j=1}^n x_j^{t+1} \lambda_j \leqslant x^t \\ \sum_{j=1}^n y_j^{t+1} \lambda_j \geqslant zy^t \\ \lambda_j \geqslant 0, j = 1, 2, \cdots, n \end{cases}$$

$$D_C^t(x^{t+1}, y^{t+1})\begin{cases} \max z = \left[D_c^t(x^{t+1}, y^{t+1})\right]^{-1} \\ \sum_{j=1}^n x_j^t \lambda_j \leqslant x^{t+1} \\ \sum_{j=1}^n y_j^t \lambda_j \geqslant zy^{t+1} \\ \lambda_j \geqslant 0, j = 1, 2, \ldots, n \end{cases}$$

$$D_C^{t+1}(x^{t+1}, y^{t+1})\begin{cases} \max z = \left[D_c^{t+1}(x^{t+1}, y^{t+1})\right]^{-1} \\ \sum_{j=1}^n x_j^{t+1} \lambda_j \leqslant x^{t+1} \\ \sum_{j=1}^n y_j^{t+1} \lambda_j \geqslant zy^{t+1} \\ \lambda_j \geqslant 0, j = 1, 2, \cdots, n \end{cases}$$

在规模报酬可变的情况下，令 $D_V^t(x^t, y^t)$ 为 (x^t, y^t) 在 t 时期的距离
函数，$D_V^{t+1}(x^t, y^t)$ 为 (x^t, y^t) 在 $t+1$ 时期的距离函数，$D_V^t(x^{t+1}, y^{t+1})$ 为
(x^{t+1}, y^{t+1}) 在 t 时期的距离函数，$D_V^{t+1}(x^{t+1}, y^{t+1})$ 为 (x^{t+1}, y^{t+1}) 在 $t+1$
时期的距离函数。$D_V^t(x^t, y^t)$、$D_V^{t+1}(x^t, y^t)$、$D_V^t(x^{t+1}, y^{t+1})$、D_V^{t+1}
(x^{t+1}, y^{t+1})的效率模型分别如下：

$$D_V^t(x^t,y^t)\begin{cases} \max z = \left[D_V^t(x^t,y^t)\right]^{-1} \\[2mm] \sum_{j=1}^n x_j^t\lambda_j \leqslant x^t \\[2mm] \sum_{j=1}^n y_j^t\lambda_j \geqslant zy^t \\[2mm] \sum_{j=1}^n \lambda_j = 1 \\[2mm] \lambda_j \geqslant 0, j = 1,2,\cdots,n \end{cases}$$

$$D_V^{t+1}(x^t,y^t)\begin{cases} \max z = \left[D_V^{t+1}(x^t,y^t)\right]^{-1} \\[2mm] \sum_{j=1}^n x_j^{t+1}\lambda_j \leqslant x^t \\[2mm] \sum_{j=1}^n y_j^{t+1}\lambda_j \geqslant zy^t \\[2mm] \sum_{j=1}^n \lambda_j = 1 \\[2mm] \lambda_j \geqslant 0, j = 1,2,\cdots,n \end{cases}$$

$$D_V^t(x^{t+1},y^{t+1})\begin{cases} \max z = \left[D_V^t(x^{t+1},y^{t+1})\right]^{-1} \\[2mm] \sum_{j=1}^n x_j^t\lambda_j \leqslant x^{t+1} \\[2mm] \sum_{j=1}^n y_j^t\lambda_j \geqslant zy^{t+1} \\[2mm] \sum_{j=1}^n \lambda_j = 1 \\[2mm] \lambda_j \geqslant 0, j = 1,2,\cdots,n \end{cases}$$

$$D_V^{t+1}(x^{t+1},y^{t+1})\begin{cases} \max z = \left[D_V^{t+1}(x^{t+1},y^{t+1})\right]^{-1} \\[2mm] \sum_{j=1}^n x_j^{t+1}\lambda_j \leqslant x^{t+1} \\[2mm] \sum_{j=1}^n y_j^{t+1}\lambda_j \geqslant zy^{t+1} \\[2mm] \sum_{j=1}^n \lambda_j = 1 \\[2mm] \lambda_j \geqslant 0, j = 1,2,\cdots,n \end{cases}$$

在 t 时期的技术条件下，从 t 时期到 $t+1$ 时期的技术效率变化为：

$$M^t = \frac{D^t(x^{t+1}, y^{t+1})}{D^t(x^t, y^t)}$$

在 $t+1$ 时期的技术条件下，从 t 时期到 $t+1$ 时期的技术效率变化为：

$$M^{t+1} = \frac{D^{t+1}(x^{t+1}, y^{t+1})}{D^{t+1}(x^t, y^t)}$$

由于基于 t 时期和 $t+1$ 时期参照技术定义的 Malmquist 生产率指数在经济意义上是对称的，按照 Fisher 的理想指数思想，用 t 时期和 $t+1$ 时期的两个 Malmquist 指数的几何平均值来计算 t 时期到 $t+1$ 时期的效率变化为：

$$M_t^{t+1}(y^{t+1}, x^{t+1}, y^t, x^t) = \left[M^t \times M^{t+1} \right]^{1/2}$$

$$= \left[\frac{D^t(x^{t+1}, y^{t+1})}{D^t(x^t, y^t)} \times \frac{D^{t+1}(x^{t+1}, y^{t+1})}{D^{t+1}(x^t, y^t)} \right]^{1/2}$$

1994 年 Fare 等提出了 FGNZ 模型，将 Malmquist 指数分解为技术进步指数（Technological Change，TC）和技术效率变化指数（Technical Efficiency Change，TEC），其中又将技术效率变化指数进一步分解为纯技术效率变化指数（Pure Technical Efficiency Change，PTEC）和规模效率变化指数（Scal Efficiency Change，SEC），M_{FGNZ} 模型分解如下：

$$M_{FGNZ}(y^{t+1}, x^{t+1}, y^t, x^t) = \frac{D_V^{t+1}(x^{t+1}, y^{t+1})}{D_V^t(x^t, y^t)}$$

$$\times \left[\frac{D_C^t(x^t, y^t)}{D_C^{t+1}(x^t, y^t)} \times \frac{D_C^t(x^{t+1}, y^{t+1})}{D_C^{t+1}(x^{t+1}, y^{t+1})} \right]^{1/2}$$

$$\times \frac{D_C^{t+1}(x^{t+1}, y^{t+1}) / D_V^{t+1}(x^{t+1}, y^{t+1})}{D_C^t(x^t, y^t) / D_V^t(x^t, y^t)}$$

$$= TE_{FGNZ} \times TC_{FGNZ} \times SE_{FGNZ}$$

$$= TC_{FGNZ} \times TEC_{FGNZ}$$

Malmquist 指数是衡量生产率从时期 t 到时期 $t+1$ 的动态变化指数，当该指数的值大于 1 时，表明从时期 t 到时期 $t+1$ 生产率上升，效率提高；当该指数值等于 1 时，表明从时期 t 到时期 $t+1$ 生产率未发生变化，效率不变；当该指数值小于 1 时，表明从时期 t 到时期 $t+1$ 生产率降低，效率下降。

技术进步指数 TC 表示从时期 t 到时期 $t+1$ 的生产技术变化程度，为

$t+1$ 期的生产技术变动值与以 t 期衡量的生产技术变动值的几何平均数获得。TC 代表了两个时期内生产前沿面的移动，表明生产技术变化的程度。若 $TC>1$，则表明生产前沿面外移，技术进步；若 $TC<1$，则表明生产前沿面向原点移动，技术衰退。

技术效率变化指数 TEC 是相对效率变化指数，表示从时期 t 到时期 $t+1$ 的技术效率变动程度，即效率变动是相对于生产前沿面的追赶程度。若 $TEC>1$，表示与最优 DMU 的差距在缩小，技术效率改善；若 $TEC<1$，表示与最优 DMU 的差距在进一步拉大，技术效率恶化。

五　视窗分析模型

传统的 DEA 模型只能进行横截面数据分析，每个决策单元只被考察一次，将效率评价局限于某一固定的时间，是静态分析。而在现实的分析研究中，经常需要进行不同决策单元不同时期的效率分析，需要对面板数据进行相对效率分析，这是传统的 DEA 模型无法达到的。很多研究方法将不同时期的决策单元作为不同的决策单元进行效率评价，但由于不同时期的生产技术水平、外部环境都不相同，会造成评价效率的不准确。A. 查尼斯、C. 克拉克等（Clarke）在分析空军战斗机维护保养案例时，提出了 DEA 视窗分析模型（Window Analysis，WA），用来考察决策单元在不同时期的效率变化。[①]

视窗分析模型的基本原理是：从动态角度出发，采用面板数据，将多个时期的决策单元的数据按照一定的时期长度（窗宽）归为一期看作是一个视窗，每个视窗的期数相同，然后再对每个视窗内的每一个决策单元进行效率评估。视窗分析将不同时期的同一决策单元视为不同单元，从而增加了受评价的决策单元数量，该模型不仅可以对不同的决策单元之间的相对效率进行评价，而且还可以反映同一个决策单元在不同时期的效率变化情况。这与统计学中的平滑指数类似，能够反映投入与产出的时间连续性，能较好反映决策单元的效率动态变化。

假设存在 n 个决策单元，每个决策单元在 t 时期使用投入 m 种生产要素获取 s 种产出，如下：

---

① A. Charnes, C. Clarke, W. W. Coopoer and B. Golany, A development study of DEA in Measuring the Effect of Maintenance Units in the U. S. Air Forces [J] . *Annals of Operations Research*, 1985, 2 (1): 95 – 112.

$x_j^t = (x_{1j}^t, x_{2j}^t, \ldots, x_{mj}^t)^T$ 表示第 j 个决策单元在时期 t 的投入指标值；

$y_j^t = (y_{1j}^t, y_{2j}^t, \ldots, y_{sj}^t)^T$ 表示第 j 个决策单元在时期 t 的产出指标值；

其中，$t = 1, 2, \cdots, T$ 表示时间序列。

假设视窗宽度为 $w(1 \leq w \leq T)$，可以将总时期 T 分为一系列时期长度为 w 的时间段，即为视窗，每个视窗都包含 w 时期内 n 个决策单元，即 $n \times w$ 个决策单元。其中，第一个视窗包含时期 1 至 w 内的决策单元数据，第二个视窗包含时期 2 至 $w+1$ 内的决策单元数据，依次类推，最后一个视窗为第 $T-w+1$ 个视窗，包含时期 $T-w+1$ 至 T 内的决策单元数据。设 X_k 和 Y_k 分别为第 $k(1 \leq k \leq T-w+1)$ 个视窗的投入和产出向量，X_k 和 Y_k 分别用矩阵的表示形式如下：

$$X_k = \begin{pmatrix} x_1^k, x_2^k, \cdots, x_n^k \\ x_1^{k+1}, x_2^{k+1}, \cdots, x_n^{k+1} \\ \cdots\cdots \\ x_1^{k+w-1}, x_2^{k+w-1}, \cdots, x_n^{k+w-1} \end{pmatrix}$$

$$Y_k = \begin{pmatrix} y_1^k, y_2^k, \cdots, y_n^k \\ y_1^{k+1}, y_2^{k+1}, \cdots, y_n^{k+1} \\ \cdots\cdots \\ y_1^{k+w-1}, y_2^{k+w-1}, \cdots, y_n^{k+w-1} \end{pmatrix}$$

将投入向量 X_k 和产出向量 Y_k 分别代入传统的 C^2R 模型和 BC^2 模型，即可分别获取第 k 个视窗 t 时期的决策单元的效率值。

对于第 k 个视窗 t 时期在规模收益不变情况下，可以通过 C^2R 模型计算出技术效率值 TE，如下：

$$C^2R \begin{cases} \min\theta \\ \sum_{j=1}^{n} X_j\lambda_j \leq \theta X_0 \\ \sum_{j=1}^{n} Y_j\lambda_j \leq Y_0 \\ \lambda_j \geq 0 \end{cases}$$

在规模可变的情况下，可以通过 BC^2 模型计算出纯技术效率 PE，如下：

$$BC^2 \begin{cases} \min\theta \\ \sum_{j=1}^{n} X_j \lambda_j \leqslant \theta X_0 \\ \sum_{j=1}^{n} Y_j \lambda_j \leqslant Y_0 \\ \sum_{j=1}^{n} \lambda_j = 1 \\ \lambda_j \geqslant 0 \end{cases}$$

规模效率 SE 可以通过如下公式计算：

$SE = TE/PE$

设 $E_j^{k,t}$ 表示第 j 个决策单元时期 t 在第 k 个视窗中的效率，对于决策单元的平均效率 M_j 可由如下公式计算得出：

$$M_j = \frac{\sum_{k=1}^{T-w+1}\sum_{t=k}^{t+w-1} E_j^{k,t}}{w \times (T-w+1)}$$

方差 V_j 可通过下面公式计算得出：

$$V_j = \frac{\sum_{k=1}^{T-w+1}\sum_{t=k}^{t+w-1} (E_j^{k,t} - M_j)^2}{w \times (T-w+1)}$$

方差 V_j 反映了决策单元的效率值在整个时期内的波动情况。方差越大说明效率波动越大，越不稳定；方差越小说明效率波动越小，越稳定。

在视窗模型中，除了第一期和最后一期外，对于每个决策单元每期的数据因为视窗重叠会产生多个效率值，可以用列距（Column Range，CR_j^t）来反映决策单元在每个时期的稳定性，列距定义如下：

$CR_j^t = \max(E_j^{i,t}) - \min(E_j^{i,t})$

式中，$i = \max(t-w+1, 1)$，$\cdots$，$\min(t, T-w+1)$，$t = 1$，2，$\cdots$，T

列距 CR_j^t 越大，表明决策单元的效率值在时期 t 的波动越大，越不稳定；反之，列距越小，则表明决策单元的效率值在时期 t 的波动越小，越稳定。

CR_j^t 反映的是每个时期的效率稳定性，如果要比较不同时期的效率稳定性，可以用各列全距（Overall Column Range，CR_j）来反映：

$CR_j = \max\limits_{t=2,3,\cdots,T-1}(CR_j^t)$

为了分析同一决策单元在整个时期 T 内所有视窗的稳定性，可以用全距（Total Range，TR_j）来反映，定义如下：

$$TR_j = \max(E_j^{i,t}) - \min(E_j^{i,t})$$

其中，$i = 1, 2, \cdots, T - w + 1$，$t = i, i + 1, \cdots, i + w - 1$

全距越大，表示效率值 $E_j^{i,t}$ 在整个时期 T 内的波动越大，越不稳定；反之，全距越小表示 $E_j^{i,t}$ 在整个时期 T 内的波动越小，越稳定。

假设窗宽 w 为 2，各个决策单元效率值的视窗分析结果如表 3 - 1 所示。每个决策单元同一时期在不同的视窗中都对应不同的效率值，每个决策变量在整个 T 时期内有 $w \times (T - w + 1)$ 个效率值，可以通过上面介绍的公式计算每个决策变量效率的均值、方差、全距等，实现投入产出的效率分析评价。

表 3 - 1　　　　　　　　　　视窗分析模型

决策单元	视窗	1 2 3 … T–1 T		均值	方差	全距
DMU_1	W_1	$E_1^{1,1}$	$E_1^{1,2}$			
	W_2	$E_1^{2,2}$	$E_1^{2,3}$	M_1	V_1	TR_1
	…					
	W_{T-w+1}	$E_1^{T-1,T-1}$	$E_1^{T-1,T}$			
	列距	CR_1^2　CR_1^3　$\cdots$　CR_1^{T-1}				
	各列全距	CR_1				
…	…	…		…		
DMU_j	…	…		…		
…	…	…		…		
DMU_n	W_1	$E_n^{1,1}$	$E_n^{1,2}$			
	W_2	$E_n^{2,2}$	$E_n^{2,3}$	M_n	V_n	TR_n
	…					
	W_{T-w+1}	$E_n^{T-1,T-1}$	$E_n^{T-1,T}$			
	列距	CR_n^2　CR_n^3　$\cdots$　CR_n^{T-1}				
	各列全距	CR_n				

六　数据包络分析的步骤

由于现实生产过程或经济活动的复杂性以及 DEA 模型的多样性，针对每一个具体的问题，DEA 的评价模型可能不尽相同。然而，从总体上来说，DEA 在应用中有其基本的工作原理和步骤，只有正确了解这些基本原理和步骤，才能充分发挥 DEA 方法的优势，得到正确的评价结果。在应用 DEA 模型进行评价时，有时为了获得一个比较可靠的结果，可能还需要在几个步骤上反复或结合其他定性或者定量的方法。这个过程如图 3-7 所示。

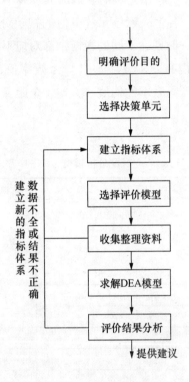

图 3-7　DEA 方法的步骤

（一）明确评价目的

在 DEA 评价之前，首先需要根据被评价对象的特点和要求明确系统评价的目标，并围绕评价目标对评价对象进行分析，辨识影响评价对象效率高低的各个因素之间可能的定性与定量关系，并确定这些因素的性质，如把因素分为可变或不可变的、可控或不可控的、主要或次要的等。

明确评价目的是 DEA 分析的首要问题，也是后续工作的基础和依据，有关决策单元的选取、评价指标体系的建立、DEA 模型的选择等工作都将以此为依据进行。

（二）选择决策单元

选择决策单元的本质就是确定参考集。由于 DEA 方法是在同类型的决策单元之间进行相对有效性评价，因此决策单元的选取一般应满足以下几个基本特征：相同的任务和目标、相同的外部环境、相同的投入和产出指标，并且决策单元的选择应该具有一定代表性。

"同类型"不仅是 DEA 方法对决策单元的基本要求，也是任何一项评价方法对评价对象的基本要求，只有评价对象满足了同类型的要求才能保证被评价对象之间的可比性，评价方法才有意义。一般来说，很难找到完全满足同类型的决策单元，可以通过将这些差异以某种方式进行补偿。在考虑了这些补偿因素，可以认为这些决策单元是同类型的。

决策单元确定后还需要确定决策单元的数量，若增加决策单元的数量，则找到高效率的决策单元的机会将越大。根据部分学者依据实证经验所获得的经验法则表明，决策单元的数量至少为投入与产出数量之和的两倍。决策单元的数量也并非越多越好，决策单元数量越多，越会增加影响评估结果的外在因素，也会造成它们的同质性越低，影响分析结果。

（三）建立评价指标体系

DEA 主要是利用各个参考单元的输入、输出指标数据对评价单元的相对有效性进行评价，因此正确建立评价指标体系是 DEA 方法的重要组成部分。

实际过程中评价指标的确定应具有针对性、精简性、真实性、可操作性、一致性等基本原则，注意指标之间的配合和相互关系，并将指标间的一些定性关系反映到权重的约束中，建立能全面反映评价目标的指标体系，避免因疏忽某一指标而影响其他指标的权重和意义。影响生产经营活动效率的输入、输出指标很多，但是，在实际过程中评价指标的数量也不易过多，数量过多将会模糊各个决策单元之间的差异，导致过多的决策单元被评为有效，失去评价的意义。确定评价指标可以采用下面的原则：尽可能将可完全替代的或可完全互补的生产指标归为同一类；尽可能使不同生产因素之间没有完全替代和完全互补的关系存在。

（四）选择 DEA 评价模型

在 DEA 评价模型的选取或构建时，应充分考虑研究问题的背景和要求、投入产出指标的可处理性、决策单元生产可能集的形式、指标间的相互管理、决策者的偏好、不同模型的特点等因素，可能还会根据评价模型的计算结果重新进行评价模型的选择。

并非每一种 DEA 模型均可使用任何情况，一些模式仅适用于一些特殊的例子或目的，若要计算技术效率可使用 C^2R 模型，若要计算纯技术效率则需要使用 BC^2 模型。一般的 DEA 模型选择如表 3 - 2 所示。

表 3 - 2 　　　　　　　　　　　DEA 模型选择

考虑因素	因素取值	模型选择类型
分析目的（效率/效能）	效率分析	一般 DEA 模型（技术分析、规模效率、配置效率）
	效能分析	效能衡量效率
数据形态	静态数据	一般 DEA 模型
	面板数据	Malmquist 指数、视窗分析
输入项属性	可控制变数	一般 DEA 模型
	不可控制变数	不可控制变数 DEA 模型
	非任意变数	非任意变数 DEA 模型
分析目的（改善/预测）	改善	投影分析
	预测	随机前沿分析

（五）收集和整理数据资料

DEA 评价方法需要大量数据进行运算，数据量的大小和准确性将直接影响 DEA 评价方法的结果，因此大量而正确地收集和整理数据资料成为 DEA 评价方法的重要一环。

（六）求解 DEA 规划模型

DEA 规划模型一般为线性规划，可以使用运筹学中的对偶理论和单纯形法进行求解，也可以借助已经开发好的专业的 DEA 评价模型进行求解。计算完成后即可获得各决策单元的评价结果。

（七）评价结果分析

根据 DEA 评价模型的计算结果，需要对计算结果进行分析和比较，判断各决策单元的 DEA 有效性，找出无效单元无效的原因，并进一步提出改进途径。还可根据定性的分析和预测的结果来检验评价结果的准确性，必要时可运用多种 DEA 模型分别进行评价，并将各种模型计算的结果综合分析，也可结合其他评价方法或参考其他方法提供的信息进行综合分析。

上述七个步骤为 DEA 方法的一般步骤，在 DEA 方法的应用过程中，为了得到一个比较可靠的结果，往往需要根据实际情况灵活运用、深刻理解问题的本质，经过上述步骤的多次反复才可获得。

第三节　层次分析法

随着社会的发展，决策问题越来越复杂，在决策者作出最后决策之前，他必须考虑很多方面的因素或者判断准则，而且还要分析决策问题中多种不确定因素所带来的各种影响，给决策者带来了很大的决策难度。例如购买一所房屋，有多个房源进行选择，在所进行选择时需要考虑房子的价格、面积、环境、朝向、楼层、地段、结构等多种因素，这些因素相互制约、相互影响，很难进行决策。这些决策因素之间的比较往往无法用定量方式进行描述，此时需要将这些定性的问题转换为定量的问题以便进行分析、判断、决策。层次分析法就是解决这类问题的一种行之有效的方法，通过它可以将复杂的决策问题层次化，通过逐层比较各种关联因素之间的重要性将决策问题量化，为分析和决策提供定量依据。

层次分析法（AHP）是美国著名运筹学家匹茨堡大学教授托马斯·萨蒂（T. L. Satty）于 20 世纪 70 年代中期，在为美国国防部研究"根据各个工业部门对国家福利的贡献大小而进行分配"课题时，应用网络系统理论和多目标综合评价方法，提出的一种层次权重决策分析方法。它是一种定性和定量相结合的、系统化的、层次化的分析方法，比较有效地适用于那些难以完全用定量方法进行分析的决策问题，为解决这类问题提供了一种新的、简洁的、实用的决策方法。

层次分析法根据决策问题的性质和要达到的总目标，将影响决策的因素分解为不同的影响因素，并按照因素之间的关联关系和归属关系，将因素按照不同的层次聚集组合，形成一个多层次的分析决策模型，然后通过定性指标模糊量化方法量化各因素之间的关联关系，最终为分析和决策提供依据。

运用层次分析法主要包含如下四个步骤：

第一，构建层次结构模型；

第二，构造比较判断矩阵；

第三，层次单排序及其一致性检验；

第四，层次总排序及其一致性检验。

一 构建层次结构矩阵

构建层次结构矩阵即为在深入分析实际问题的基础上，将决策的目标、决策的因素及决策对象按照它们之间的关系自上而下地分解为若干层次，同一层的因素从属于上一层的因素或对上层因素有影响，同时又支配下一层的因素或受下层因素的作用，如图3-8所示。在层级上，最上层为目标层，一般只有一个，为决策的目标或要解决的问题；最下层为方案层，表示决策时的各种方案；目标层和方案层之间的为准则层，表示决策时需要考虑的因素或决策的准则，当每层的准则多于9个时，可进一步分解出子准则层。

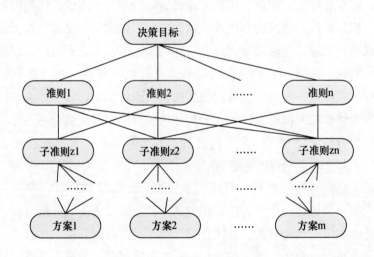

图3-8 层次结构矩阵示例

二 构造判断矩阵

构建层次分析模型后，需要在各层元素之间进行两两比较，构造判断矩阵。

构造判断矩阵的方法是以每一个具有向下隶属关系准则作为判断矩阵的第一个元素，隶属于它的各个因素依次排列在矩阵的第一行和第一列。需要注意的是，判断矩阵不是将所有的因素进行比较，而是将同一层的隶属于同一个上层准则的因素进行两两比较。

填写判断矩阵时一般针对矩阵中的两个元素两两比较哪个重要，重要多少，根据 T. L. 萨蒂提出的比例九标度法对重要程度进行打分，并填入矩阵中。比例九标度表示如表 3 - 3 所示。

表 3 - 3　　　　　　　　　　比例九标度表示

重要程度	含义
1	两个元素相比，一样重要
3	两个元素相比，前者比后者稍微重要
5	两个元素相比，前者比后者明显重要
7	两个元素相比，前者比后者强烈重要
9	两个元素相比，前者比后者极端重要
2、4、6、8	介于上述各等级之间
上述数字的倒数	若元素 A 与元素 B 相比的重要性程度为数字 n，则元素 B 与元素 A 相比的重要程度为 $1/n$

设要比较 n 个因素 B_1，B_2，$\cdots$，B_n 对上一层因素或目标 A 的影响程度，则对任意两个因素 B_i 和 B_j，用 a_{ij} 表示 B_i 和 B_j 对 A 的影响程度之比，按照 1—9 的比例标度来度量 a_{ij}，则可以得到比较判断矩阵 $A = (a_{ij})_{n \times n}$，如下式所示：

$$A = \begin{bmatrix} a_{11} & a_{12} \cdots & a_{1n} \\ a_{21} & a_{22} \cdots & a_{2n} \\ \cdots & & \\ a_{n1} & a_{n2} \cdots & a_{nn} \end{bmatrix}$$

判断矩阵 A 具有如下性质：

（1）$a_{ij} > 0$

（2）$a_{ii} = 1$

（3）$a_{ij} = \dfrac{1}{a_{ji}}$

根据判断矩阵的性质可以看出，判断矩阵具有对称性，因此又称其为正互反矩阵。填写判断矩阵时，可以先填写 $a_{ii} = 1$ 的部分，然后根据比例标度两两比较因素之间的重要程度，填写判断矩阵的上三角形或下三角形，然后对另一半对称取倒数即可。

在特殊情况下，如果判断矩阵 A 的元素具有传递性，即满足对

$$a_{ik} \times a_{kj} = a_{ij}$$

则称判断矩阵 A 为一致性矩阵。

三 层次单排序及其一致性检验

判断矩阵构造完成后，可以利用一定的数学方法对各元素进行层次排序。层次单排序就是对于每一个判断矩阵计算对于上一层某元素而言本层次与之有关联的元素的相对权重，计算方法有和法、根法、特征根等。

下面介绍一种常用的、简单的层次单排序方法——根法。根法的计算步骤如下：

（1）计算判断矩阵每一行元素的乘积 M_i：

$$M_i = \prod_{j=1}^{n} a_{ij} (i = 1,2,\cdots,n)$$

（2）计算 M_i 的 n 次方根：

$$N_i = \sqrt[n]{M_i}$$

（3）对每一个元素逐一计算权重：

$$W_i = \frac{N_i}{\sum_{j=1}^{n} N_j}$$

则 $W = (W_1, W_2, \cdots, W_n)^T$ 即为所计算的权重向量。

（4）计算判断矩阵的最大特征根 λ_{max}：

$$\lambda_{max} = \sum_{i=1}^{n} \frac{(MW)_i}{nW_i}$$

式中，MW 表示判断矩阵 M 与权重向量 W 相乘后得到的新向量，$(MW)_i$ 为 MW 中的第 i 个元素。

在构造判断矩阵时，由于客观事物的复杂性和人的判断能力的局限性，在对各元素的重要性的判断过程中难免出现矛盾。例如按照客观规律，若 A 比 B 重要，B 又比 C 重要，那么显然 A 应该比 C 重要，若在判断矩阵中出现了 C 比 A 重要的结果，则该矩阵是不合理的。因此，需要对判断矩阵进行一致性检验，检查判断矩阵及其计算出来的权重向量的合理性，只有通过一致性检验，才能说明判断矩阵和权重向量是合理的，才能继续对结果进行分析。

一致性检验步骤如下：

第一，计算一致性指标 CI（Consistency Index，CI）：

$$CI = \frac{\lambda_{max} - n}{n - 1}$$

CI 值越大，表明判断矩阵偏移一致性的程度也越大；CI 值越小，表明判断矩阵的一致性越好。

第二，确定平均随机一致性指标 RI（Random Index，RI）。根据判断矩阵的阶数，查询矩阵阶数对应值，即可得到平均随机一致性指标 RI，如表 3-4 所示。例如对于阶数为 6 的判断矩阵，其 RI 为 1.24。

表 3-4   平均随机一致性指标 RI

矩阵阶数	1	2	3	4	5	6	7	8	9	10
RI	0.00	0.00	0.58	0.90	1.12	1.24	1.32	1.41	1.45	1.49

第三，计算一致性比例 CR（Consistency Ratio，CR）：

$$CR = \frac{CI}{RI}$$

当阶数大于 2 时，判断矩阵的一致性指标 CI 与同阶平均随机一致性指标 RI 之比称为一致性比例 CR。当 CR 值小于 0.10 时，则认为判断矩阵的不一致程度在容许范围之内，可以通过一致性检验，否则就需要调整判断矩阵，使之具有满意的一致性。

四 层次总排序及其一致性检验

将各个层次单排序的计算结果从上至下、逐层合成得到最底层因素相对于目标层的权重，即为层次总排序。

设第 $k-1$ 层 m 个元素相对于决策目标的权重为 W^{k-1}：

$$W^{k-1} = (W_1^{k-1}, W_2^{k-1}, \cdots, W_m^{k-1})^T$$

第 k 层 n 个元素相对于上一层第 $k-1$ 层第 j 个元素的层次单排序权重为 P_j^k：

$$P_j^k = (P_{1j}^k, P_{2j}^k, \cdots, P_{nj}^k)^T，其中，j = 1, 2, \cdots, m$$

矩阵 W_j^k 如下：

$$P^k = (P_1^k, P_2^k, \cdots, P_m^k)^T$$

则第 k 层的元素对目标层的总排序权重向量为：

$$W^k = P^k \times W^{k-1}$$
$$= (P_1^k, P_2^k, \cdots, P_m^k)^T \times (W_1^{k-1}, W_2^{k-1}, \cdots, W_m^{k-1})^T$$

对于任意准则层大于两层的层次结构模型，可以通过下面公式计算各个元素对目标层的权重：

$$W^k = P^k \times P^{k-1} \times \cdots \times P^3 \times W^2 \ (其中, k > 2)$$

各因素相对于总目标的权重确定后，还需要对总排序结果进行一致性检验。

设第 $k-1$ 层第 j 个元素的综合检验指标分别为 CI_i^{k-1}、RI_i^{k-1}、CR_i^{k-1}，则第 k 层的综合检验指标为：

$$CI_i^k = (CI_1^k, CI_2^k, \cdots, CI_m^k) \times W^{k-1}$$
$$RI_i^k = (RI_1^k, RI_2^k, \cdots, RI_m^k) \times W^{k-1}$$

$$CR^k = \frac{CI^k}{RI^k}$$

当 CR^k 值小于 0. 10 时，则认为判断矩阵的整体一致性是可以接受的，否则需要重新调整那些一致性比率高的判断矩阵的元素取值。

五　综合评价

确定了各因素相对于总目标的权重后，就可以计算出各种待选方案值。决策者可以根据计算的结果，决定各种方案的先后次序，以便做出合理的决策。

第四章 我国高校教育经费 投入效率及评价

效率评价分析一般涉及评价指标体系和评价模型两方面，科学建立评价指标体系是评价工作取得成功的基础，评价模型的选择对评价结果也起着至关重要的作用。为了科学有效地对我国高校教育经费投入效率进行分析，本章首先建立高等学校教育经费投入效率评价指标体系，然后采用 DEA 方法中的 BC^2 模型、C^2R 模型、Malmquist 指数、视窗分析模型，对我国 30 个省市 2002—2011 年高校教育经费投入产出数据进行分析。

第一节 评价指标体系的构建

建立评价指标体系是应用 DEA 对高校教育经费投入效率进行分析评价的基础和前提，投入与产出指标的选取对于评价结果有着极大的影响，评价指标体系的全面性、代表性将直接影响评价结果是否科学有效。本节分别从投入指标与产出指标两个方面介绍高校教育经费投入效率指标体系的构建，并对指标进行相应的数据分析。

一 构建经费投入评价指标体系的基本原则

评价我国高校经费投入效率需要有一套明确的量化指标，指标体系的建立是经费投入效率评价的核心，评价指标的选取关系评价结果是否能正确反映评价对象的实际情况。只有科学合理的评价指标体系，才有可能得出科学的综合评价结论。构建科学合理的经费投入评价指标体系应遵循科学性、目的性、全面性、系统性、优化性、典型性、实用性等基本原则。

（一）科学性原则

科学性原则主要体现在科学的理论、科学的方法等方面，在理论上要有科学作为支撑，采用的方法也必须科学有效，能真实客观地反映评价对象的实际情况。高校经费投入评价指标体系的设计及评价指标的选择必须以科学性为原则，基于高校教育、科技活动的特点，正确分析各个评价指标的具体含义、数量特征和相互关系，从不同角度和侧面反映高校经费的投入和产出，使各个指标的设计符合合理、客观、全面、可操作要求，以便真实有效地对高校经费投入效率作出评价。

（二）目的性原则

指标体系的设立和应用必须服务于评价的目的，必须围绕高校经费投入—产出的经费利用这一目标来设计，选取那些有代表性的目标，多角度、多方位反映投入—产出的情况，并可以引导各高校重视评价内容，朝着正确的方向和目标发展。评价的结果也会对各高校产生激励作用，促进高校经费投入效率的提高。

（三）全面性原则

评价指标体系要尽可能从不同角度反映评价对象与评价目的各方面情况，包括经费投入产出的类型、数量、对社会发展产生的影响等，如有遗漏将会造成评价的偏差。

（四）系统性原则

评价指标的建立不但要反映高校经费投入产出的概况，而且还要反映高校教育、科技活动的实际发展情况，把理论与实践有机结合起来，使评价指标体系的设计与计算结果、实际分析、数据评价等环节相结合，相互反映、相互验证。指标体系的构建还要具有层次性，自上而下、从宏观到微观，形成一个不可分割的评价体系。

（五）优化性原则

评价指标体系的建立会选取多个指标，这些指标有些是相互关联相互制约的。有的指标之间有横向联系，反映不同侧面的制约关系；有的指标之间有纵向联系，反映指标之间的包含关系。建立评价指标体系时要尽可能使同层次指标之间界限分明，避免指标间的相互关联，同时也尽量避免不同组别、不同层次指标之间的包含关系。

（六）典型性原则

评价指标的选取必须具有一定的代表性，尽可能准确地反映出高校科技经费投入产出的综合特征。评价指标应该具有典型代表性，不能过多过细，使指标过于烦琐，相互重叠；指标也不能过少过简，否则无法真实客观反映评价对象的特征，造成指标信息遗漏，出现错误或不真实的现象。

（七）实用性原则

评价指标的建立既要全面反映高校科技经费投入产出活动的本质，又要做到指标简单明了、计算方法简便可行。评价指标体系不能太烦琐，要在保证评价结果客观、准确的条件下尽可能简化指标体系，减少一些对评价结果影响甚微的指标。评价指标所需的数据，无论是定性评价指标还是定量评价指标，其定义必须清晰准确、范围清楚，信息来源渠道必须安全可靠，并且容易获得。

二　高校教育经费投入指标

根据高校教育经费的性质划分，可将高校教育经费分为以政府为主导作用的财政性教育经费和其他渠道来的非财政性教育经费，其中财政性教育经费属于国家或政府对教育的公共投入，非财政性教育经费属于社会或个人对教育的投入。根据高校教育经费的性质，可以将高校教育经费投入指标分为来自国家或政府的财政性教育经费和来自社会或个人的非财政性教育经费。

（一）财政性教育经费

如图 4-1 所示，2002—2011 年十年间，我国高校财政性教育经费呈现先匀速后加速增长的趋势。2002—2006 年，我国高校财政性教育经费增长速度稳定，从 2007 年开始，我国高校财政性教育经费进入快速增长期，特别是 2011 年较 2010 年，财政性教育经费增长了超过 1000 亿元，增长速度为 38%。

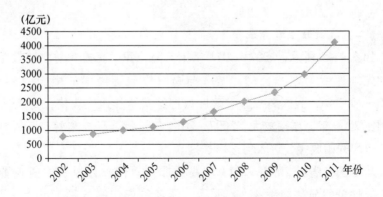

图 4-1　2002—2011 年全国财政性教育经费变化趋势

从全国各省份 2002—2011 年高校财政性教育经费均值来看，地区差异比较明显。如图 4-2 所示，排名前 3 位的分别为北京、江苏、广东，这些地方经济发展水平发达，同时也重视教育，因而财政性教育经费的投入较高。排名后 3 位的分别为青海、海南、宁夏，其中青海、宁夏处于西北地区，经济欠发达，而海南地处南方，主要以旅游业为主，财政收入较少，导致财政性教育经费的投入较低。根据区域划分可以看到，东部地区的排名整体靠前，西部地区的排名整体靠后，排名前 10 位的省份中东部占 7 个、中部占 1 个、西部占 2 个，排名后 10 位的省市中西部占 8 个、东部占 1 个、中部占 1 个。可以看出各省份高校财政性教育经费的投入与各省市的经济发展水平有一定关系，经济水平越高的地区财政性教育经费的投入越高，经济水平越低的地区财政性教育经费的投入越低。

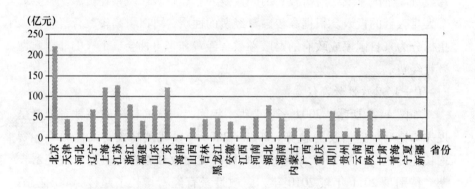

图 4-2 2002—2011 年全国各省份高校财政性教育经费平均值

（二）非财政性教育经费

如图 4-3 所示，2002—2011 年十年间，我国高校非财政性教育经费呈现先加速后匀速增长的趋势，与财政性教育经费的增长趋势相反。2002—2007 年，我国高校非财政性教育经费增长速度较快，特别是 2007 年相比 2006 年，增幅较大。2007—2011 年，我国高校非财政性教育经费增长速度开始放缓，进入匀速增长期。

从全国各省份 2002—2011 年高校非财政性教育经费均值来看，地区差异比较明显。如图 4-4 所示，排名前三位的分别为北京、江苏、广东，这些地方经济发展水平高，社会也比较重视教育，因此非财政性教育经费的投入较高。排名后 3 位的分别为青海、宁夏、海南，这三个省份少数民族居住较多，对教育的重视程度相对较低，导致非财政性教育经费的投入较低。根据区域划分可以看到，东部地区的排名整体靠前，西部地区的排名整体靠后，排名前 10 的省份中东部占 7 个、中部占 1 个、西部占 2 个，排名后 10 位的省市中西部占 8 个、东部占 1 个、中部占 1 个。可以看出，各省市高校非财政性教育经费的投入与各省份的经济发展水平和对教育的重视程度有一定的关系，东部、中部地区经济较发达，对教育的重视程度较高，导致高校非财政性教育经费的投入也较高。

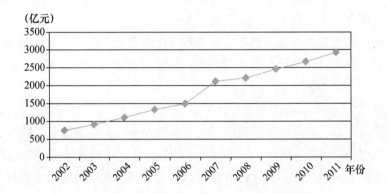

图 4 – 3　2002—2011 年全国高校非财政性教育经费变化趋势

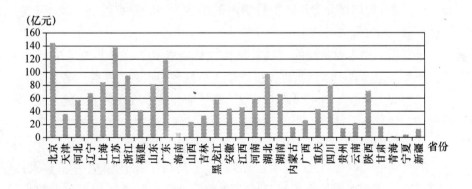

图 4 – 4　2002—2011 年全国各省份高校非财政性教育经费平均值

三　高校的三大职能与产出指标

随着社会的进步发展，高校的职能呈现出从单一传授知识发展到教学科研并重后又增加为社会服务的发展轨迹。目前，公认大学的三大职能为人才培养、科学研究和社会服务，这三大职能并非截然分开的，而是相互联系、相互依托，共同构成一个有机整体。[1] 它们的目的都是一致的，都是为了社会发展服务，人才培养需要科学研究技术作为基础，社会服务为人才培养提供社会实践，反过来人才培养也为科学研究和社会服务提供大量的人才。据此可以根据高校的三大职能将高校的教育产出划分为人才培养产出、科学研究产出和社会服务产出。具体到不同高校，由于各个高校的侧重点不同，三大职能支出也并非平均分配，不同类型的高校产出的侧重点也不同，例如研究型大学主要侧重于科学研究，而专业技术教育类的院校则侧重于人才培养和社会服务。

根据高校三大职能的划分，本书将高校教育经费的产出指标划分为人才培养、科学研究和社会服务三大类，每大类包含若干个具体的指标。

（一）人才培养

《中华人民共和国高等教育法》第十三条规定，"高等学校应当以培养人才为中心，开展教学、科学研究和社会服务，保证教育教学质量达到国家规定的标准"，人才培养是高校的根本任务。高校人才培养方面的产出主要是大量的人才，人才的质量可以通过不同层次学历的学生数量来反映，包括专科、本科、硕士、博士等。高校因其自身的教学水平、办学实力、专业设置、硕博点数量的差异，导致培养出来的学生的学历也不一样。[2] 一般院校以培养专科、本科学历的学生为主，重点院校、211院校则以本科、硕士、博士学历的学生为主。

根据国家发改委制定的《高等学校教育培养成本监审办法（试行）》第二十条规定，各类学生折算为标准学生的权数为本科、专科、第二学士学位、在职人员攻读博士和硕士学位、高等职业技术教育学生、成人脱产班学生、预科生、进修生为1，博士生为2，硕士生为1.5，来华留学生为3，函授、网络教育生为0.1，夜大等其他学生均为0.3。

如表4-1和图4-5所示，自2001年高校扩招规模进一步扩大，2002—2011年我国高校人才培养加速增长，2002年普通高校招生人数为320.50万人，2011年为681.50万人，翻了一番；2002年普通高校在校学生数为903.36万人，2011年增长至2308.51万人，增长了155.55%；2002年普通高校毕业生人数仅为133.73万人，而2011年增长至608.16

① 顾建民：《大学职能的分析及其结构意义》，《全球教育展望》2001年第8期。
② 冯彦妍、张建新：《基于DEA方法的高等教育经费绩效审计》，《河北经贸大学学报》2010年第5期。

万人，增幅超过了3.5倍。在高等级的人才即研究生培养方面，产出增长明显、增幅较大，2002年研究生招生数为20.26万人、在校学生数为50.10万人、毕业生数为8.08万人。2011年研究生招生数为56.02万人、在校学生数为164.58万人、毕业生数为43万人。2011年与2002年相比，研究生招生数增长了1.8倍、在校学生数增长了2.3倍、毕业生数增长了4.6倍，均高于全国高校人才的增速。上述数据说明，我国高校在人才培养的数量和质量上增幅明显，在扩大人才培养数量的同时，也加大了高等级人才的培养，为科学研究和服务社会培养了大量高学历人才。

表4-1　　　　　　　　2002—2011年普通高校人才培养数据

年份	普通高校数（所）	招生数（万人）	在校学生数（万人）	毕业生数（万人）	研究生招生数（万人）	研究生在校学生数（万人）	研究生毕业生数（万人）
2002	1396	320.50	903.36	133.73	20.26	50.10	8.08
2003	1552	382.20	1108.60	187.70	26.89	65.13	11.11
2004	1731	447.30	1333.50	239.12	32.63	81.99	15.08
2005	1792	504.46	1561.78	306.80	36.48	97.86	18.97
2006	1867	546.05	1738.84	377.50	39.79	110.47	25.59
2007	1908	565.92	1884.90	447.79	41.86	119.50	31.18
2008	2263	607.66	2021.02	511.95	44.64	128.30	34.48
2009	2305	639.49	2144.66	531.10	51.10	140.49	37.13
2010	2358	661.76	2231.79	575.42	53.82	153.84	38.36
2011	2409	681.50	2308.51	608.16	56.02	164.58	43.00

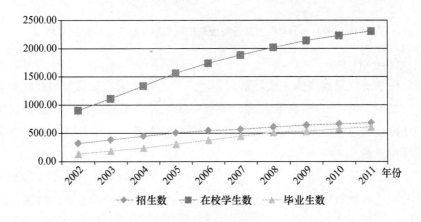

图4-5　2002—2011年普通高校人才培养数据

　　根据全国各省份 2002—2011 年高校在校学生数和毕业学生数的均值来看，各地区之间存在较大的差异，如图 4-6 所示。在校学生数排名前 3 位的省份分别为江苏、山东和湖北，这几个省市人口较多，相对来说也比较重视教育，因此在校学生数较多。在校学生数排名后 3 位的省份分别为青海、宁夏和海南，这几个省份由于地理位置原因，以及对高等教育的重视程度，导致高校在校学生数较低。根据区域划分进行在校学生数的排名，可以看到东部、中部地区的排名整体靠前，西部地区排名整体靠后，排名前 10 位的省份中东部占 4 个、中部占 3 个、西部占 3 个，排名后 10 位的省份中西部占 8 个、东部占 2 个，可以看出区域经济发展水平对各地区在校学生数有一定的影响。

　　由于毕业学生数和在校学生数有一定的关联关系，在校学生数多的省份毕业学生数相对较多，为此各省份的毕业生人数的均值排名和在校学生数的排名差异不大，前 3 位分别为山东、江苏和湖北，后 3 位分别为青海、宁夏和海南，区域的排名分布和在校学生数的分布基本相同。

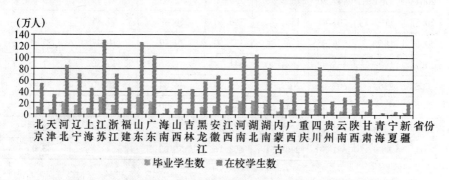

图 4-6　2002—2011 年全国各省份高校在校学生和毕业学生数平均值

（二）科学研究

　　科学研究是高校的三大职能之一，高校的科学研究在国家科技攻关项目、"863"项目等国家重大科研项目中承担着重要的角色，在推进我国创新体系的建设中发挥着重要作用。科学研究的产出主要表现为科技成果和科技经费。

　　科技成果是科研人员在从事的各个科学技术领域中通过观察实验和辩证思维活动所取得的具有一定学术意义、技术水平或使用意义的结果，它是科研人员辛勤劳动的结晶，也是评价科技活动的重要指标。高校的科技成果主要有如下形式：一是出版的各类科技专著；二是发表的学术论文，包括国外学术刊物发表和国内学术刊物发表；三是各类科技成果获奖，包括国家自然科学奖、国家发明奖、国家科技进步奖、国务院各部门科技进步奖、省市自治区科技进步奖五大类。

与科技成果相比，科研经费的性质复杂得多。一些学者认为科研经费是投入指标，该指标与科技成果可形成投入产出指标体系，如 G. Johnes 和 J. Johnes（1993）对英国大学经济系的科研评价[①]；另一些学者则认为科研经费是产出指标，是反映高校科研竞争力和科研规模的标志，如 Avkiran（2001）[②] 和 Flegg（2004）[③] 对大学的效率评价时均将科研经费作为产出指标。对高校的科学研究产出而言，科研经费反映了高校承担科研项目的数量、质量以及国家、社会对高校科学研究的认可程度，一个高校的科研经费越多，表明该校科研人员完成的科研工作量越多、社会的认可度也越高。在评价高校科学研究产出时，可将其作为一个评价指标，综合反映高校的科研竞争力、规模、能力等。

1. 出版科技专著

科技专著是高等学校科技活动成果的重要产出指标，也是应用研究成果的主要表现形式之一。根据《2003 年高等学校科技统计资料汇编》中的定义，"出版科技专著"是指由正式出版部门出版、公开发行的科技著作（包括大专院校专业课教材、参考书等，不包括科普著作和翻译外国著作以及大专院校基础课教材）。根据《全国普通高等学校科技统计（理、工、农、医类）工作文件》中的定义，"科技著作"指经出版部门正式出版的科技著作，包括科技著作、大专院校教科书、编著三类。由多人合著的科技专著，如果作者均属同一学校，则只作一次统计，如果作者不属同一学校各校均应统计。[④]

①　G. Johnes, J. Johnes, Measuring the Research Performance of U. K. Economics Departments: an Application of Data Envelopment Analysis［J］. *Oxford Economic* Papers, 1993（45）: 332 – 347.

②　N. K. Avkiran, Investigating Technical and Scale Efficiencies of Australian Universities Through Data Envelopment Analysis［J］. *Socio – Econoic Planning Sciencds*, 2001, 35（1）: 57 – 80.

③　A. T. Flegg, D. O. Allenx, K. Field, Thurlow, T. W., Measuring the Efficiency of British Universities: A Multi – Period Data Envelopment Analysis［J］. *Education Economics*, 2004 12（3）: 231 – 249.

④　教育部科技司：《全国普通高等学校科技统计（理、工、农、医类）工作文件》，2009年版。

出版科技专著在《汇编》中分为"数量（部）"和"字数（千字）"两个指标。一般来说，字数越多的专著其作者的工作量也越大，字数越少其工作量也越小，但专著的字数与专著的质量关系并无绝对联系，字数少的专著中也不乏质量高的佳作。因此，本书仅选择出版科技专著中的"数量（部）"作为出版科技专著这一核心指标的反映。

从表4-2和图4-7可以看出，2002—2011年十年间，我国出版科技专著数量整体走势基本平稳。2003年我国高校科技专著数出现了大幅增长，经历了短暂的增长后2004年高校科技专著数恢复到2002年的正常水平，2004—2009年高校科技专著数平稳增长，2010年和2011年高校科技专著数开始逐步下滑。

表4-2　　　　　2002—2011年全国高校出版科技专著数量　　　　单位：部

年份	2002	2003	2004	2005	2006	2007	2008	2009	2010	2011
科技专著数量	6325	15618	8619	8777	9902	10477	11568	13898	11871	11090

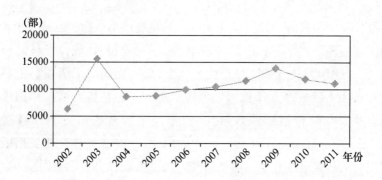

图4-7　2002—2011年我国科技专著数量

从图4-8可以看出，2002—2011年各省份高校科技专著数量差距较为明显，排名前3位的分别为北京、江苏和河南，这些地区由于人口众多、对教育比较重视，都是教育大省，导致出版科技专著数较多；排名后3位的分别为青海、宁夏和海南，这些地区由于地理位置、经济发展以及对科技投入的重视程度，导致出版科技专著数较少。根据区域划分，可以看到东部地区的排名总体靠前，西部地区的排名整体靠后，排名前10位的省份中东部占6个、中部占3个、西部占1个，排名后10位的省份中东部占2个、西部占8个。

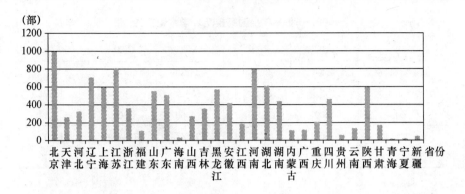

图 4 - 8　2002—2011 年各省份出版科技专著均值

2. 发表学术论文

学术论文是高等学校科研成果的重要产出之一，很多高校将学术论文作为高校科研评价的重要指标之一，且占有很大的权重。根据《全国普通高等学校科技统计（理、工、农、医类）工作文件》中的定义，"发表学术论文"指统计年度内在国内外期刊上发表的论文；"国外学术刊物发表论文"指国外单位主办并在国际上公开发行的学术刊物和收入各种国际学术会议论文集的学术论文，在学术会议上宣读、交流，但未列入会议论文集的论文，不作统计；"全国性学术刊物发表论文"指由国务院各部委（包括中央一级的学术团体）及以国务院部委领导为主的单位主办，或委托地方单位主办，向全国公开发行的学术刊物上发表的学术论文，以及列入全国性学术会议论文集的学术论文，在学术会议上宣读、交流，但未列入学术论文集的论文、科普刊物上发表的科普文章和调研报告，不作统计。

发表学术论文的单位为"篇"，本书选取"国外学术刊物发表论文"、"国内学术刊物发表论文"作为高等学校发表学术论文的两个指标。由于发表刊物的等级不同，本书将通过层次分析法给予两个指标进行不同的权重加权汇总，以综合反映高等学校学术论文的产出水平。

如表 4 - 3 和图 4 - 9 所示，2002—2011 年，高校发表学术论文数、国外发表学术论文数均出现了持续增长的趋势。其中发表学术论文总数从 2002 年的 34.58 万篇增长至 2011 年的 78.68 万篇，增长了 1 倍多；国外发表学术论文数从 2002 年的 3.43 万篇增长至 2011 年的 20.93 万篇，增长了 5 倍多，这反映了高校对学术研究的重视程度。

表 4-3	2002—2011 年全国高校发表学术论文数			单位：篇	
年份	2002	2003	2004	2005	2006
总论文篇数	345842	387290	428229	477756	548909
国外论文	34314	41521	55929	66550	86726
年份	2007	2008	2009	2010	2011
总论文篇数	610662	660713	703538	744474	786812
国外论文	104444	129281	151542	175165	209272

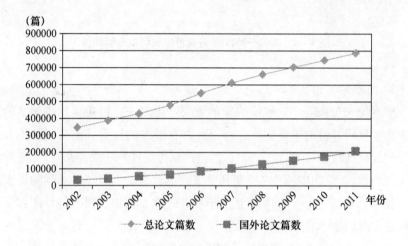

图 4-9　2002—2011 年全国高校发表学术论文情况

从图 4-10 可以看出，各省份 2002—2011 年高校发表学术论文数量差距较为明显，排名前 3 位的分别为北京、江苏和湖北，这些地区由于人口众多、对教育比较重视，都是教育大省，导致发表学术论文数较多；排名后 3 位的分别为青海、海南和宁夏，这些地区由于地理位置、经济发展以及对科技投入的重视程度，导致发表学术论文数较少，对学术研究的重视程度还有待提升。根据区域划分，可以看到东部地区的排名整体靠前，西部地区的排名整体靠后，排名前 10 位的省份中东部占 7 个、中部占 1 个、西部占 2 个，排名后 10 位的省份中东部占 2 个、中部占 1 个、西部占 7 个。

3. 科技成果获奖

科技成果获奖是获得认可和奖励的优秀技术成果，科技成果获奖的数量和质量是评价高等学校科技实力的一个非常重要的量化指标。

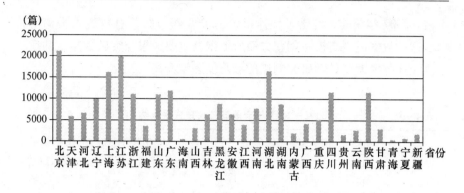

图4-10 2002—2011年全国各省份高校发表学术论文数

《高等学校科技统计资料汇编》中将获奖成果划分为国家自然科学奖、国家发明奖、国家科技进步奖和国务院各部门科技进步奖和省市自治区科技进步奖五大类进行统计。根据2003年《国家科学技术奖励条例》的定义，国家自然科学奖授予在基础研究和应用研究中阐明自然现象、特征和规律，做出重大科学发现的公民；国家技术发明奖授予运用科学技术知识做出产品、工艺、材料及其系统等重大技术发明的公民；国家科学技术进步奖授予在应用推广先进科学技术成果，完成重大科学技术工程、计划、项目等方面，作出突出贡献的公民、组织。[①] 以国家三大奖为主体的国家级科技奖励代表我国科技发展的最高水平和发展方向，获奖者均是在特定的科技领域做出重大科技贡献，具有很强的权威性。除了国家三大奖外，国务院各部门和省市自治区设定的科技进步奖也是高等学校科技成果获奖的重要指标之一。

本书选用国家级三大奖项的奖励数、国务院各部门科技进步奖获奖数和省市自治区科技进步奖获奖数作为评价科技成果获奖的三个指标。对这三个指标采用层次分析法给予不同的权重进行加权汇总，作为高等学校科技成果获奖的指标。

如表4-4和图4-11所示，2002—2011年十年间，除2006年科技获奖总数小幅下滑外，其余年份均保持持续增长的态势，获奖数逐年增加。2002—2003年增长速度较快，而后增速放缓；2006年获奖数经历了小幅

---

① 科学技术部：《国家科学技术奖励条例》，http：//www. most. gov. cn/fggw/xzfg/200601/t20060106_ 53402. htm。

下滑，2007 年获奖数经历了快速反弹，2008 年后获奖总数进入平稳增长期。这一数据说明高校在创新方面所取得的重要成果与突破数量，并反映了高校在国家大型科学研究领域的参与度逐年升高。

表 4 - 4　　　　　　　2002—2011 年全国高校科技成果获奖　　　　单位：项

年份	最高科学技术奖	国家自然科学奖特等	国家自然科学奖一等	国家自然科学奖二等	国家发明奖一等	国家发明奖二等	国家科技进步奖特等	国家科技进步奖一等	国家科技进步奖二等
2002	0	0	0	10	0	12	0	3	71
2003	0	0	1	16	0	14	0	16	119
2004	0	0	2	22	3	17	0	13	133
2005	0	0	1	27	1	24	0	10	150
2006	0	0	1	9	2	24	1	1	118
2007	0	0	0	33	4	47	0	7	174
2008	1	1	0	26	4	44	11	11	176
2009	2	1	0	16	4	47	2	14	222
2010	1	0	1	27	1	36	5	17	241
2011	0	0	1	32	2	52	3	12	236

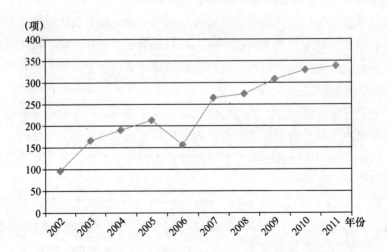

图 4 - 11　2002—2011 年全国科技成果获奖总数

　　从各省份 2002—2011 年高校科技成果获奖数来看，各省份高校科技成果获奖数差异较大。如图 4 - 12 所示，排名前 3 位的分别为北京、江苏和上海，这些地区经济发达、科技人才较多，导致科技成果获奖数较多；排名后 3 位的分别为青海、海南和宁夏，这些地区由于地理位置、经济发展以及对科技投入的重视程度，导致科技成果获奖数较少。根据区域划分，可以看到东部地区的排名整体靠前，西部地区的排名整体靠后，排名前 10 位的省份中东部占 6 个、中部占 3 个、西部占 1 个，排名后 10 位的省市中东部占 1 个、中部占 1 个、西部占 8 个。

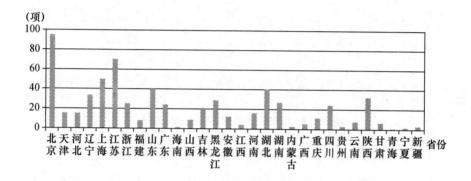

图 4 - 12 2002—2011 年全国各省份高校科技成果获奖数平均值

4. 科研经费

根据第二章的介绍，科研经费的来源可分为科研事业费、主管部门专项费、其他政府部门专项费、企事业单位委托经费、各种收入中转为科技经费和其他；根据来源的渠道，又可分为政府经费、企事业单位委托经费和其他经费。2002—2011 年我国高校科研经费的数据如图 4 - 13 所示，从图中可以看出，我国高校科研经费保持持续增长，2002—2009 年保持匀速增长，2010 年和 2011 年科研经费的增速开始加大，说明近几年我国高校对科研的重视程度。

根据各省份 2002—2011 年高校科研经费均值来看，地区差异比较明显。如图 4 - 14 所示，北京遥遥领先于其他省份，排名二、三位的分别为上海和江苏，这些地方经济发展水平高，同时也重视教育，因此科技经费也较多。排名后 3 位的分别为宁夏、青海、海南，这些地区由于地理位置、经济发展以及对科技投入的重视程度，导致科研经费较少。根据区域划分，可以看到东部地区的排名整体靠前，西部地区的排名整体靠后，排名前 10 位的省份中东部占 6 个、中部占 2 个、西部占 2 个，排名后 10 位的省份中西部占 8 个，东部和中部各占 1 个。

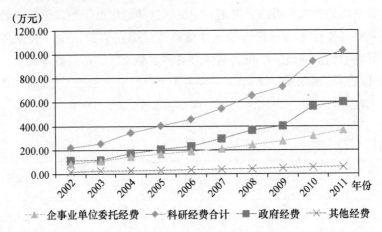

图 4 – 13　2002—2011 年科研经费来源数据

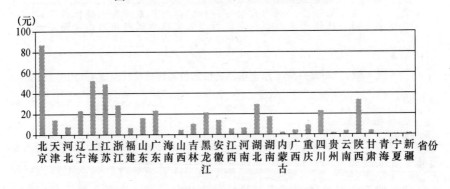

图 4 – 14　2002—2011 年全国各省份高校科研经费均值

（三）社会服务

人才培养和科学研究从根本上讲都是为社会服务，只不过它们的服务方式是间接的。高校的人才培养为社会的发展提供了大量的高学历人才，科学研究推动了社会的进步发展。与人才培养和科学研究相比，社会服务的产出很难进行准确的界定，主要原因在于社会服务的职能是建立在人才培养和科学研究这两项基本职能之上的，已融入前两项产出之中，很难与前两项职能分开。本书采用专利授权和技术转让两项指标来评价社会服务的产出，其中专利授权表示经国家审批机关审查合格、社会认可的、受法律保护的发明创造，技术转让则表明社会对高校技术成果的认可程度。

1. 专利授权

专利是受法律规范保护的发明创造，它是指一项发明创造向国家审批机关提出专利申请，经依法审查合格后向专利申请人授予的该国规定的时间内对该项发明创造享有的专有权。专利是 R&D 的又一重要的产出成果，也是衡量高校社会服务的重要指标。

根据专利的不同类型，可将其分为发明专利、实用新型专利和外观设计专利。发明专利指对产品、方法或者其改进所提出的新的技术方案；实用新型专利指对产品的形状、构造或者其结合所提出的适于实用的新的技术方案；外观设计专利是指对产品的形状、图案或者其结合以及色彩与形状、图案的结合所做出的富有美感并适于工业应用的新设计。其中，发明专利的技术含量最高，其申请量和授权量标志着一个国家或地区技术发明的能力和水平。

在专利的统计数据上，《高等学校科技统计资料汇编》分别统计了专利的申请数、授权数和出售数，由于申请的专利不一定会得到授权，专利的出售不能反映当年的专利数量（可能出售的是前几年的专利），本书采用"专利授权数"作为高等学校专利产出的指标，在指标中利用层次分析法对发明专利、实用新型专利和外观设计专利进行权重计算，并加权汇总，以真实反映高等学校的专利产出。

如表 4 - 5 和图 4 - 15 所示，2002—2011 年，我国高校专利授权数呈现加速增长的态势，2002—2008 年高校专利授权数增长平稳，2009—2011 年高校专利授权数增速显著加快，进入快速增长期，这也说明了高校对知识产权的重视程度在逐渐加大。

表 4 - 5 　　　　　　　　 2002—2011 年高校专利授权数 　　　　　单位：件

年份	专利授权数（合计）	发明专利授权	实用新型授权	外观设计授权
2002	2251	881	1304	66
2003	3796	2042	1676	78
2004	5966	3562	2284	120
2005	8214	4715	2796	703
2006	11204	6650	3648	906
2007	14111	8251	4911	949
2008	17418	10216	5704	1498
2009	24708	14242	7357	3109
2010	35098	18008	11671	5419
2011	49436	24988	17496	6952

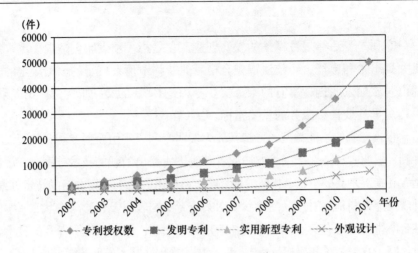

图 4-15   2002—2011 年高校专利授权数据

从全国各省份2002—2011年高校专利授权数均值看，地区差异比较明显。如图4-16所示，北京排第1位，排第2、第3、第4位的分别为江苏、上海和浙江，这些地方经济发展水平高，重视知识产权，因此专利授权数量也较多。排名后3位的分别为青海、宁夏和海南，这些地区由于地理位置、经济发展以及对专利授权的重视程度，导致专利授权数量较少。根据区域划分，可以看出东部地区的排名整体靠前，西部地区的排名整体靠后，排名前10位的省份中东部占7个、中部占2个、西部占1个，排名后10位的省份中西部占7个、东部占1个、中部占2个。

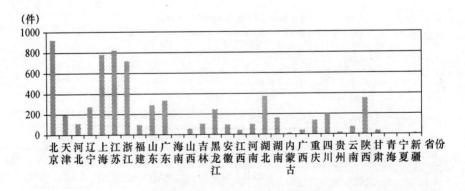

图 4-16   2002—2011 年全国各省份高校专利授权数量均值

2. 技术转让

技术转让又称技术转移，是指技术在国家、地区、行业内部或之间以及技术自身系统内输入与输出的活动过程。技术转让包括技术成果、信息、能力的转让、移植、产业化、引进、交流和推广普及等。

技术转让是高等学校将科技成果转换为现实生产力的重要环节，科技成果的市场成交额是高等学校科技成果的经济价值和社会价值的最终体现。《高等学校科技统计资料汇编》将技术转让分为合同数（项）、合同金额（千元）和当年实际收入（千元）三个指标进行统计。由于合同数和合同金额具有很大的不确定性，本书采用"当年实际收入（千元）"作为衡量高等学校技术转让的指标。

如表4-6和图4-17所示，2002—2011年我国高校技术转让收入呈现持续波动变化的趋势，2002—2003年，高校技术转让收入快速增长，2004—2006年高校技术转让收入持续下滑，2007—2009年进入了快速增长期，2010年小幅下滑，2011年又出现了较大的增长。从图中可以看出，2002—2011年我国高校技术转让收入整体呈现在波动中上升的趋势。

表4-6　　　　2002—2011年高校技术转让收入数据　　　　单位：亿元

年份	2002	2003	2004	2005	2006
技术转让收入	10.98	15.80	13.55	12.59	12.56
年份	2007	2008	2009	2010	2011
技术转让收入	13.17	19.78	21.53	20.82	24.10

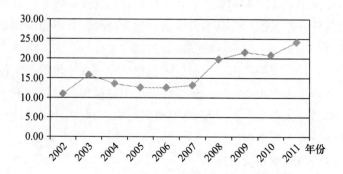

图4-17　2002—2011年高校技术转让收入数据

从全国各省份2002—2011年高校科研经费均值来看，地区差异较大。如图4-18所示，北京遥遥领先于其他省市，排名第2、3位的分别为江苏和上海，这些地方经济发展水平高，高素质人才较多，科技市场成熟，因此技术转让收入也较多。排名后3位的分别为青海、宁夏、海南，其中青海十年来技术转让收入为0，这些地区由于高等教育资源有限、经济欠发达，导致技术转让收入较少。根据区域划分，可以看出东部地区的排名整体靠前，西部地区的排名整体靠后，排名前10位的省份中东部占7个、中部占1个、西部占2个，排名后10位的省份中西部占8个，东部和中部各占1个。

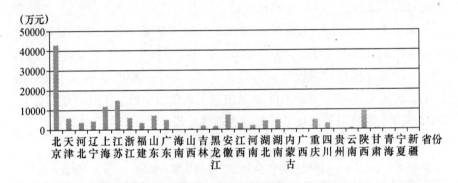

图4-18 2002—2011年全国各省份高校技术转让收入均值

四 高校教育经费投入效率评价指标体系

根据对高校教育经费投入和产出指标的研究，本书高校教育经费投入评价产出指标体系如图4-19所示。高校教育经费投入效率评价指标体系包括投入指标和产出指标，其中投入指标包含财政性教育经费和非财政性教育经费两个指标，产出指标根据高校的三大职能分为人才培养产出、科学研究产出和社会服务产出三大类。产出指标中的人才培养产出包括在校生人数和毕业生人数两个指标；科学研究产出包括出版科技专著、发表学术论文、科技成果获奖和科研经费四个指标；社会服务产出包括专利授权数和技术转让收入两个指标。

五 评价指标权重的确定

由于部分指标中包含多个子项，需要对这些子项权重进行处理，将各子项的数据合并为一个数据指标，以便后续的数据分析。下面利用层次分析法分别对发表学术论文、专利授权和科技成果获奖三个产出指标中的子项计算权重，由于出版科技专著和技术转让分别仅有一个子项，因此，在此不作讨论。

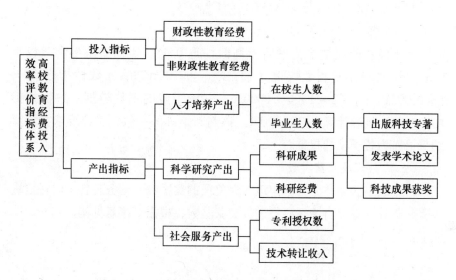

图 4 - 19 高校教育经费投入评价产出指标体系

（一）发表学术论文

国内不少学者认为，在国际杂志上发表的论文由于通过了国际专家的评审，其学术水平从整体看要高于在国内期刊杂志上发表的论文，这就给高校的论文统计带来了难题。由于国际论文和国内论文总体学术水平上的差异，导致两者的数量不能简单相加，需要分别赋予不同的权重进行加权处理。①

发表学术论文指标分为国外学术刊物发表论文数和国内学术刊物发表论文数，在征询许多专家意见的基础上，构建判断矩阵如下：

$$A = \begin{bmatrix} 1 & 2 \\ 0.5 & 1 \end{bmatrix}$$

通过根法计算出国外论文和国内论文的权重分别为 0.67 和 0.33。

（二）专利授权数

专利授权数分为发明专利数、实用新型专利数和外观设计专利数三个

---

① 金碧辉、汪寿阳、汪冰：《国际论文与国内论文合一统计方法研究》，《管理科学学报》1999 年第 3 期。

子项，首先根据专家意见构建判断矩阵如下：

$$A = \begin{bmatrix} 1 & 1.5 & 2 \\ 1/1.5 & 1 & 1.3 \\ 1/2 & 1/1.3 & 1 \end{bmatrix}$$

利用根法计算结果为发明专利数权重 0.46，实用新型专利数权重 0.31，外观设计专利数权重 0.23，$\lambda_{max} = 3.000071$，一致性指标 CI = (3.000071 − 3)/(3 − 1) = 0.000036，三阶矩阵的平均随机一致性指标 RI = 0.58，最后计算出 CR < 0.01。该判断矩阵的一致性符合要求，计算结果可作为各子项的权重。

（三）科技成果获奖数

科技成果获奖数分为国家级三大奖项的奖励数、国务院各部门科技进步奖获奖数和省市自治区科技进步奖获奖数，根据专家意见构建判断矩阵如下：

$$A = \begin{bmatrix} 1 & 3 & 9 \\ 1/3 & 1 & 4 \\ 1/9 & 1/4 & 1 \end{bmatrix}$$

利用根法计算结果为国家级三大奖项权重 0.68，国务院各部门科技进步奖权重 0.25，省市自治区科技进步奖权重 0.07，$\lambda_{max} = 3.009203$，一致性指标 CI = (3.009203 − 3)/(3 − 1) = 0.0046，三阶矩阵的平均随机一致性指标 RI = 0.58，最后计算出 CR < 0.01。该判断矩阵的一致性符合要求，计算的结果可作为各子项的权重。

六　指标数据分析

本节利用《高等学校科技统计资料汇编》2002—2011 年的相关数据，基于前面介绍的科技经费指标体系及指标权重，计算各个省份投入指标"科技经费投入"及产出指标"出版科技专著"、"发表学术论文"、"科技成果获奖"、"专利授权"、"技术转让"的具体值，并利用 Excel 对其进行统计分析。

为避免因物价因素导致不同年度经费投入、产出数据不对等情况，本书采用"商品零售价格指数"对涉及钱的数据进行换算，以避免物价因素导致的数据偏差。零售商品价格指数（Retail Price Index, RPI）是指反映一定时期内商品零售价格变动趋势和变动程度的相对数，反映的是当年比前一年的变化情况。本书以 2002 年为基期，分别计算

2003—2012 年相对 2002 年的价格变化。以 2006 年为例，2006 年相对于 2002 年的价格变化为 RPI（2006）× RPI（2005）× RPI（2004）× RPI（2003），计算结果如表 4-7 所示。

表 4-7　　　　　　　　　2002—2012 年商品零售价格指数

年份	商品零售价格指数 RPI	相对 2002 年的价格指数
2002	98.7	100.00
2003	99.9	99.90
2004	102.8	102.70
2005	100.8	103.52
2006	101.0	104.55
2007	103.8	108.53
2008	105.9	114.93
2009	98.8	113.55
2010	103.1	117.07
2011	104.9	122.81
2012	102.0	125.26

（一）财政性教育经费

从表 4-8 可以看出，2002—2011 年十年间，我国高校财政性教育经费的投入稳步增长，十年来增长了 326.39%，标准差逐年增大，偏度大于 0 说明为右偏，大部分指标值小于平均值，峰度大于 3 表明分布曲线呈尖顶峰度，为尖顶曲线，说明各省市高校的财政性教育经费投入较为密集分布在众数周围，最大值/最小值有逐步减小的趋势，说明各省市高校的财政性教育经费投入差距在逐步缩小。

（二）非财政性教育经费

从表 4-9 可以看出，2002—2011 年十年间，我国高校非财政性教育经费的投入稳步增长，十年来增长了 219.33%，标准差逐年增大，偏度大于 0 说明为右偏，大部分指标值小于平均值，峰度小于 1.8，表明分布曲线呈平顶峰度，为平顶曲线，最大值/最小值变化不确定。

表4-8　　　　　　2002—2011年高校财政性教育经费投入数据　　　　单位：万元

年份	最小值	最大值	平均值	中位数	标准差	偏度	峰度	最大值/最小值
2002	21351.60	1152894.70	260077.42	210997.00	239952.14	2.06	5.62	54.00
2003	21506.61	1327024.92	289481.92	235594.59	275758.86	2.17	6.05	61.70
2004	21955.71	1497886.12	324410.95	255507.26	306784.07	2.22	6.54	68.22
2005	26731.58	1468358.82	358680.69	292318.08	327491.28	1.81	3.65	54.93
2006	33046.86	1851338.68	409760.17	325762.44	384727.35	2.16	5.91	56.02
2007	41591.58	2052399.01	504583.33	376594.57	443866.97	1.86	4.09	49.35
2008	48566.39	2322852.82	579370.44	436273.88	501012.70	1.87	4.15	47.83
2009	56514.37	2758895.66	684541.69	523170.40	577161.40	1.92	4.70	48.82
2010	64015.92	3657974.79	842327.15	630254.27	734588.42	2.23	6.56	57.14
2011	106230.15	4028128.87	1108932.02	925025.00	821866.81	1.73	4.36	37.92

表4-9　　　　　　2002—2011年高校非财政性教育经费投入数据　　　　单位：万元

年份	最小值	最大值	平均值	中位数	标准差	偏度	峰度	最大值/最小值
2002	10369.30	916319.50	248491.90	189568.55	202501.95	1.37	2.64	88.37
2003	12897.30	897777.98	303215.43	238829.78	225255.33	0.76	0.09	69.61
2004	13677.20	971647.23	357509.94	288818.10	268279.59	0.74	-0.30	71.04
2005	15187.10	1224535.62	426551.65	341835.42	319782.31	0.81	0.04	80.63
2006	15720.02	1404754.75	476137.53	406278.76	358897.21	0.82	0.06	89.36
2007	18436.05	1980267.11	649078.47	562107.60	510213.47	1.04	0.70	107.41
2008	18815.52	1748506.72	639706.13	580944.63	464479.53	0.72	-0.08	92.93
2009	21930.95	1923361.30	717577.38	654127.65	508969.48	0.65	-0.10	87.70
2010	28862.99	1997601.15	758067.77	703165.09	515746.80	0.63	-0.14	69.21
2011	25943.69	2177623.12	793509.36	734280.75	557428.50	0.81	0.34	83.94

（三）在校学生数

从表4-10可以看出，2002—2011年十年间，我国高校在校学生数急剧增长，十年来增长了155.43%，绝对数量增长了约1405万人，标准差逐年增大，偏度大于0，说明为右偏，大部分指标值小于平均值，峰度小于1.8，表明分布曲线呈平顶峰度，为平顶曲线，最大值/最小值基本保持稳定。

表4-10　　　　　2002—2011年高校在校学生数分析数据　　　　单位：人

年份	最小值	最大值	平均值	中位数	标准差	偏度	峰度	最大值/最小值
2002	22198	700210	300839.77	298181.50	176904.41	0.29	-0.60	31.54
2003	26124	859674	369174.43	368569.50	218428.02	0.34	-0.49	32.91
2004	29483	994808	444007.93	440702.00	263840.56	0.34	-0.57	33.74
2005	32753	1171284	519959.60	491743.50	312814.99	0.39	-0.50	35.76
2006	35983	1338122	578837.13	516056.00	352411.52	0.45	-0.45	37.19
2007	37665	1472317	627406.23	543844.00	384530.99	0.52	-0.33	39.09
2008	42177	1572632	672694.67	574109.50	409528.31	0.54	-0.32	37.29
2009	43782	1653427	713876.87	596484.50	432589.59	0.54	-0.38	37.76
2010	44994	1649430	742894.00	617440.00	445067.71	0.50	-0.50	36.66
2011	45721	1659415	768423.47	637436.50	455395.66	0.48	-0.58	36.29

（四）毕业学生数

从表4-11可以看出，2002—2011年十年间，随着高校的扩张、在校学生的数量不断增大，我国高校毕业学生数急剧增长，十年来增长了354.72%，绝对数量增长了约474万人，标准差有逐渐增大的趋势，偏度大于0说明为右偏，大部分指标值小于平均值，峰度小于1.8表明分布曲线呈平顶峰度，为平顶曲线，最大值/最小值基本保持稳定。

表4-11　　　　　2002—2011年高校毕业学生数分析数据　　　　单位：人

年份	最小值	最大值	平均值	中位数	标准差	偏度	峰度	最大值/最小值
2002	2763	104079	44520.77	41071.50	26975.80	0.38	-0.49	37.67
2003	4771	137048	62524.90	59145.00	37199.86	0.24	-0.93	28.73
2004	5802	197423	79634.80	75175.00	49332.42	0.44	-0.39	34.03
2005	8227	229679	102159.47	99286.00	61630.23	0.33	-0.65	27.92
2006	8609	268384	125695.40	120746.50	74156.47	0.30	-0.69	31.17
2007	9547	355735	149118.70	137045.50	90801.08	0.39	-0.55	37.26
2008	9753	411143	170455.27	146696.50	108955.08	0.52	-0.49	42.16
2009	10437	431598	176752.30	154282.00	111905.72	0.61	-0.22	41.35
2010	11207	478868	191532.63	159497.00	121157.93	0.67	-0.07	42.73
2011	12582	477137	202446.87	163682.50	128249.36	0.64	-0.27	37.92

（五）出版科技专著

从表 4 - 12 来看，十年来我国高校出版科技专著数量增长了 75.32%，标准差基本保持在一个水平，表明各省份出版科技专著数波动不明显，偏度大于 0 表示科技专著的产出为右偏，但右偏不明显，指标值基本分布在平均值的两边，峰度小于 1.8 呈平顶峰度，为平顶曲线，最大值/最小值逐步减少，说明我国各省份高校出版科技专著的差距在逐步减少。

表 4 - 12　　　　2002—2011 年我国出版科技专著指标统计分析

年份	最小值	最大值	平均值	中位数	标准差	偏度	峰度	最大值/最小值
2002	2	799	210.83	161	206.02	1.24	1.37	399.50
2003	10	1549	520.43	509	420.79	0.65	-0.31	154.90
2004	9	806	287.30	215	228.46	0.64	-0.60	89.56
2005	7	767	292.57	274	220.85	0.47	-0.78	109.57
2006	12	998	330.00	296	268.22	1.01	0.64	83.17
2007	9	923	349.17	300	264.69	0.65	-0.41	102.56
2008	5	1032	385.57	291	298.16	0.68	-0.41	206.40
2009	12	1487	463.13	358	371.21	1.04	0.84	123.92
2010	29	1108	395.47	313	286.46	0.57	-0.47	38.21
2011	17	943	369.63	292	271.10	0.56	-0.84	55.47

（六）发表学术论文

从表 4 - 13 来看，十年来我国发表学术论文数增长幅度较大，2011 年相比 2002 年平均值增长了 162.83%，标准差呈逐渐增大的趋势，表明发表学术论文数波动较大，偏度大于 0 表示发表学术论文的数量为右偏，但右偏不明显，指标值基本分布在平均值的两边，峰度小于 1.8 呈平顶峰度，为平顶曲线，最大值/最小值呈逐渐增大的趋势，说明各省份发表学术论文的差距在逐步增大。

（七）科技成果获奖

从表 4 - 14 来看，十年来科技成果获奖指标呈逐步增长趋势，2011 年相比 2002 年平均值增长了 85.10%，标准差呈逐渐增大的趋势，表明科技成果获奖指标波动较大，偏度大于 0 表示发表学术论文的数量为右偏，大部分指标值小于平均值，峰度除 2005 年、2006 年外均大于 3，表明分布曲线呈尖顶峰度，为尖顶曲线，说明各省份的科技成果获奖指标较为密集地分布在众数周围,最大值/最小值逐步在减少,说明我国各省市科技成果获奖指标的差距在逐步减少。

表4-13　　　　2002—2011年我国发表学术论文指标统计分析

年份	最小值	最大值	平均值	中位数	标准差	偏度	峰度	最大值/最小值
2002	341.16	11876.35	4193.15	3306.95	3125.02	0.84	0.08	34.81
2003	328.86	12597.40	4727.97	3653.55	3570.72	0.79	-0.18	38.31
2004	366.92	14964.36	5343.00	4489.78	4058.14	0.70	-0.37	40.78
2005	410.66	18187.72	6008.42	5375.15	4673.22	0.86	0.23	44.29
2006	469.50	20730.26	7019.16	6049.63	5446.18	0.84	0.13	44.15
2007	531.26	22777.17	7899.24	6633.28	5976.01	0.78	-0.08	42.87
2008	516.06	22606.45	8731.78	7503.42	6545.05	0.73	-0.35	43.81
2009	452.65	26430.84	9452.65	7472.58	7282.95	0.89	0.13	58.39
2010	456.36	29432.59	10170.28	8036.25	7861.58	1.01	0.54	64.49
2011	612.14	32613.26	11021.06	8443.42	8629.87	1.08	0.76	53.28

表4-14　　　　2002—2011年我国科技成果获奖指标统计分析

年份	最小值	最大值	平均值	中位数	标准差	偏度	峰度	最大值/最小值
2002	0.35	72.67	15.58	11.51	16.08	1.85	4.34	207.63
2003	0.57	80.01	16.54	10.55	18.09	1.87	4.17	140.37
2004	0.49	86.91	18.82	13.00	19.86	1.84	3.96	177.37
2005	0.35	86.10	20.49	14.50	21.26	1.58	2.40	246.00
2006	0.14	60.47	18.98	15.39	16.64	0.84	-0.19	431.93
2007	0.89	105.01	23.96	15.04	24.25	1.81	3.81	117.99
2008	0.28	128.35	23.86	17.24	26.34	2.42	7.82	458.39
2009	0.49	108.93	23.62	16.17	25.10	2.02	4.67	222.31
2010	1.45	104.89	23.27	16.31	24.07	1.83	3.97	72.34
2011	1.45	134.51	25.64	17.60	28.91	2.35	6.64	92.77

（八）教育经费投入

如表4-15和图4-20所示,2002—2011年十年来我国高校教育经费的投入稳步增长,十年来教育经费的总投入增长了281.76%,偏度大于0说明教育经费投入为右偏,大部分的指标值小于平均值,峰度大于3表明分布曲线呈尖顶峰度,为尖顶曲线,说明各省份经费投入较为密集分布在众数周围,最大值/最小值逐步在减少,说明我国各省市高校的科技投入差距呈逐步缩小趋势。

表 4 - 15 　　　　2002—2011 年我国高校教育经费投入分析 　　　单位：万元

年份	最小值	最大值	平均值	中位数	标准差	偏度	峰度	最大值/最小值
2002	1646.40	371143.40	73211.66	39974.20	86404.57	1.91	4.09	225.43
2003	1705.41	444444.94	84522.98	45725.73	101661.18	2.00	4.61	260.61
2004	1465.57	538736.21	111715.66	60800.10	127271.07	1.77	3.41	367.59
2005	1715.92	653906.39	129900.81	72972.27	149834.36	1.93	4.30	381.08
2006	3622.05	735427.49	145756.35	86833.58	165575.18	1.99	4.72	203.04
2007	3596.89	881274.67	167472.36	99331.35	193801.25	2.13	5.57	245.01
2008	5820.23	978893.17	189173.05	112577.24	216463.98	2.09	5.32	168.19
2009	7372.11	1091475.69	213565.99	127153.58	239031.18	2.07	5.37	148.05
2010	7329.31	1544217.67	267605.08	154412.24	324387.48	2.45	7.60	210.69
2011	10510.92	1463076.50	279495.45	169294.33	319073.51	2.17	5.76	139.20

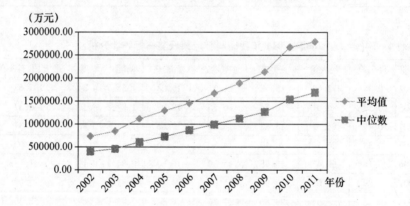

图 4 - 20　2002—2011 年我国高校教育经费投入均值和中位数

（九）专利授权

从表 4 - 16 来看，十年来专利授权指标出现了大幅增长，平均值从 2002 年的 27.49 增长至 2011 年的 617.19，增长了 21 倍，说明高校对知识产权的保护意识出现了显著提高，随着专利授权量的巨幅增长，指标的标准差也随之变大。偏度大于 0 表示发表专利授权指标为右偏，大部分指标值小于平均值。峰度除 2003 年、2004 年外均小于 3，呈平顶峰度，为平顶曲线，最大值/最小值变化不明显。

表 4 - 16　　　　　2002—2011 年我国专利授权指标统计分析

年份	最小值	最大值	平均值	中位数	标准差	偏度	峰度	最大值/最小值
2002	0.46	130.77	27.49	20.13	30.61	1.67	3.26	284.28
2003	0.62	324.77	49.21	23.01	70.09	2.66	8.12	523.82
2004	0.77	404.41	79.14	38.10	100.13	1.92	3.65	525.21
2005	1.24	488.90	106.58	46.07	133.13	1.74	2.35	394.27
2006	1.69	662.94	146.61	71.51	179.88	1.76	2.57	392.27
2007	1.23	809.94	184.54	85.72	218.73	1.59	1.92	658.49
2008	0.54	936.03	227.07	121.08	270.33	1.60	1.63	1733.39
2009	2.46	1415.45	318.24	150.75	389.77	1.71	2.03	575.39
2010	2.15	1852.78	438.27	210.51	544.49	1.71	1.90	861.76
2011	5.22	2704.30	617.19	315.89	721.99	1.66	2.12	518.07

（十）技术转让

从表 4 - 17 来看，各省份高校技术转让指标呈缓慢增长趋势，十年来增长了 78.68%，标准差变化趋势不明显，偏度大于 0 表示技术转让的指标为右偏，大部分指标值小于平均值，峰度均大于 3，表明分布曲线呈尖顶峰度，为尖顶曲线，说明各省份的技术转让指标较为密集地分布在众数周围，最大值/最小值变化不明显。

表 4 - 17　　　　　2002—2011 年我国技术转让指标统计分析

年份	最小值	最大值	平均值	中位数	标准差	偏度	峰度	最大值/最小值
2002	5.10	43014.70	3660.55	969.60	8092.36	4.30	20.53	8434.25
2003	12.01	60364.56	5270.64	2190.74	11047.01	4.56	22.95	5025.35
2004	22.69	25410.04	4399.14	1810.61	6022.70	2.03	4.30	1119.97
2005	15.46	36206.67	4055.12	1383.66	7074.34	3.52	14.98	2342.54
2006	17.22	31403.78	4005.03	1717.58	6166.90	3.26	13.43	1824.11
2007	36.86	34079.53	4043.67	2270.77	6433.44	3.74	16.97	924.64
2008	19.93	68298.90	5737.26	2481.46	12508.76	4.62	23.26	3427.77
2009	77.15	41746.81	6319.18	3144.49	9160.70	2.53	7.37	541.14
2010	8.54	40237.62	5928.23	3271.60	8486.38	2.69	8.83	4710.66
2011	37.86	48234.51	6540.72	3279.93	10982.42	2.79	7.75	1273.88

第二节 年度教育经费投入效率数据包络分析

本节利用 DEAP 软件对 2011 年全国各省份教育经费投入产出数据进行计算分析，将每一个省份作为一个 DMU，采用产出主导型的 VRS 模型，计算结果如表 4 – 18 所示，全国分地区平均值如表 4 – 19 所示。

表 4 – 18　　　　　　**2011 年全国各省份高校教育经费投入分析**

省份	地区	综合效率	纯技术效率	规模效率	规模收益
北京	东部	1.000	1.000	1.000	不变
天津	东部	0.858	0.859	0.999	递减
河北	东部	1.000	1.000	1.000	不变
辽宁	东部	1.000	1.000	1.000	不变
上海	东部	1.000	1.000	1.000	不变
江苏	东部	1.000	1.000	1.000	不变
浙江	东部	1.000	1.000	1.000	不变
福建	东部	0.789	0.795	0.993	递增
山东	东部	1.000	1.000	1.000	不变
广东	东部	0.762	0.820	0.929	递减
海南	东部	1.000	1.000	1.000	不变
山西	中部	1.000	1.000	1.000	不变
吉林	中部	1.000	1.000	1.000	不变
黑龙江	中部	1.000	1.000	1.000	不变
安徽	中部	1.000	1.000	1.000	不变
江西	中部	0.930	0.930	0.999	递减
河南	中部	1.000	1.000	1.000	不变
湖北	中部	1.000	1.000	1.000	不变
湖南	中部	1.000	1.000	1.000	不变
内蒙古	西部	0.947	0.983	0.964	递减
广西	西部	1.000	1.000	1.000	不变
重庆	西部	0.961	0.992	0.969	递增
四川	西部	0.917	0.919	0.998	递减
贵州	西部	0.884	0.894	0.989	递增
云南	西部	0.861	0.869	0.990	递增
陕西	西部	1.000	1.000	1.000	不变
甘肃	西部	1.000	1.000	1.000	不变
青海	西部	1.000	1.000	1.000	不变
宁夏	西部	1.000	1.000	1.000	不变
新疆	西部	0.926	0.998	0.928	递减

表4－19　　　　　　　2011年全国分地区高校教育经费投入效率均值

地区	综合效率	纯技术效率	规模效率
全国	0.961	0.969	0.992
东部	0.946	0.952	0.993
中部	0.991	0.991	1.000
西部	0.954	0.969	0.985

从综合效率来看，2012年30个省份的DEA综合效率平均值为0.961，其中DEA有效的有20个省份，占总体比例的66.67%，分别为北京、河北、辽宁、上海、江苏、浙江、山东、海南、山西、吉林、黑龙江、安徽、河南、湖北、广西、山西、甘肃、青海、宁夏。这20个省份的教育经费投入产出比合适，效率达到相对最优。而未达到综合效率最优的省份有10个，占总体比例的33.33%，其中东部有3个省份分别为天津、福建、广东，中部有江西，剩余6个集中在西部，分别为内蒙古、重庆、四川、贵州、云南、新疆。这说明我国教育经费投入效率总体良好，东部、中部地区省份的教育经费投入效率高于西部地区，西部地区要提升教育经费的投入产出效率。

从纯技术效率来看，30个省份的纯技术效率均值为0.969，共有20个省份达到了技术有效，占总体的比例为66.67%，未达到纯技术效率有效的省份有10个，占总体比例的33.33%，与综合效率分布相同。

从规模效率来看，30个省份的规模效率平均值为0.992，规模有效的省份为20个，即为综合效率有效的20个省份，这些省份的规模效率不变，表明这20个省份的科技经费投入产出规模合适。规模效率递增的省份有4个，为福建、重庆、贵州、云南，表明这4个省份需加大科技经费的投入。剩余6个省份的规模效率均递减，分别为天津、广东、江西、内蒙古、四川、新疆，占未达到规模有效省份的大部分，表明这些省市应适当缩减科技经费的投入规模。

为提升高校教育经费投入的效率，本节在分析高校教育经费投入效率的基础上，对10个未达到纯技术效率有效的省份进行进一步分析，利用DEAP计算这10个省份科研经费投入和产出的调整量，如表4－20和表4－21所示。以福建为例，为达到教育经费投入纯技术效率有效，需在"非财政教育经费"指标上投入58691.52，"毕业生人数"指标上增加

10023.45，在"出版科技专著数"指标上增加 158.63，在"发表论文数"指标上增加 1341.52，在"科技成果获奖数"指标上增加 4.44，在"专利授权数"指标上增加 16.17，在"技术转让收入"指标上增加 1117.57。

表 4 - 20 　　　　　非技术有效省份高校教育经费投入调整量　　　　单位：万元

省份	地区	财政教育经费	非财政教育经费
福建	东部	0.00	58691.52
广东	东部	0.00	149784.97
江西	中部	245797.01	0.00
内蒙古	西部	315713.37	0.00
重庆	西部	0.00	98434.38
四川	西部	0.00	27149.51
新疆	西部	97988.16	0.00

表 4 - 21 　　　　　非技术有效省份高校教育经费产出调整量　　　　单位：万元

省份	在校生人数	毕业生人数	出版科技专著数	发表论文数	科技成果获奖数	科研经费	专利授权数	技术转让收入
天津	0.00	13059.12	69.49	827.16	5.54	0.00	110.32	3525.66
福建	0.00	10023.45	158.63	1341.52	4.44	0.00	16.17	1117.57
广东	0.00	87541.94	20.77	327.94	28.74	0.00	430.92	4192.10
江西	5077.09	0.00	141.18	573.36	5.59	0.00	78.96	0.00
内蒙古	0.00	859.07	12.97	0.00	4.18	21820.81	41.14	9.74
重庆	1844.08	26808.29	0.00	777.14	8.31	86610.16	214.97	0.00
四川	0.00	23084.43	74.88	0.00	8.15	0.00	169.94	0.00
贵州	0.00	8210.75	83.43	118.06	2.74	14291.43	30.81	640.69
云南	0.00	22094.65	0.00	0.00	0.87	23596.75	0.00	763.39
新疆	0.00	0.00	12.34	0.00	1.84	13345.41	36.49	30.21

从表 4 - 20 和表 4 - 21 可以看出，在投入方面，有 7 个省份的高校需要加大教育经费的投入，这说明我国这部分省份的教育经费投入不足，加大教育经费的投入是提高教育经费投入效率的途径之一。在产出方面，有 2 个省份在"在校生人数"指标上存在不足，8 个省份在"毕业生人数"

指标上存在不足，有 8 个省市在"出版科技专著数"指标上存在不足，6 个省市在"发表论文数"指标上存在不足，10 个省市在"科技成果获奖数"指标上存在不足，5 个省市在"科研经费"指标上存在不足，9 个省市在"专利授权数"指标上存在不足，7 个省市在"技术转让收入"指标上存在不足。在这 8 个产出指标中，"在校生人数"，"科研经费"指标表现相对较好，其他 6 个指标产出不足的情况比较严重，需要各省份提升剩余 6 个指标的产出量。

第三节　Malmquist 指数分析

由于 DEA 是一种相对效率的评价方法，对效率值的研究分析都是基于静态的，不能比较各个决策单元在不同时间点的表现，本节首先利用 Malmquist 指数模型对全国、东部、中部、西部及 30 个省份 2002—2011 年科技经费投入产出的面板数据进行分析，得到各个地区科技经费投入的 Malmquist 指数，然后对其进行趋势分析。

从表 4 – 22 和图 4 – 21 所示的 2002—2011 年我国高校科技经费投入效率的总体变化情况来看，我国高校自 2002 年以来全要素生产率波动较大，除 2002—2003 年、2006 年、2008 年大于 1 外，其余年份的全要素生产率均小于 1。从各项分解指数来看，技术效率变化的几何平均值为 1.005，呈增长趋势；纯技术效率的几何平均值为 1.003，呈增长趋势；规模效率的几何平均值为 1.002，呈增长趋势；技术进步变化的几何平均值为 0.979，除 2003 年、2006 年、2008 年外，均小于 1，可见 Malmquist 指数主要受技术进步变化的影响，导致指数的几何平均数小于 1。

从表 4 – 23 和图 4 – 22 所示的 2002—2011 年我国东部地区高校教育经费投入效率的总体变化情况来看，东部地区高校教育经费投入全要素生产率在 2003 年、2006 年、2008 年、2009 年 4 个年份大于 1，其余 5 个年份小于 1，几何平均值为 1.015，表明我国东部地区高校科技经费的整体投入效率呈现了增长。从各项分解的指数来看，技术效率变化的几何平均值为 1.006，技术进步变化的几何平均值为 1.008，纯技术效率的几何平均值为 1.002，规模效率变化几何平均值为 1.004，均大于 1，表明东部地区高校教育经费投入整体呈增长趋势。

表4－22　　　　　　　全国高校教育经费投入 Malmquist 指数

年份	技术效率	技术进步	纯技术效率	规模效率	全要素生产率
2002—2003	1.011	1.108	1.006	1.006	1.119
2003—2004	1.000	0.962	0.994	1.006	0.963
2004—2005	0.999	0.995	1.003	0.996	0.996
2005—2006	0.989	1.047	0.989	1.000	1.035
2006—2007	0.958	0.924	0.973	0.985	0.885
2007—2008	1.044	1.020	1.035	1.009	1.063
2008—2009	1.042	0.933	1.033	1.009	0.978
2009—2010	1.001	0.922	0.997	1.004	0.926
2010—2011	1.006	0.921	1.002	1.004	0.926
几何平均数	1.005	0.979	1.003	1.002	0.985

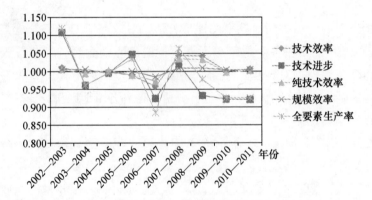

图4－21　全国高校教育经费投入 Malmquist 指数

表4－23　　2002—2011 年东部地区高校教育经费投入 Malmquist 指数

年份	技术效率	技术进步	纯技术效率	规模效率	全要素生产率
2002—2003	1.003	1.161	1.007	0.998	1.164
2003—2004	0.998	0.986	0.989	1.010	0.985
2004—2005	0.987	0.984	0.994	0.993	0.974
2005—2006	0.985	1.061	0.982	1.003	1.043
2006—2007	0.977	0.922	1.005	0.972	0.903
2007—2008	1.014	1.079	1.000	1.013	1.093
2008—2009	1.068	0.980	1.048	1.019	1.057
2009—2010	0.997	0.956	0.982	1.017	0.961
2010—2011	1.024	0.963	1.017	1.007	0.985
几何平均数	1.006	1.008	1.002	1.004	1.015

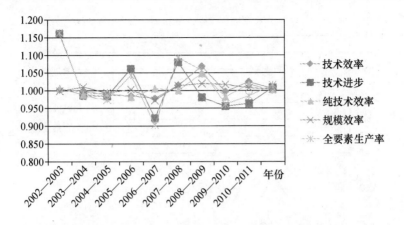

图 4 – 22　2002—2011 年东部地区高校教育经费投入 Malmquist 指数

　　从表 4 – 24 和图 4 – 23 所示的 2002—2011 年我国中部地区高校科技经费投入效率的总体变化情况来看，我国中部地区高校自 2003 年以来全要素生产率波动较大，除 2003 年、2005 年、2006 年大于 1 外，其余年份的全要素生产率均小于 1。从各项分解的指数来看，技术效率变化的几何平均值为 1.000，纯技术效率的几何平均值为 0.999，规模效率的几何平均值为 1.001，这三个指数基本保持稳定；技术进步变化的几何平均值为 0.954，可见，全要素生产率主要受技术进步变化影响，导致指数的几何平均数小于 1。

表 4 – 24　2002—2011 年中部地区高校教育经费投入 Malmquist 指数

年份	技术效率	技术进步	纯技术效率	规模效率	全要素生产率
2002—2003	1.005	1.162	1.000	1.005	1.167
2003—2004	0.987	0.865	0.987	1.000	0.856
2004—2005	1.015	1.047	1.014	1.001	1.062
2005—2006	1.000	1.039	1.000	1.000	1.039
2006—2007	0.996	0.895	1.000	0.996	0.892
2007—2008	0.989	1.001	0.991	0.997	0.991
2008—2009	1.011	0.893	1.010	1.001	0.905
2009—2010	0.997	0.888	1.000	0.997	0.886
2010—2011	1.001	0.841	0.991	1.010	0.841
几何平均数	1.000	0.954	0.999	1.001	0.954

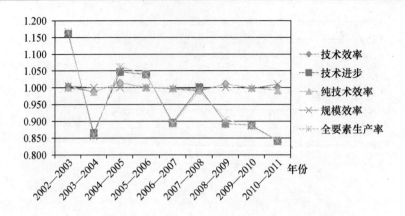

图 4 – 23　2003—2011 年我国中部地区高校教育经费投入 Malmquist 指数

从表 4 – 25 和图 4 – 24 所示的 2002—2011 年我国西部地区高校科技经费投入效率的总体变化情况来看，我国西部地区高校自 2003 年以来全要素生产率波动较大，除 2003 年、2004 年、2006 年、2008 年大于 1 外，其余年份的全要素生产率均小于 1。从各项分解的指数来看，技术效率变化的几何平均值为 1.008，纯技术效率的几何平均值为 1.007，规模效率的几何平均值为 1.001，这三个指数变化不大，基本保持稳定；技术进步变化的几何平均值为 0.968，可见，全要素生产率主要受技术进步变化影响，导致指数的几何平均数小于 1。

表 4 – 25　　2002—2011 年我国西部地区高校教育经费投入 Malmquist 指数

年份	技术效率	技术进步	纯技术效率	规模效率	全要素生产率
2002—2003	1.023	1.017	1.009	1.014	1.041
2003—2004	1.010	1.009	1.004	1.006	1.018
2004—2005	0.999	0.969	1.005	0.994	0.970
2005—2006	0.986	1.039	0.989	0.997	1.024
2006—2007	0.911	0.948	0.922	0.990	0.861
2007—2008	1.114	0.975	1.101	1.012	1.086
2008—2009	1.040	0.914	1.034	1.006	0.952
2009—2010	1.007	0.913	1.011	0.996	0.920
2010—2011	0.992	0.937	0.995	0.997	0.929
几何平均数	1.008	0.968	1.007	1.001	0.976

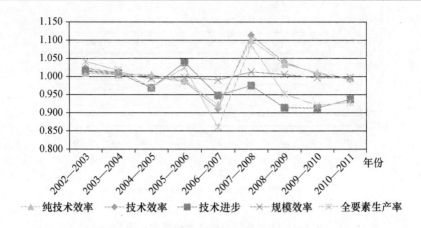

图 4 - 24 2002—2011 年我国西部地区高校教育经费投入 Malmquist 指数

下面分析全国及三大区域 Malmquist 指数的数据，如表 4 - 26 所示。全要素生产率方面，仅东部高于 1，全国、中部、西部均低于 1，其中东部高于全国平均水平，中部低于全国平均水平。从各项分解的指数上来看，技术效率、纯技术效率、规模效率均在 1 附近，说明十年来全国及三大区域的教育经费投入的技术效率比较稳定；从技术进步来看，仅东部高于 1，全国、中部、西部均低于 1，与全要素生产率的数值相当。从对 Malmquist 指数的贡献来看，东部地区主要是依靠技术进步的变化导致指数上升，中部和西部主要是由于技术进步的下降导致指数降低。

表 4 - 26 2002—2011 年全国分地区高校教育经费 Malmquist 指数

地区	技术效率	技术进步	纯技术效率	规模效率	全要素生产率
全国	1.002	0.974	1.001	1.001	0.976
东部	1.001	1.003	0.999	1.002	1.004
中部	1.000	0.946	0.999	1.001	0.946
西部	1.005	0.964	1.004	1.001	0.969

如图 4 - 25 所示，从 Malmquist 指数累计变化来看，东部的 Malmquist 指数要高于全国平均水平，中部和全国的 Malmquist 指数的变化曲线基本相同，而西部 Malmquist 指数变动较大。说明要提升中部地区的教育经费投入效率，西部地区要在保持稳定的基础上逐步实现教育经费投入效率的增长。

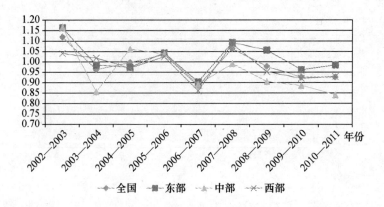

图 4 - 25 2002—2011 年全国分地区高校教育经费 Malmquist 指数

下面来分析全国 30 个省份的 Malmquist 指数数据，如表 4 - 27 和图 4 - 26 所示。从规模效率来看，西部有 3 个省份小于 1；从纯技术效率来看，东部有 3 个、中部有 1 个、西部有 3 个省份的纯技术效率小于 1；结合规模效率和纯技术效率，从技术效率来看，东部、西部各有 2 个省份的技术效率小于 1，西部有 1 个省份的技术效率小于 1；从技术进步角度来看，东部有 7 个、中部有 8 个、西部有 11 个省份的纯技术效率小于 1，可以看出技术进步对各省份高校教育经费投入效率影响较大，大部分省市的技术进步指标小于 1。最后，从 Malmquist 指数来看，排名前 5 位的省份分别为浙江、上海、北京、江苏和新疆，这几个省份的 Malmquist 指数均大于或等于 1，除新疆外，前 4 位均集中在东部地区，除这 5 个省份外，其余省份的 Malmquist 指数均小于 1，这些省份需要提升高校教育经费的投入效率。

表 4 - 27   2002—2011 年各省份高校教育经费投入 Malmquist 指数几何平均值

省份	地区	技术效率	技术进步	纯技术效率	规模效率	全要素生产率
北京	东部	1.000	1.007	1.000	1.000	1.007
天津	东部	0.983	0.991	0.983	1.000	0.974
河北	东部	1.000	0.980	1.000	1.000	0.980
辽宁	东部	1.000	0.963	1.000	1.000	0.963
上海	东部	1.000	1.106	1.000	1.000	1.106
江苏	东部	1.000	1.005	1.000	1.000	1.005
浙江	东部	1.013	1.130	1.009	1.003	1.145

续表

省份	地区	技术效率	技术进步	纯技术效率	规模效率	全要素生产率
福建	东部	1.005	0.963	0.994	1.011	0.967
山东	东部	1.000	0.962	1.000	1.000	0.962
广东	东部	0.997	0.998	0.995	1.002	0.995
海南	东部	1.014	0.930	1.012	1.002	0.943
山西	中部	1.000	0.959	1.000	1.000	0.959
吉林	中部	1.000	0.919	1.000	1.000	0.919
黑龙江	中部	1.000	0.938	1.000	1.000	0.938
安徽	中部	1.000	0.909	1.000	1.000	0.909
江西	中部	0.996	0.975	0.992	1.004	0.971
河南	中部	1.000	0.936	1.000	1.000	0.936
湖北	中部	1.000	0.999	1.000	1.000	0.999
湖南	中部	1.000	0.935	1.000	1.000	0.935
内蒙古	西部	0.996	0.969	0.998	0.998	0.965
广西	西部	1.000	0.962	1.000	1.000	0.962
重庆	西部	1.035	0.955	1.037	0.998	0.988
四川	西部	1.009	0.959	1.002	1.007	0.968
贵州	西部	1.002	0.981	0.992	1.010	0.983
云南	西部	0.984	0.957	0.985	0.999	0.941
陕西	西部	1.000	0.931	1.000	1.000	0.931
甘肃	西部	1.021	0.968	1.019	1.001	0.988
青海	西部	1.000	0.975	1.000	1.000	0.975
宁夏	西部	1.000	0.961	1.000	1.000	0.961
新疆	西部	1.010	0.990	1.010	1.000	1.000

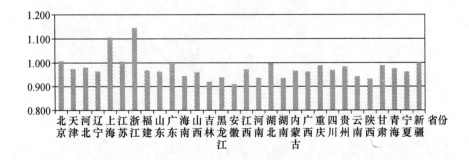

图 4 - 26　2002—2011 年各省份高校教育经费投入 Malmquist 指数

第四节 视窗分析

一 不同窗宽下我国高校教育经费投入效率评价

为了考察不同窗宽下 DEA 视窗分析模型对我国高校教育经费投入效率结果之间的差异，下面应用不同窗宽的视窗分析模型对 2002—2011 年我国高等学校教育经费投入效率进行实证分析。分别取窗宽为 1—10，按不同的区域划分，对全国、东部、中部、西部地区的投入效率进行分析。

（一）窗宽为 1 的我国高校 2002—2011 年教育经费投入效率评价

根据视窗分析模型的介绍，窗宽为 1 的 DEA 视窗分析模型实际上就是传统的 DEA 模型，它将每年各省市教育经费的投入产出作为单独的视窗进行分析，此时的 DEA 视窗分析模型就是传统的 C^2R 模型和 BC^2 模型。

应用窗宽为 1 的 DEA 视窗分析模型对我国高校 2002—2011 年教育经费投入效率的评价结果如图 4 - 27 至图 4 - 29 所示。

如图 4 - 27 所示，我国高校 2002—2011 年教育经费投入效率在窗宽为 1 的情况下，中部的 TE 高于全国平均水平，东部、西部低于全国平均水平，除个别年份外，西部的 TE 要高于东部的 TE；在 PE 方面，如图 4 - 28 所示，中部地区高于东部和西部地区，西部地区波动较大，整体上东部要高于西部地区；在 SE 方面，如图 4 - 29 所示，中部地区、西部地区的 SE 均高于全国平均水平，其中中部地区要高于西部地区，东部地区低于全国平均水平。

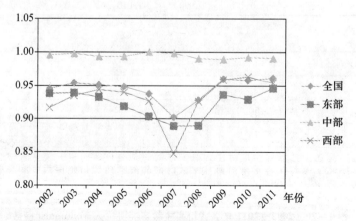

图 4 - 27　2002—2011 年分地区教育经费投入 TE（窗宽为 1）

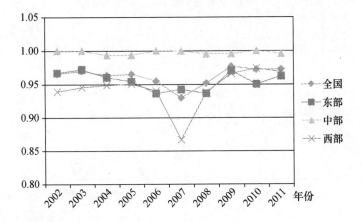

图 4 - 28　2002—2011 年分地区教育经费投入 PE（窗宽为 1）

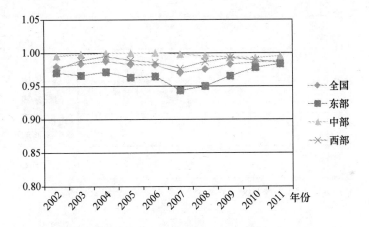

图 4 - 29　2002—2011 年分地区教育经费投入 SE（窗宽为 1）

（二）窗宽为 2 的我国高校 2002—2011 年教育经费投入效率评价

应用窗宽为 2 的 DEA 视窗分析模型对我国高校 2002—2011 年教育经费投入效率的评价结果如图 4 - 30 至图 4 - 32 所示。

如图 4 - 30 所示，我国高校 2002—2011 年教育经费投入效率在窗宽为 2 的情况下，中部的 TE 高于全国平均水平，东部、西部低于全国平均水平，除个别年份外，西部的 TE 要高于东部的 TE；在 PE 方面，如图 4 - 31 所示，中部地区高于东部和西部地区，西部地区波动较大，整体上东部要高于西部地区；在 SE 方面，如图 4 - 32 所示，中部地区、西部地区的 SE 均高于全国平均水平，其中，中部地区要高于西部地区，东部地区低于全国平均水平。

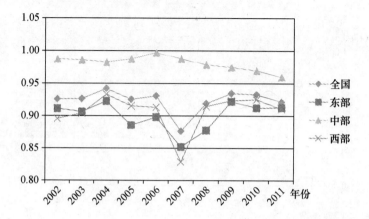

图 4 – 30　2002—2011 年分地区教育经费投入 TE（窗宽为 2）

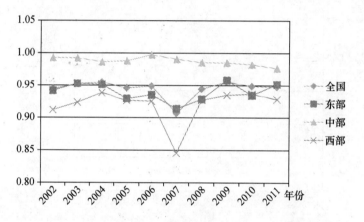

图 4 – 31　2002—2011 年分地区教育经费投入 PE（窗宽为 2）

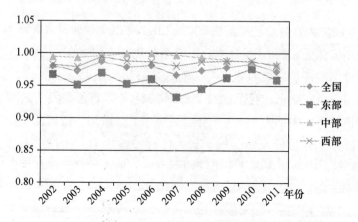

图 4 – 32　2002—2011 年分地区教育经费投入 SE（窗宽为 2）

（三）窗宽为 3 的我国高校 2002—2011 年教育经费投入效率评价

应用窗宽为 3 的 DEA 视窗分析模型对我国高校 2002—2011 年教育经费投入效率的评价结果如图 4 – 33 至图 4 – 35 所示。

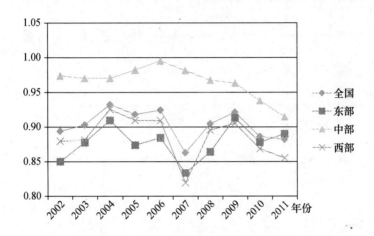

图 4 – 33　2002—2011 年分地区教育经费投入 TE（窗宽为 3）

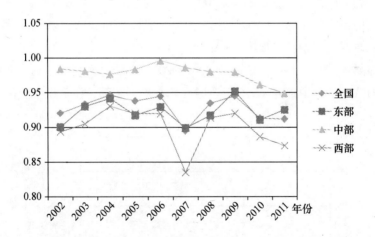

图 4 – 34　2002—2011 年分地区教育经费投入 PE（窗宽为 3）

如图 4 – 33 所示，我国高校 2002—2011 年教育经费投入效率在窗宽为 3 的情况下，中部的 TE 高于全国平均水平，东部、西部低于全国平均水平，东部和西部地区的 TE 波动较大；在 PE 方面，如图 4 – 34 所示，中部地区高于东部和西部地区，西部地区波动较大，整体上东部要高于西

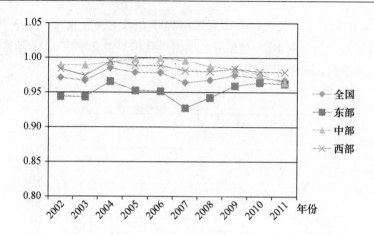

图 4 - 35   2002—2011 年分地区教育经费投入 SE（窗宽为 3）

部地区；在 SE 方面，如图 4 - 35 所示，中部地区、西部地区的 SE 均高于全国平均水平，其中中部地区要高于西部地区，东部地区低于全国平均水平。

（四）窗宽为 4 的我国高校 2002—2011 年教育经费投入效率评价

应用窗宽为 4 的 DEA 视窗分析模型对我国高校 2002—2011 年教育经费投入效率的评价结果如图 4 - 36 至图 4 - 38 所示。

如图 4 - 36 所示，我国高校 2002—2011 年教育经费投入效率在窗宽为 4 的情况下，中部的 TE 高于全国平均水平，东部、西部低于全国平均

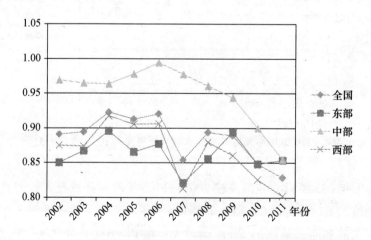

图 4 - 36   2002—2011 年分地区教育经费投入 TE（窗宽为 4）

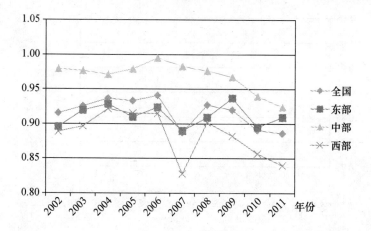

图4-37　2002—2011年分地区教育经费投入PE（窗宽为4）

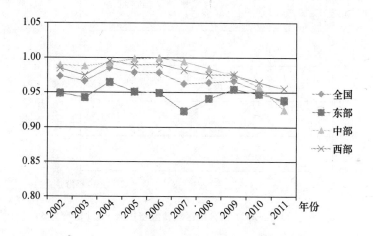

图4-38　2002—2011年分地区教育经费投入SE（窗宽为4）

水平，东部和西部地区的 TE 波动较大；在 PE 方面，如图 4-37 所示，中部地区高于东部和西部地区，西部地区波动较大，整体上东部要高于西部地区；在 SE 方面，如图 4-38 所示，中部地区、西部地区的 SE 高于全国平均水平，东部地区低于全国平均水平。

（五）窗宽为 5 的我国高校 2002—2011 年教育经费投入效率评价

应用窗宽为 5 的 DEA 视窗分析模型对我国高校 2002—2011 年教育经费投入效率的评价结果如图 4-39 至图 4-41 所示。

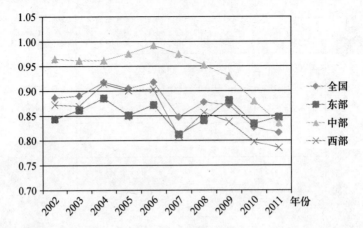

图 4 – 39 2002—2011 年分地区教育经费投入 TE（窗宽为 5）

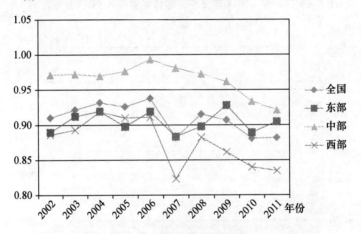

图 4 – 40 2002—2011 年分地区教育经费投入 PE（窗宽为 5）

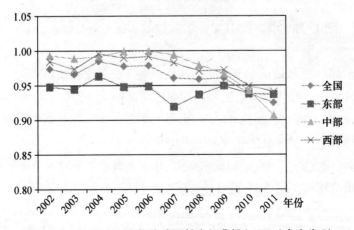

图 4 – 41 2002—2011 年分地区教育经费投入 SE（窗宽为 5）

如图 4 - 39 所示，我国高校 2002—2011 年教育经费投入效率在窗宽为 5 的情况下，中部的 TE 高于全国平均水平，东部、西部低于全国平均水平，东部和西部地区的 TE 波动较大；在 PE 方面，如图 4 - 40 所示，中部地区高于东部和西部地区，西部地区波动较大，整体上东部要高于西部地区；在 SE 方面，如图 4 - 41 所示，中部地区、西部地区的 SE 高于全国平均水平，东部地区低于全国平均水平。

（六）窗宽为 6 的我国高校 2002—2011 年教育经费投入效率评价

应用窗宽为 6 的 DEA 视窗分析模型对我国高校 2002—2011 年教育经费投入效率的评价结果如图 4 - 42 至图 4 - 44 所示。

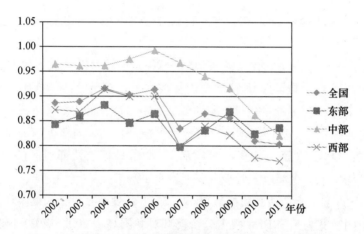

图 4 - 42　2002—2011 年分地区教育经费投入 TE（窗宽为 6）

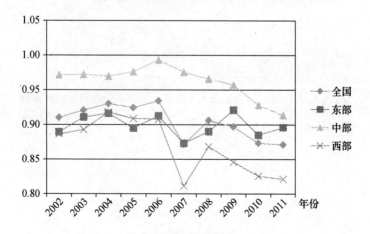

图 4 - 43　2002—2011 年分地区教育经费投入 PE（窗宽为 6）

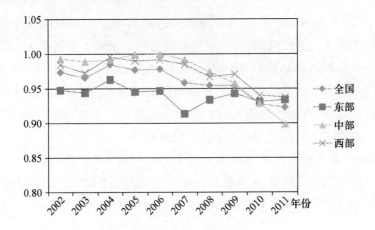

图 4 - 44   2002—2011 年分地区教育经费投入 SE（窗宽为 6）

如图 4 - 42 所示，我国高校 2002—2011 年教育经费投入效率在窗宽为 6 的情况下，中部的 TE 高于全国平均水平，东部、西部低于全国平均水平，东部和西部地区的 TE 波动较大；在 PE 方面，如图 4 - 43 所示，中部地区高于东部和西部地区，西部地区波动较大，整体上东部要高于西部地区；在 SE 方面，如图 4 - 44 所示，中部地区、西部地区的 SE 高于全国平均水平，东部地区低于全国平均水平。

（七）窗宽为 7 的我国高校 2002—2011 年教育经费投入效率评价

应用窗宽为 7 的 DEA 视窗分析模型对我国高校 2002—2011 年教育经费投入效率的评价结果如图 4 - 45 至图 4 - 47 所示。

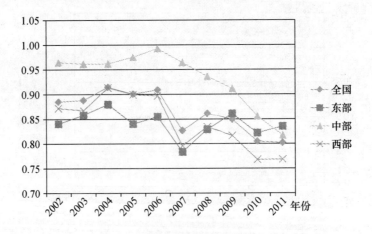

图 4 - 45   2002—2011 年分地区教育经费投入 TE（窗宽为 7）

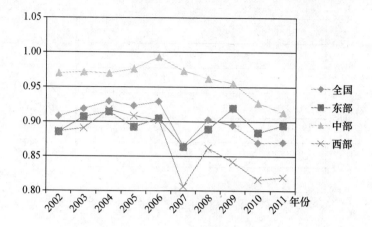

图 4 - 46　2002—2011 年分地区教育经费投入 PE（窗宽为 7）

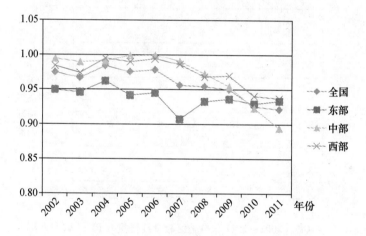

图 4 - 47　2002—2011 年分地区教育经费投入 SE（窗宽为 7）

如图 4 - 45 所示，我国高校 2002—2011 年教育经费投入效率在窗宽为 7 的情况下，中部的 TE 高于全国平均水平，东部、西部低于全国平均水平，东部和西部地区的 TE 波动较大；在 PE 方面，如图 4 - 46 所示，中部地区高于东部和西部地区，西部地区波动较大，整体上东部要高于西部地区；在 SE 方面，如图 4 - 47 所示，中部地区、西部地区的 SE 高于全国平均水平，东部地区低于全国平均水平。

（八）窗宽为 8 的我国高校 2002—2011 年教育经费投入效率评价

应用窗宽为 8 的 DEA 视窗分析模型对我国高校 2002—2011 年教育经费投入效率的评价结果如图 4 - 48 至图 4 - 50 所示。

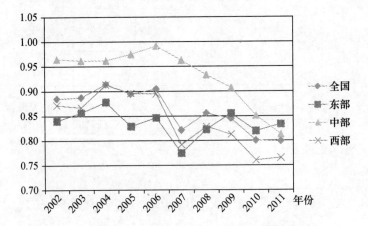

图 4 - 48　2002—2011 年分地区教育经费投入 TE（窗宽为 8）

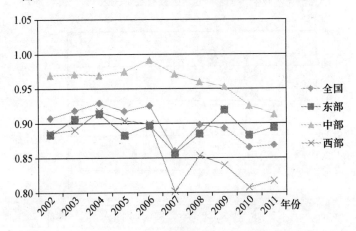

图 4 - 49　2002—2011 年分地区教育经费投入 PE（窗宽为 8）

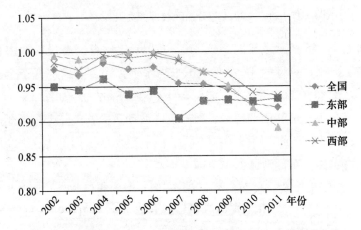

图 4 - 50　2002—2011 年分地区教育经费投入 SE（窗宽为 8）

如图 4-48 所示，我国高校 2002—2011 年教育经费投入效率在窗宽为 8 的情况下，中部的 TE 高于全国平均水平，东部、西部低于全国平均水平，东部和西部地区的 TE 波动较大；在 PE 方面，如图 4-49 所示，中部地区高于东部和西部地区，西部地区波动较大，整体上东部要高于西部地区；在 SE 方面，如图 4-50 所示，中部地区、西部地区的 SE 高于全国平均水平，东部地区低于全国平均水平。

（九）窗宽为 9 的我国高校 2002—2011 年教育经费投入效率评价

应用窗宽为 9 的 DEA 视窗分析模型对我国高校 2002—2011 年教育经费投入效率的评价结果如图 4-51 至图 4-53 所示。

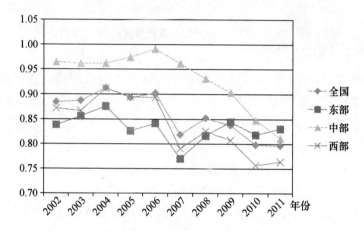

图 4-51　2002—2011 年分地区教育经费投入 TE（窗宽为 9）

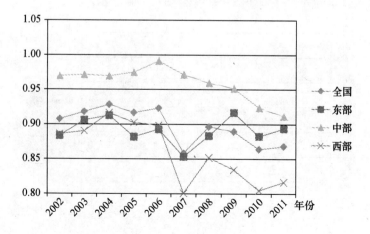

图 4-52　2002—2011 年分地区教育经费投入 PE（窗宽为 9）

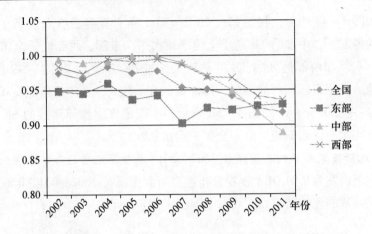

图 4 - 53　2002—2011 年分地区教育经费投入 SE（窗宽为 9）

如图 4 - 51 所示，我国高校 2002—2011 年教育经费投入效率在窗宽为 9 的情况下，中部的 TE 高于全国平均水平，东部、西部低于全国平均水平，东部和西部地区的 TE 波动较大；在 PE 方面，如图 4 - 52 所示，中部地区高于东部和西部地区，西部地区波动较大，整体上东部要高于西部地区；在 SE 方面，如图 4 - 53 所示，中部地区、西部地区的 SE 高于全国平均水平，东部地区低于全国平均水平。

（十）窗宽为 10 的我国高校 2002—2011 年教育经费投入效率评价

应用窗宽为 10 的 DEA 视窗分析模型对我国高校 2002—2011 年教育经费投入效率的评价结果如图 4 - 54 至图 4 - 56 所示。

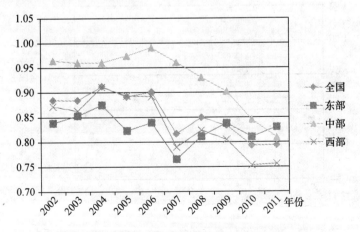

图 4 - 54　2002—2011 年分地区教育经费投入 TE（窗宽为 10）

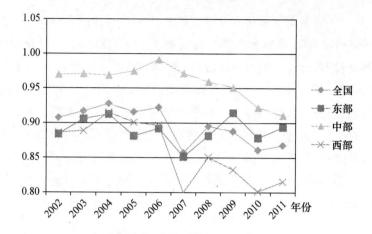

图 4 – 55 2002—2011 年分地区教育经费投入 PE（窗宽为 10）

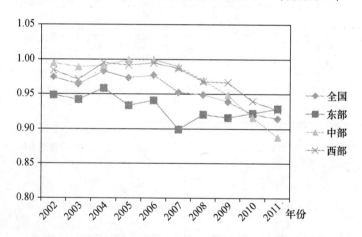

图 4 – 56 2002—2011 年分地区教育经费投入 SE（窗宽为 10）

如图 4 – 54 所示，我国高校 2002—2011 年教育经费投入效率在窗宽为 10 的情况下，中部的 TE 高于全国平均水平，东部、西部低于全国平均水平，东部和西部地区的 TE 波动较大；在 PE 方面，如图 4 – 55 所示，中部地区高于东部和西部地区，西部地区波动较大，整体上东部要高于西部地区；在 SE 方面，如图 4 – 56 所示，中部地区、西部地区的 SE 高于全国平均水平，东部地区低于全国平均水平。

二 不同窗宽下高校教育经费投入效率对比分析

下面对 2002—2011 年我国高等学校教育经费投入效率在不同窗宽下的视窗分析结果进行对比分析。

（一）不同窗宽下我国高校教育经费投入 TE 的对比分析

下面利用 DEA 视窗分析模型在窗宽 1—10 的情况下，对我国高校教育经费投入 TE 分地区进行对比分析，结果如图 4 - 57 至图 4 - 60 所示。

从图 4 - 57 至图 4 - 60 中可以看出，2002—2011 年我国高校各地区的 TE 随着窗宽的增加而减少。有些年份对窗宽的变化敏感，而有些年份对窗宽的变化不敏感；在变化趋势方面，部分年份在不同窗宽下变化不一致。以全国的 TE 数据为例，2010—2011 年，窗宽为 1 时 TE 为上升趋势，但在窗宽为 2—5 时，TE 呈下降趋势，采用不同的窗宽可能会得出完全相反的结论。

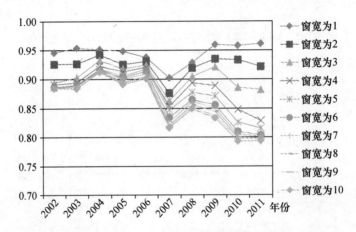

图 4 - 57　2002—2011 年全国高校教育经费投入的 TE

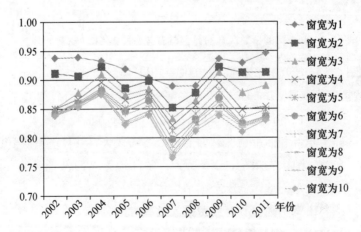

图 4 - 58　2002—2011 年我国东部地区高校教育经费投入的 TE

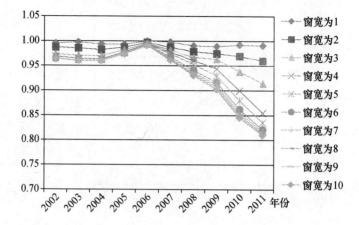

图 4 - 59　2002—2011 年我国中部地区高校教育经费投入的 TE

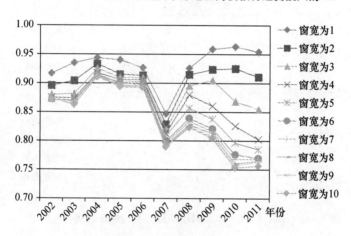

图 4 - 60　2002—2011 年我国西部地区高校教育经费投入的 TE

（二）不同窗宽下我国高校教育经费投入 PE 的对比分析

下面利用 DEA 视窗分析模型在窗宽 1—10 的情况下，对我国高校教育经费投入 PE 分地区进行对比分析，结果如图 4 - 61 至图 4 - 64 所示。

从图 4 - 61 至图 4 - 64 中可以看出，2002—2011 年我国高校各地区 PE 随着窗宽的增加而减少。有些年份对窗宽的变化敏感，而有些年份对窗宽的变化不敏感；在变化趋势方面，部分年份在不同窗宽下变化不一致。以全国 PE 数据为例，2008—2009 年，窗宽为 1—3 时 PE 为上升趋势，但在窗宽为 4—10 时，PE 呈下降趋势，采用不同的窗宽可能得出完全相反的结论。

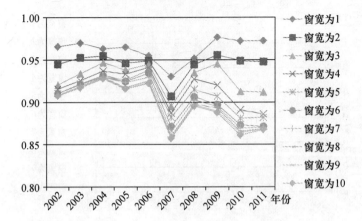

图4-61 2002—2011年全国高校教育经费投入的 PE

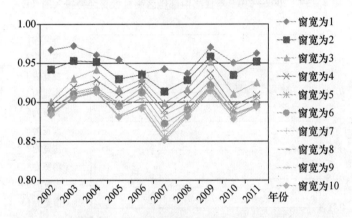

图4-62 2002—2011年我国东部地区高校教育经费投入的 PE

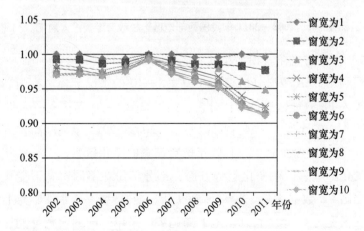

图4-63 2002—2011年我国中部地区高校教育经费投入的 PE

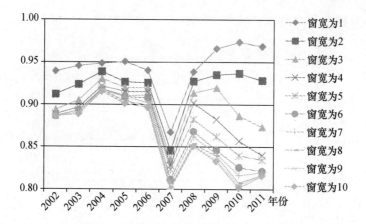

图 4 - 64 2002—2011 年我国西部地区高校教育经费投入的 PE

（三）不同窗宽下我国高校教育经费投入 SE 的对比分析

下面利用 DEA 视窗分析模型在窗宽 1—10 的情况下，对我国高校教育经费投入 SE 分地区进行对比分析，结果如图 4-65 至图 4-68 所示。

从图 4-65 至图 4-68 中可以看出，2002—2011 年我国高校各地区教育经费投入效率的 SE 随着窗宽的增加而减少。有些年份对窗宽的变化敏感，而有些年份对窗宽的变化不敏感；在变化趋势方面，有部分年份在不同窗宽下变化不一致。以全国的 SE 数据为例，在 2009—2010 年，窗宽为 1—3 时 SE 为上升趋势，但在窗宽为 4—8 时，SE 呈下降趋势，采用不同的窗宽可能得出完全相反的结论。

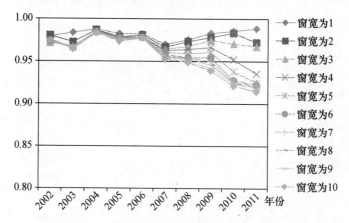

图 4 - 65 2002—2011 年全国高校教育经费投入的 SE

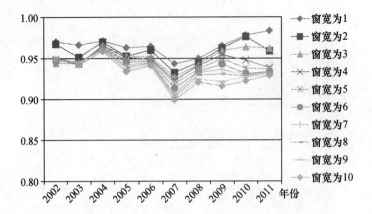

图4-66 2002—2011年我国东部地区高校教育经费投入的SE

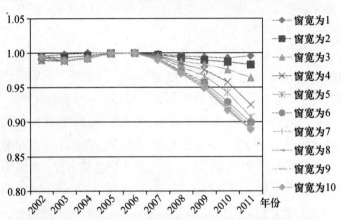

图4-67 2002—2011年我国中部地区高校教育经费投入的SE

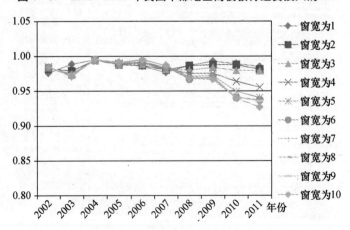

图4-68 2002—2011年我国西部地区高校教育经费投入的SE

通过本小节对不同窗宽下的教育经费投入效率进行对比分析可以发现，在不同窗宽情况下某些年份的效率（TE、PE和SE）对窗宽的变化不敏感，表现为不同窗宽下效率的值相差不大；而某些年份则对窗宽的效率敏感，表现为不同窗宽下效率的值相差较大。另外还会发现，效率的变化趋势无法预测，在同一个时间、区间，不同窗宽下的效率值变化趋势相差较大，有的呈上升趋势、有的又呈下降趋势，同时还有可能保持不变。由此可见，确定一个合理的窗宽对DEA视窗分析模型非常重要。

三　视窗分析模型理想窗宽的确定

下面以2002—2011年全国及东部、中部、西部地区高校教育经费投入效率的视窗分析结果为例，利用Round Robin方法计算TE、PE和SE在不同窗宽下与均值的偏差比，如表4-28至表4-31所示。

通过表4-28至表4-31可以得出，2002—2011年期间，TE与均值的最小偏差比有3个地区集中在窗宽为4的DEA视窗分析模型结果中，分别为全国、中部和西部，东部的最小偏差集中在窗宽为5的结果中，由此可得出对于TE的理想窗宽为4。

表4-28　　2002—2011年全国高校教育经费投入效率 TE 与均值的偏差比

年份	窗宽为1	窗宽为2	窗宽为3	窗宽为4	窗宽为5	窗宽为6	窗宽为7	窗宽为8	窗宽为9	窗宽为10
2002	5.44	3.25	-0.32	-0.66	-1.16	-1.19	-1.29	-1.32	-1.37	-1.38
2003	5.93	2.88	0.28	-0.68	-1.13	-1.25	-1.35	-1.43	-1.45	-1.81
2004	2.99	2.01	0.96	-0.10	-0.67	-0.84	-0.95	-1.01	-1.15	-1.25
2005	4.28	1.78	0.96	0.41	-0.45	-0.69	-0.93	-1.61	-1.78	-1.97
2006	2.34	1.59	0.88	0.46	0.15	-0.29	-0.78	-1.22	-1.49	-1.66
2007	6.63	3.59	2.00	0.92	0.18	-1.33	-2.29	-2.95	-3.25	-3.50
2008	5.41	4.36	2.69	1.50	-0.37	-1.81	-2.19	-2.81	-3.23	-3.55
2009	9.11	6.24	4.71	1.06	-0.97	-2.69	-3.42	-3.98	-4.80	-5.27
2010	13.28	10.32	4.76	0.29	-2.30	-4.24	-4.86	-5.40	-5.62	-6.25
2011	14.38	9.64	4.96	-1.38	-2.93	-4.36	-4.59	-4.96	-5.21	-5.56

表 4 - 29   2002—2011 年东部地区高校教育经费投入效率 TE 与均值的偏差比

年份	窗宽为1	窗宽为2	窗宽为3	窗宽为4	窗宽为5	窗宽为6	窗宽为7	窗宽为8	窗宽为9	窗宽为10
2002	9.18	6.05	-1.06	-1.07	-1.86	-1.91	-2.20	-2.27	-2.43	-2.44
2003	7.51	3.78	0.47	-0.77	-1.37	-1.61	-1.77	-1.94	-1.99	-2.31
2004	4.38	3.25	1.76	0.21	-0.92	-1.29	-1.56	-1.73	-1.98	-2.12
2005	7.35	3.48	2.10	1.11	-0.57	-1.14	-1.81	-3.15	-3.49	-3.88
2006	4.06	3.46	1.87	1.02	0.43	-0.45	-1.50	-2.49	-3.07	-3.33
2007	9.76	5.21	2.92	1.40	0.29	-1.53	-3.27	-4.37	-4.92	-5.48
2008	5.41	4.00	2.41	1.41	-0.33	-1.52	-1.74	-2.54	-3.25	-3.85
2009	6.23	4.61	3.57	1.46	-0.04	-1.46	-2.31	-2.94	-4.18	-4.94
2010	9.39	7.42	3.34	-0.15	-1.83	-3.03	-3.29	-3.54	-3.67	-4.63
2011	9.83	5.94	3.30	-0.92	-1.64	-2.91	-3.06	-3.28	-3.62	-3.64

表 4 - 30   2002—2011 年中部地区高校教育经费投入效率 TE 与均值的偏差比

年份	窗宽为1	窗宽为2	窗宽为3	窗宽为4	窗宽为5	窗宽为6	窗宽为7	窗宽为8	窗宽为9	窗宽为10
2002	2.49	1.65	0.27	-0.24	-0.67	-0.70	-0.70	-0.70	-0.70	-0.70
2003	3.01	1.76	0.20	-0.40	-0.73	-0.74	-0.74	-0.74	-0.74	-0.88
2004	2.63	1.51	0.26	-0.43	-0.64	-0.64	-0.64	-0.64	-0.64	-0.79
2005	1.46	0.87	0.33	-0.11	-0.35	-0.36	-0.36	-0.48	-0.49	-0.50
2006	0.61	0.31	0.14	0.05	-0.09	-0.10	-0.11	-0.24	-0.28	-0.29
2007	2.51	1.43	0.82	0.40	0.11	-0.61	-0.95	-1.14	-1.25	-1.30
2008	4.02	2.79	1.62	0.89	0.05	-1.20	-1.69	-2.00	-2.19	-2.29
2009	5.89	4.34	3.13	1.02	-0.48	-1.89	-2.42	-2.88	-3.26	-3.44
2010	10.96	8.43	4.89	0.66	-1.61	-3.60	-4.28	-4.80	-5.16	-5.49
2011	14.88	11.28	6.01	-0.91	-3.19	-4.82	-5.30	-5.78	-5.99	-6.20

表 4 – 31　　　2002—2011 年西部地区高校教育经费投入效率 TE 与均值的偏差比

年份	窗宽为 1	窗宽为 2	窗宽为 3	窗宽为 4	窗宽为 5	窗宽为 6	窗宽为 7	窗宽为 8	窗宽为 9	窗宽为 10
2002	4.16	1.79	− 0.06	− 0.59	− 0.87	− 0.89	− 0.89	− 0.89	− 0.89	− 0.89
2003	6.28	2.78	0.21	− 0.68	− 1.16	− 1.26	− 1.39	− 1.43	− 1.44	− 1.90
2004	2.62	1.48	0.61	− 0.24	− 0.57	− 0.67	− 0.71	− 0.72	− 0.85	− 0.96
2005	3.82	1.10	0.45	0.02	− 0.53	− 0.64	− 0.65	− 1.05	− 1.18	− 1.34
2006	2.55	1.06	0.61	0.28	− 0.01	− 0.38	− 0.72	− 0.96	− 1.12	− 1.31
2007	4.77	2.54	1.37	0.57	0.07	− 1.16	− 1.57	− 2.05	− 2.22	− 2.31
2008	7.40	6.08	3.85	2.00	− 0.64	− 2.65	− 3.25	− 3.98	− 4.29	− 4.52
2009	12.16	8.05	5.88	0.66	− 1.99	− 3.94	− 4.51	− 4.94	− 5.53	− 5.84
2010	17.54	12.91	5.99	0.78	− 2.74	− 5.26	− 6.30	− 7.24	− 7.61	− 8.07
2011	17.35	12.00	5.18	− 1.30	− 3.43	− 5.33	− 5.52	− 5.90	− 6.04	− 7.00

通过表 4 – 32 至表 4 – 35 可以得出，2002—2011 年，PE 与均值的最小偏差比全部集中在窗宽为 4 的 DEA 视窗分析模型结果中，由此可得出对于 PE 的理想窗宽为 4。

表 4 – 32　　　2002—2011 年全国高校教育经费投入效率 PE 与均值的偏差比

年份	窗宽为 1	窗宽为 2	窗宽为 3	窗宽为 4	窗宽为 5	窗宽为 6	窗宽为 7	窗宽为 8	窗宽为 9	窗宽为 10
2002	4.99	2.71	0.07	− 0.47	− 1.02	− 1.04	− 1.27	− 1.32	− 1.32	− 1.32
2003	4.32	2.47	0.44	− 0.44	− 0.87	− 0.94	− 1.17	− 1.23	− 1.23	− 1.36
2004	2.71	1.81	0.93	− 0.12	− 0.66	− 0.80	− 0.88	− 0.92	− 1.01	− 1.07
2005	3.71	1.66	0.81	0.28	− 0.50	− 0.66	− 0.77	− 1.42	− 1.50	− 1.60
2006	2.00	1.38	0.91	0.51	0.17	− 0.20	− 0.73	− 1.17	− 1.38	− 1.49
2007	5.53	2.89	1.57	0.68	0.11	− 1.13	− 1.88	− 2.41	− 2.62	− 2.74
2008	3.77	2.97	1.92	1.09	− 0.22	− 1.20	− 1.56	− 2.11	− 2.27	− 2.40
2009	6.54	4.26	3.12	0.37	− 1.05	− 2.12	− 2.41	− 2.59	− 2.96	− 3.15
2010	8.76	6.16	2.12	− 0.34	− 1.43	− 2.31	− 2.74	− 3.19	− 3.34	− 3.68
2011	8.70	5.95	1.92	− 0.95	− 1.41	− 2.62	− 2.73	− 2.91	− 2.95	− 2.99

表 4 – 33　　2002—2011 年东部地区高校教育经费投入效率 PE 与均值的偏差比

年份	窗宽为 1	窗宽为 2	窗宽为 3	窗宽为 4	窗宽为 5	窗宽为 6	窗宽为 7	窗宽为 8	窗宽为 9	窗宽为 10
2002	7.20	4.42	- 0.18	- 0.70	- 1.36	- 1.40	- 1.88	- 2.03	- 2.03	- 2.03
2003	5.39	3.33	0.86	- 0.30	- 1.07	- 1.25	- 1.62	- 1.77	- 1.78	- 1.79
2004	3.58	2.63	1.57	0.14	- 0.84	- 1.17	- 1.35	- 1.44	- 1.56	- 1.56
2005	5.52	2.82	1.43	0.63	- 0.70	- 1.01	- 1.30	- 2.38	- 2.46	- 2.55
2006	2.43	2.31	1.64	1.04	0.51	- 0.17	- 1.03	- 1.93	- 2.35	- 2.45
2007	6.76	3.53	1.85	0.80	0.12	- 1.09	- 2.17	- 2.93	- 3.33	- 3.54
2008	3.86	2.95	1.69	0.83	- 0.43	- 1.29	- 1.42	- 1.87	- 2.06	- 2.27
2009	3.91	2.64	1.94	0.36	- 0.61	- 1.33	- 1.49	- 1.55	- 1.82	- 2.04
2010	5.67	3.94	1.27	- 0.47	- 1.12	- 1.60	- 1.69	- 1.82	- 1.86	- 2.31
2011	5.46	4.31	1.37	- 0.34	- 0.86	- 1.82	- 1.94	- 2.06	- 2.06	- 2.06

表 4 – 34　　2002—2011 年中部地区高校教育经费投入效率 PE 与均值的偏差比

年份	窗宽为 1	窗宽为 2	窗宽为 3	窗宽为 4	窗宽为 5	窗宽为 6	窗宽为 7	窗宽为 8	窗宽为 9	窗宽为 10
2002	2.27	1.55	0.65	0.16	- 0.65	- 0.65	- 0.83	- 0.83	- 0.83	- 0.83
2003	2.26	1.48	0.32	- 0.15	- 0.58	- 0.58	- 0.67	- 0.67	- 0.67	- 0.75
2004	1.96	1.23	0.22	- 0.35	- 0.49	- 0.49	- 0.49	- 0.49	- 0.50	- 0.60
2005	1.41	0.86	0.38	- 0.07	- 0.34	- 0.36	- 0.36	- 0.49	- 0.50	- 0.51
2006	0.58	0.34	0.17	0.07	- 0.09	- 0.11	- 0.12	- 0.25	- 0.28	- 0.29
2007	1.99	1.06	0.58	0.25	0.04	- 0.49	- 0.73	- 0.86	- 0.91	- 0.92
2008	2.43	1.43	0.84	0.46	0.09	- 0.61	- 0.96	- 1.18	- 1.25	- 1.26
2009	3.07	2.00	1.42	0.17	- 0.40	- 0.88	- 1.08	- 1.28	- 1.47	- 1.54
2010	5.88	4.05	1.79	- 0.48	- 1.17	- 1.72	- 1.83	- 2.00	- 2.19	- 2.33
2011	6.73	4.70	1.69	- 0.93	- 1.28	- 2.06	- 2.08	- 2.14	- 2.28	- 2.36

表 4 - 35　2002—2011 年西部地区高校教育经费投入效率 PE 与均值的偏差比

年份	窗宽为1	窗宽为2	窗宽为3	窗宽为4	窗宽为5	窗宽为6	窗宽为7	窗宽为8	窗宽为9	窗宽为10
2002	4.94	1.89	-0.15	-0.72	-0.98	-0.98	-1.00	-1.00	-1.00	-1.00
2003	4.87	2.44	0.36	-0.57	-0.95	-0.97	-1.23	-1.26	-1.26	-1.45
2004	2.64	1.55	0.67	-0.27	-0.62	-0.68	-0.71	-0.72	-0.85	-0.98
2005	3.92	1.30	0.57	0.06	-0.51	-0.63	-0.67	-1.19	-1.34	-1.50
2006	3.13	1.54	0.88	0.37	-0.05	-0.41	-1.02	-1.33	-1.46	-1.65
2007	5.48	2.86	1.61	0.72	0.15	-1.28	-1.88	-2.42	-2.57	-2.67
2008	6.04	4.79	3.26	1.89	-0.28	-1.90	-2.62	-3.56	-3.74	-3.89
2009	10.28	6.75	5.02	0.74	-1.62	-3.40	-3.90	-4.19	-4.72	-4.94
2010	13.89	9.57	3.70	0.22	-1.78	-3.42	-4.51	-5.56	-5.87	-6.24
2011	13.48	8.77	2.34	-1.59	-2.21	-3.78	-3.95	-4.32	-4.32	-4.43

通过表 4 - 36 至表 4 - 39 可以得出 2002—2011 年，SE 与均值的最小偏差比有 2 个地区集中在窗宽为 4 的 DEA 视窗分析模型结果中，分别为东部和西部，全国和中部的最小偏差比集中在窗宽为 5 的 DEA 视窗分析模型结果中。

表 4 - 36　2002—2011 年全国高校教育经费投入效率 SE 与均值的偏差比

年份	窗宽为1	窗宽为2	窗宽为3	窗宽为4	窗宽为5	窗宽为6	窗宽为7	窗宽为8	窗宽为9	窗宽为10
2002	0.43	0.53	-0.38	-0.19	-0.13	-0.15	-0.02	0.01	-0.05	-0.05
2003	1.55	0.40	-0.15	-0.23	-0.25	-0.30	-0.18	-0.19	-0.21	-0.45
2004	0.28	0.20	0.03	0.02	-0.01	-0.03	-0.07	-0.09	-0.14	-0.18
2005	0.56	0.12	0.16	0.14	0.05	-0.03	-0.16	-0.19	-0.27	-0.38
2006	0.34	0.21	-0.03	-0.04	-0.02	-0.09	-0.05	-0.05	-0.11	-0.17
2007	1.05	0.69	0.44	0.26	0.09	-0.18	-0.41	-0.53	-0.62	-0.77
2008	1.60	1.37	0.78	0.42	-0.13	-0.60	-0.62	-0.69	-0.97	-1.16
2009	2.46	1.95	1.59	0.74	0.14	-0.53	-0.99	-1.38	-1.85	-2.14
2010	4.27	4.03	2.69	0.74	-0.78	-1.87	-2.08	-2.18	-2.25	-2.56
2011	5.33	3.60	3.09	-0.32	-1.43	-1.68	-1.80	-2.01	-2.22	-2.54

表 4 - 37   2002—2011 年东部地区高校教育经费投入效率 SE 与均值的偏差比

年份	窗宽为1	窗宽为2	窗宽为3	窗宽为4	窗宽为5	窗宽为6	窗宽为7	窗宽为8	窗宽为9	窗宽为10
2002	1.87	1.58	-0.86	-0.35	-0.48	-0.49	-0.30	-0.21	-0.38	-0.39
2003	2.02	0.45	-0.37	-0.46	-0.29	-0.35	-0.13	-0.16	-0.20	-0.52
2004	0.77	0.60	0.19	0.08	-0.08	-0.11	-0.20	-0.28	-0.42	-0.56
2005	1.75	0.67	0.68	0.50	0.16	-0.11	-0.50	-0.77	-1.04	-1.34
2006	1.60	1.14	0.24	0.00	-0.07	-0.27	-0.46	-0.56	-0.72	-0.89
2007	2.86	1.67	1.10	0.64	0.22	-0.40	-1.08	-1.43	-1.60	-1.97
2008	1.52	1.03	0.72	0.59	0.12	-0.21	-0.31	-0.67	-1.19	-1.60
2009	2.26	1.96	1.64	1.12	0.61	-0.10	-0.80	-1.38	-2.37	-2.93
2010	3.57	3.40	2.10	0.38	-0.67	-1.40	-1.57	-1.70	-1.80	-2.32
2011	4.19	1.60	1.95	-0.54	-0.74	-1.06	-1.09	-1.20	-1.55	-1.57

表 4 - 38   2002—2011 年中部地区高校教育经费投入效率 SE 与均值的偏差比

年份	窗宽为1	窗宽为2	窗宽为3	窗宽为4	窗宽为5	窗宽为6	窗宽为7	窗宽为8	窗宽为9	窗宽为10
2002	0.21	0.10	-0.38	-0.40	-0.02	-0.05	0.13	0.13	0.13	0.13
2003	0.74	0.28	-0.12	-0.25	-0.15	-0.16	-0.07	-0.07	-0.07	-0.12
2004	0.66	0.27	0.05	-0.08	-0.14	-0.15	-0.15	-0.15	-0.14	-0.18
2005	0.05	0.01	-0.05	-0.05	0.00	0.00	0.00	0.01	0.01	0.01
2006	0.03	-0.02	-0.02	-0.01	0.00	0.01	0.00	0.01	0.00	0.00
2007	0.51	0.38	0.24	0.15	0.07	-0.13	-0.22	-0.28	-0.34	-0.38
2008	1.57	1.36	0.78	0.44	-0.03	-0.59	-0.72	-0.82	-0.94	-1.03
2009	2.76	2.32	1.71	0.87	-0.05	-1.00	-1.33	-1.59	-1.79	-1.90
2010	4.88	4.29	3.13	1.22	-0.36	-1.84	-2.42	-2.79	-2.96	-3.16
2011	7.78	6.43	4.38	0.15	-1.81	-2.69	-3.16	-3.59	-3.67	-3.81

表4－39　　2002—2011年西部地区高校教育经费投入效率SE与均值的偏差比

年份	窗宽为1	窗宽为2	窗宽为3	窗宽为4	窗宽为5	窗宽为6	窗宽为7	窗宽为8	窗宽为9	窗宽为10
2002	-0.74	-0.11	0.08	0.14	0.11	0.09	0.11	0.11	0.11	0.11
2003	1.35	0.33	-0.14	-0.10	-0.20	-0.29	-0.15	-0.17	-0.18	-0.45
2004	-0.01	-0.07	-0.05	0.04	0.05	0.02	0.00	0.01	0.00	0.02
2005	-0.10	-0.20	-0.13	-0.04	-0.02	0.00	0.02	0.15	0.17	0.17
2006	-0.57	-0.48	-0.27	-0.09	0.03	0.02	0.30	0.37	0.34	0.35
2007	-0.68	-0.33	-0.24	-0.15	-0.09	0.11	0.30	0.37	0.36	0.36
2008	1.30	1.26	0.60	0.13	-0.34	-0.74	-0.62	-0.40	-0.55	-0.63
2009	1.75	1.27	0.87	-0.03	-0.32	-0.51	-0.59	-0.73	-0.80	-0.91
2010	3.35	3.19	2.34	0.69	-0.85	-1.78	-1.75	-1.65	-1.71	-1.82
2011	3.54	3.09	2.89	0.41	-1.13	-1.50	-1.52	-1.53	-1.68	-2.58

综合全国、东部、中部、西部在TE、PE、SE的理想窗宽，可得出2002—2011年我国高校教育经费投入效率视窗分析的理想窗宽为4。

四　理想窗宽下我国高校教育经费投入效率评价

根据上节分析的理想窗宽结果，下面利用窗宽为4的视窗分析模型对2002—2011年我国高校教育经费投入效率进行动态评价，并根据视窗分析结果计算经费投入效率TE、PE和SE的平均波动值，如图4－69至图4－71所示。

如图4－69所示，2002—2011年，东部地区和西部地区的TE波动较大，中部地区相对来说比较稳定，东部地区TE波动较大的有福建和海南，西部地区TE波动较大的有新疆和宁夏。全国范围内TE比较稳定的有河北、山西、陕西和青海。

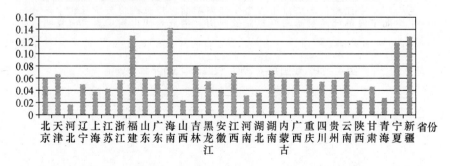

图4－69　我国高校2002—2011年TE平均波动值

如图4-70所示，2002—2011年，东部地区和西部地区的PE波动较大，中部地区相对来说比较稳定，东部地区PE波动较大的有福建和海南，西部地区PE波动较大的有新疆和宁夏。全国范围内PE比较稳定的有北京、江苏、山东、河南、青海和陕西。

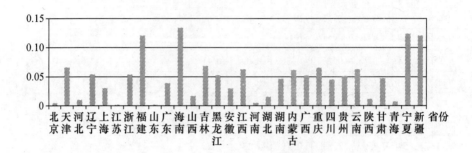

图4-70 我国高校2002—2011年PE平均波动值

如图4-71所示，2002—2011年期间，东部地区的SE波动较大，中部地区和西部地区相对来说比较稳定。SE波动较大的基本集中在东部地区，包括海南、广东、山东和北京。全国范围内PE比较稳定的有黑龙江、天津和重庆。

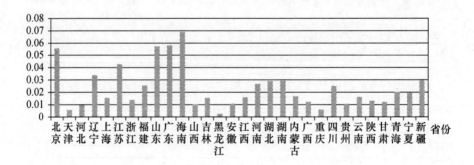

图4-71 我国高校2002—2011年SE平均波动值

第五章　我国高校科技经费投入效率及评价

高等学校、科研院所和企业是科研任务的主要承担者，由于我国的国情，我国的高等学校承担着我国大部分科研任务，企业只承担很少的一部分。随着我国科研任务的不断增多，高等学校承担的科研任务也越来越多，科技经费的投入和产出量也不断增加。如何公正、合理分配、利用科技经费，如何评价科技经费的使用效率，一直是各国学者研究的对象和关注的重点。为了科学有效地对我国高校科技经费投入效率进行分析，本章首先建立高等学校科技经费投入效率评价指标体系，然后采用 DEA 方法中的 BC^2 模型、C^2R 模型、Malmquist 指数、视窗分析模型，对我国 30 个省份 2002—2011 年高校科技经费投入产出数据进行分析。

第一节　评价指标体系的构建

建立科技经费评价指标体系是应用 DEA 对高校科技经费投入效率进行分析评价的基础，只有建立完善的科技经费评价指标体系，才能对我国高校科技经费的投入效率进行正确、有效的评价。本节首先介绍构建高校科技经费投入评价指标体系的基本原则，其次介绍高校科技经费投入效率评价指标体系。

一　构建高校科技经费投入评价指标体系的基本原则

高校经费投入评价指标体系的基本原则包括科学性、目的性、全面性、系统性、优化性、典型性、实用性等基本原则，由于科技评价有其自身的特点，在进行科技经费投入评价时还需遵循下述原则。①

（一）三公原则

进行科技评价时需遵循公开、公平、公正的原则，在不涉及保密内容前提下，评价的方法、标准、过程都应该尽量公开，保证科技评价的公平性和公正性，也需要考虑进行科技经费投入效率的评价。

（二）适度原则

由于科学研究的特点，获得科技成果往往要花费较长的时间，因此科技经费投入评价的周期不能太短太过于频繁，否则将会对科学研究产生负面影响。国外学者的研究表明，因评价造成的压力，可能会让年轻的科技工作者不愿意冒风险进行新领域的科学研究，从而导致愿意从事科学研究的科技工作者越来越少，影响科学技术的进步。

（三）可比性原则

可比性是指不同时期及不同对象之间的比较，可分为横向比较和纵向比较，其中横向比较是指不同对象之间的比较，纵向比较是指同一评价对象不同时期的比较。评价指标体系需同时满足横向比较和纵向比较，根据共同点构建评价指标体系。

（四）可靠性原则

由于科学研究自身的特性，在进行科技评价时，需保证科学研究的科学可靠，按照相同的评价过程、相同的评价方法对同一评价对象进行评价时需得出相同的评价结果，评价的过程越公正、方法越科学，评价的结果也就越科学可靠。

二 高校科技经费投入效率评价指标体系

根据指标选取原则和参考文献的指标选择，并考虑数据的可获得性，本书以《高等学校科技统计资料汇编》为参考，选取科技经费作为投入指标，选取出版科技专著、发表学术论文、科技成果获奖、专利授权数和技术转让收入五项指标作为产出指标，构建高校科技经费投入效率评价指标体系，如图 5-1 所示。由于科技经费、出版科技专著、发表学术论文、科技成果获奖、专利授权数和技术转让收入这六项指标已在第四章进行过详细的介绍，本节不再重述。

---

① 李洋：《高校科研经费绩效评价指标体系设计》，《中国集体经济》2010 年第 12 期。

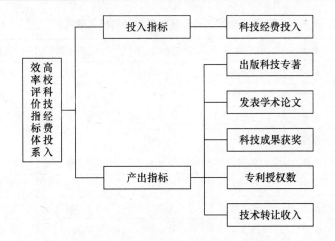

图 5 - 1 高校科技经费投入评价产出指标体系

第二节 年度科技经费投入效率数据包络分析

本节利用 DEAP 软件对 2011 年全国各省份科技经费投入产出数据进行计算分析，将每一个省份作为一个 DMU，采用产出主导型的 VRS 模型，计算结果如表 5 - 1 所示，全国分地区平均值如表 5 - 2 所示。

从综合效率来看，2011 年 30 个省份的 DEA 综合效率平均值为 0.800，其中 DEA 有效的有 8 个省份，占总体比例的 26.67%，分别为河北、浙江、山东、海南、河南、重庆、云南和宁夏，这 8 个省份的科技经费投入产出比合适，效率达到了相对的最优。而未达到综合效率最优的省份有 22 个，占总体比例的 73.33%，表明我国高校科技经费投入效率总体水平偏低，还有大部分省份未能达到综合效率最优。

从纯技术效率来看，30 个省份的纯技术效率均值为 0.902，共有 12 个省份达到技术有效，占总体的比例为 40%，除去综合效率有效的 7 个省份外，还包括北京、辽宁、江苏和湖北，纯技术效率无效的省市有 18 个，占总体比例的 60%，说明我国高校经费投入相对无效的主要原因是纯技术效率无效。

表 5 – 1　　　　　2011 年全国各省份高校科技经费投入效率

省份	地区	综合效率	纯技术效率	规模效率	规模收益
北京	东部	0.726	1.000	0.726	递减
天津	东部	0.553	0.573	0.965	递减
河北	东部	1.000	1.000	1.000	不变
辽宁	东部	0.651	1.000	0.651	递减
上海	东部	0.691	0.918	0.753	递减
江苏	东部	0.982	1.000	0.982	递减
浙江	东部	1.000	1.000	1.000	不变
福建	东部	0.654	0.662	0.989	递减
山东	东部	1.000	1.000	1.000	不变
广东	东部	0.667	0.873	0.765	递减
海南	东部	1.000	1.000	1.000	不变
山西	中部	0.800	0.917	0.872	递减
吉林	中部	0.664	0.751	0.885	递减
黑龙江	中部	0.804	0.914	0.880	递减
安徽	中部	0.800	0.934	0.857	递减
江西	中部	0.876	0.877	0.998	递增
河南	中部	1.000	1.000	1.000	不变
湖北	中部	0.609	1.000	0.609	递减
湖南	中部	0.768	0.982	0.782	递减
内蒙古	西部	0.914	0.942	0.970	递减
广西	西部	0.846	0.968	0.874	递减
重庆	西部	1.000	1.000	1.000	不变
四川	西部	0.581	0.916	0.635	递减
贵州	西部	0.760	0.790	0.962	递减
云南	西部	1.000	1.000	1.000	不变
陕西	西部	0.560	0.764	0.733	递减
甘肃	西部	0.676	0.735	0.921	递减
青海	西部	0.602	0.663	0.908	递增
宁夏	西部	1.000	1.000	1.000	不变
新疆	西部	0.805	0.895	0.899	递减

表 5 - 2　　　　　　2011 年分地区高校科技经费投入效率

地区	综合效率	纯技术效率	规模效率
全国	0.800	0.902	0.887
东部	0.811	0.911	0.894
中部	0.790	0.922	0.860
西部	0.795	0.879	0.900

从规模效率来看，30 个省份的规模效率平均值为 0.887，规模有效的省份为 8 个，即为综合效率有效的 8 个省份，这些省份的规模效率不变，表明这 8 个省份的科技经费投入产出规模合适。规模效率递增的省份有 2 个，为江西和青海，表明江西和青海需加大科技经费的投入。剩余 20 个省份的规模效率均递减，占全部省份的绝大多数，表明这些省份应适当缩减科技经费的投入规模。

为提升高校科技经费投入效率，本节在分析高校经费投入效率基础上，对 18 个未达到纯技术效率有效的省份进行进一步分析，利用 DEAP 计算这 18 个省份科研经费投入和产出的调整量，如表 5 - 3 所示。以上海市为例，为达到科技经费投入纯技术效率有效，需要在"出版科技专著"指标上增加 170.28、在"发表论文数"指标上增加 6592.17、在"科技获奖成果"指标上增加 25.18、在"专利授权"指标上增加 768.81。

从表 5 - 3 可以看出，在投入方面，表列省份科技经费的投入均为正常，不存在剩余的情况，这说明我国大部分省份的科技经费投入不足，加大科技经费的投入是提高科技经费投入效率的途径之一。在产出方面，有 11 个省份在"出版科技专著"指标上存在不足、7 个省份在"发表学术论文"指标上存在不足、11 个省份在"科技成果获奖"指标上存在不足、12 个省份在"专利授权"指标上存在不足、11 个省份在"技术转让"指标上存在不足。在 5 个产出指标中，"发表学术论文"指标表现相对较好，说明各高校都比较重视发表论文的数量和质量，其他四个指标方面产出不足的情况比较严重，需要各省份提升"出版科技专著"、"科技成果获奖"、"专利授权"、"技术转让"的科技产出量，特别是"专利授权数"指标缺口较大。

表 5 - 3　　全国部分省份非技术有效高校科技经费投入产出调整量

省份	地区	科技经费	科技著作数	论文数	获奖数	专利数	技术转让数
天津	东部	0.00	133.85	0.00	0.00	0.00	0.00
上海	东部	0.00	170.28	6592.17	25.18	768.81	0.00
福建	东部	0.00	129.58	0.00	2.90	0.00	0.00
广东	东部	0.00	228.99	0.00	14.14	0.00	1781.35
山西	中部	0.00	0.00	1097.93	0.00	36.76	742.90
吉林	中部	0.00	0.00	293.82	0.00	201.42	329.28
黑龙江	中部	0.00	0.00	711.05	0.00	0.00	5462.22
安徽	中部	0.00	0.00	2247.05	5.77	347.05	0.00
江西	中部	0.00	120.32	0.00	4.39	71.77	0.00
湖南	中部	0.00	0.00	2610.43	0.00	324.60	4121.00
内蒙古	西部	0.00	0.00	0.00	2.95	27.83	402.84
广西	西部	0.00	287.21	0.00	3.70	29.29	773.21
四川	西部	0.00	183.35	0.00	7.34	141.02	0.00
贵州	西部	0.00	65.95	0.00	1.08	0.00	172.06
陕西	西部	0.00	0.00	0.00	15.65	0.00	3220.65
甘肃	西部	0.00	4.91	0.00	0.00	24.87	1061.68
青海	西部	0.00	32.91	220.28	0.00	7.51	0.00
新疆	西部	0.00	22.05	0.00	1.14	25.94	372.49

第三节　　Malmquist 指数分析

由于 DEA 是一种相对效率的评价方法,它对效率值的研究分析都是基于静态的,不能比较各个决策单元在不同时间点的表现,本节首先利用 Malmquist 指数模型对全国及东部、中部、西部及 30 个省份 2002—2011 年科技经费投入产出的面板数据进行分析,得到各个地区科技经费投入的 Malmquist 指数,然后对其进行趋势分析。

从表 5 - 4 和图 5 - 2 所示的 2002—2011 年我国高校科技经费投入效率的总体变化情况来看,我国高校自 2003 年以来全要素生产率呈增长趋势,除 2004 年、2005 年、2010 年外,每年均大于 1,表明我国高校科技经费的整体投入效率呈现出明显的增长趋势。从各项分解的指数来看,技术效率变化的几何平均值为 1.052，呈增长趋势，除 2009 年外其余年份均大于 1；技术进步变化的几何平均值为 1.012，呈增长态势；纯技术效率的几何平均值为 1.028，呈增长趋势，除 2006 年、2009 年外，其余年份均大于 1；规模效率变化的几何平均值为 1.025，呈增长趋势，除 2007年、2009 年外，其余年份均大于 1。

表 5-4　　　2002—2011 年全国高校科技经费投入 Malmquist 指数

年份	技术效率	技术进步	纯技术效率	规模效率	全要素生产率
2002—2003	1.119	1.227	1.101	1.013	1.357
2003—2004	1.032	0.945	1.005	1.026	0.968
2004—2005	1.061	0.931	1.002	1.049	0.986
2005—2006	1.081	1.019	0.997	1.088	1.098
2006—2007	1.066	1.012	1.111	0.969	1.080
2007—2008	1.016	1.034	1.010	1.010	1.053
2008—2009	0.959	1.098	0.996	0.961	1.049
2009—2010	1.066	0.909	1.024	1.052	0.969
2010—2011	1.078	0.974	1.015	1.064	1.049
几何平均值	1.052	1.012	1.028	1.025	1.062

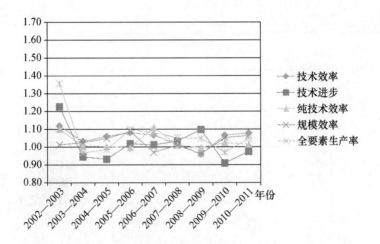

图 5-2　2002—2011 年全国高校科技经费投入 Malmquist 指数变化

从表 5-5 和图 5-3 所示的 2002—2011 年我国东部地区高校科技经费投入效率的总体变化情况来看，东部地区高校自 2003 年以来全要素生产率呈增长趋势，除 2004 年、2010 年外，每年均大于 1，表明我国东部地区高校科技经费的整体投入效率呈现明显增长。从各项分解的指数来看，技术效率变化的几何平均值为 1.049，呈增长趋势，除 2004 年、2007 年、2009 年外，其余年份均大于 1；技术进步变化的几何平均值为 1.054，呈增长态势，除 2005 年、2010 年外，其余年份均大于 1；纯技术效率的几何平均值为 1.018，其中 5 个年份增长、4 个年份下降，波动较大；规模效率变化的几何平均值为 1.032，呈增长趋势，其中 5 个年份增长、4 个年份下降，波动较大。

表 5 - 5 　　2002—2011 年东部地区高校科技经费投入 Malmquist 指数

年份	技术效率	技术进步	纯技术效率	规模效率	全要素生产率
2002—2003	1.306	1.203	1.166	1.126	1.562
2003—2004	0.956	1.027	0.980	0.976	0.975
2004—2005	1.078	0.963	0.985	1.085	1.044
2005—2006	1.062	1.079	1.032	1.034	1.143
2006—2007	0.991	1.042	0.989	0.998	1.030
2007—2008	1.001	1.060	1.010	0.998	1.056
2008—2009	0.976	1.211	1.004	0.971	1.183
2009—2010	1.031	0.901	1.019	1.015	0.942
2010—2011	1.079	1.038	0.988	1.095	1.117
几何平均数	1.049	1.054	1.018	1.032	1.105

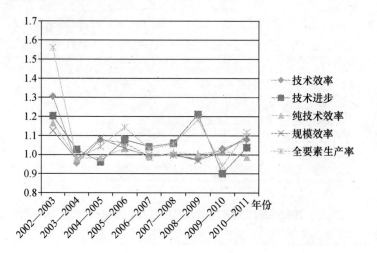

图 5 - 3 　2002—2011 年东部地区高校科技经费投入 Malmquist 指数变化

从表 5-6 和图 5-4 所示的 2002—2011 年我国中部地区高校科技经费投入效率的总体变化情况来看，中部地区高校自 2003 年以来全要素生产率基本呈增长趋势，除 2004 年、2010 年外，每年均大于 1，表明我国中部地区高校科技经费的整体投入效率呈增长的态势。从各项分解的指数来看，技术效率变化的几何平均值为 1.047，呈增长趋势，除 2003 年、2004 年、2009 年外，其余年份均大于 1；技术进步变化的几何平均值为 0.986，呈下降态势，需加强技术进步效率方面的提升；纯技术效率均为 1.027，呈增长态势，除 2004 年、2009 年外，其余年份均大于 1；规模效率变化的几何平均值为 1.016，呈缓慢增长态势，除 2003 年、2007 年、2009 年外，其余年份均大于 1。

表 5-6　2002—2011 年中部地区高校科技经费投入 Malmquist 指数

年份	技术效率	技术进步	纯技术效率	规模效率	全要素生产率
2002—2003	0.963	1.284	1.025	0.930	1.220
2003—2004	0.977	0.834	0.933	1.058	0.815
2004—2005	1.258	0.911	1.093	1.142	1.132
2005—2006	1.089	1.076	1.046	1.025	1.178
2006—2007	1.035	0.990	1.073	0.965	1.027
2007—2008	1.025	1.005	1.013	1.012	1.030
2008—2009	0.928	1.098	0.961	0.957	1.007
2009—2010	1.084	0.826	1.040	1.040	0.878
2010—2011	1.097	0.932	1.067	1.032	1.022
几何平均数	1.047	0.986	1.027	1.016	1.027

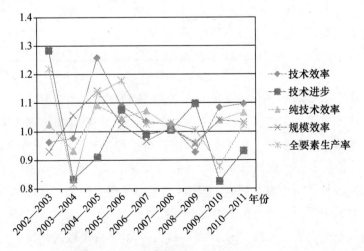

图 5-4　2002—2011 年中部地区高校科技经费投入 Malmquist 指数变化

从表 5 - 7 和图 5 - 5 所示的 2002—2011 年我国西部地区高校科技经费投入效率的总体变化情况来看，西部地区各年份各项指标的变化波动较大，西部地区高校自 2003 年以来全要素生产率呈增长趋势，除 2005 年、2006 年、2009 年外，每年均大于 1，表明我国西部地区高校科技经费的整体投入效率呈现明显增长趋势。从各项分解的指数来看，技术效率变化的几何平均值为 1.052，呈增长趋势，除 2005 年和 2009 年外，其余年份均大于 1；技术进步变化的几何平均值为 0.987，呈下降态势，仅有两个年份的技术进步指数大于 1，其余均小于 1，需加强技术进步效率方面的提升；纯技术效率变化的几何平均值为 1.036，呈增长态势，除 2005 年、2006 年外，其余年份均大于 1；规模效率变化的几何平均值为 1.021，呈增长趋势，但波动较大，其中 5 个年份规模效率提升，4 个年份规模效率降低。

表 5 - 7　　2002—2011 年西部地区高校科技经费投入 Malmquist 指数

年份	技术效率	技术进步	纯技术效率	规模效率	全要素生产率
2002—2003	1.046	1.209	1.092	0.961	1.252
2003—2004	1.147	0.943	1.082	1.053	1.071
2004—2005	0.900	0.916	0.954	0.945	0.821
2005—2006	1.095	0.917	0.925	1.188	0.996
2006—2007	1.165	0.999	1.260	0.944	1.169
2007—2008	1.023	1.027	1.008	1.019	1.066
2008—2009	0.964	0.985	1.013	0.953	0.946
2009—2010	1.087	0.978	1.018	1.098	1.062
2010—2011	1.064	0.940	1.005	1.057	1.000
几何平均数	1.052	0.987	1.036	1.021	1.036

下面分析全国及三大区域 Malmquist 指数的数据。如表 5 - 8 所示，全要素生产率方面，东部高于全国平均水平，西部和中部均低于全国平均水平，其中西部高于东部。从各项分解指数看，各项数据均大于等于 1，说明十年来全国及三大区域的科技投入效率呈增长态势；从纯技术效率看，除西部地区外其他均为 1，说明全国纯技术效率变化较小。从对 Malmquist 指数的贡献来看，东部地区主要是依靠技术进步变化导致指数上升，而中部和西部地区主要是依靠规模效率的提升从而导致指数的增加，提升东部、中部和西部地区的科技经费投入效率需分别对待。

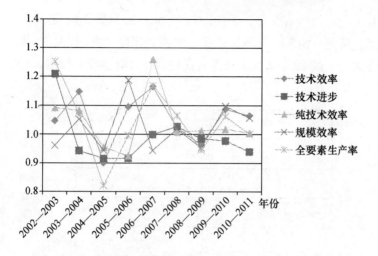

图 5-5　2002—2011 年西部地区高校科技经费投入 Malmquist 指数累计变化

表 5-8　　2002—2011 年全国分地区高校科技经费 Malmquist 指数

地区	技术效率	技术进步	纯技术效率	规模效率	全要素生产率
全国	1.052	1.012	1.028	1.025	1.062
东部	1.049	1.054	1.018	1.032	1.105
中部	1.047	0.986	1.027	1.016	1.027
西部	1.052	0.987	1.036	1.021	1.036

　　从图 5-6 所示的 Malmquist 指数累计变化来看，东部的 Malmquist 指数要高于全国平均水平，中部和西部的 Malmquist 指数低于全国平均水平，从曲线上看中部和西部的曲线波动较大，需要在保持稳定的基础上逐步实现科技经费投入效率的增长。

　　下面分析全国 30 个省份的 Malmquist 指数数据，如表 5-9 和图 5-7 所示。从规模效率来看，东部有 2 个、中部有 3 个、西部有 4 个省份的规模效率小于 1；从纯技术效率来看，东部有 3 个、中部有 2 个、西部有 3 个省份的纯技术效率小于 1；结合规模效率和纯技术效率，从技术效率来看，东部、中部各有 3 个省份技术效率小于 1，西部有 2 个省份小于 1；从技术进步角度来看，东部有 3 个、中部有 6 个、西部有 8 个省份的技术进步小于 1，可以看出技术进步对各省份的科技经费投入效率影响较大，大部分省份的技术进步指标小于 1。最后，从 Malmquist 指数来看，排名前三的省份分别为浙江、上海、江苏，均集中在东部地区，东部有 3 个、中部有 4 个、西部有 5 个，十年间的 Malmquist 指数平均值小于 1，分别是天津、河北、山东、吉林、安徽、江西、河南、内蒙古、贵州、青海、宁夏和新疆，这 12 个省份需要提升高校科技经费的投入效率。

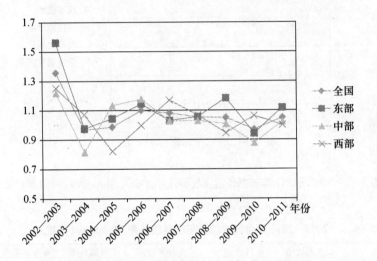

图 5-6　分地区高校科技经费投入 Malmquist 指数曲线

表 5-9　2002—2011 年各省份区科技经费投入 Malmquist 指数几何平均值

省份	地区	技术效率	技术进步	纯技术效率	规模效率	全要素生产率
北京	东部	1.022	1.016	1.000	1.022	1.038
天津	东部	0.936	1.033	0.940	0.996	0.967
河北	东部	1.000	0.969	1.000	1.000	0.969
辽宁	东部	1.039	1.019	1.027	1.012	1.059
上海	东部	1.082	1.149	1.017	1.064	1.243
江苏	东部	1.079	1.089	1.000	1.079	1.174
浙江	东部	1.094	1.173	1.032	1.060	1.283
福建	东部	0.990	1.061	0.979	1.011	1.050
山东	东部	1.016	0.966	1.000	1.016	0.982
广东	东部	0.962	1.120	0.985	0.977	1.077
海南	东部	1.103	0.948	1.098	1.005	1.046
山西	中部	1.000	1.011	1.011	0.989	1.011
吉林	中部	0.956	0.997	0.969	0.986	0.953
黑龙江	中部	1.106	0.988	1.012	1.093	1.093
安徽	中部	1.082	0.906	1.067	1.014	0.980
江西	中部	0.998	0.989	0.992	1.006	0.988

续表

省份	地区	技术效率	技术进步	纯技术效率	规模效率	全要素生产率
河南	中部	1.000	0.886	1.000	1.000	0.886
湖北	中部	0.963	1.089	1.000	0.963	1.049
湖南	中部	1.081	0.964	1.047	1.032	1.043
内蒙古	西部	1.013	0.941	0.995	1.019	0.953
广西	西部	1.062	0.988	1.047	1.015	1.050
重庆	西部	1.108	1.021	1.072	1.034	1.131
四川	西部	1.025	1.046	1.039	0.987	1.072
贵州	西部	1.013	0.950	1.018	0.996	0.962
云南	西部	1.021	1.060	1.020	1.000	1.082
陕西	西部	1.030	0.997	1.004	1.026	1.027
甘肃	西部	1.066	0.990	1.043	1.022	1.055
青海	西部	0.993	0.924	0.998	0.996	0.918
宁夏	西部	1.000	0.940	1.000	1.000	0.940
新疆	西部	0.983	0.899	0.988	0.995	0.883

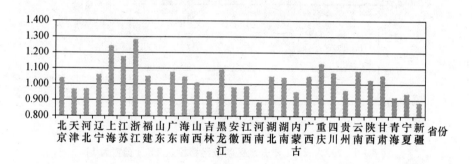

图 5 – 7　2002—2011 年各省份科技经费投入 Malmquist 指数

第四节　视窗分析

下面利用第三章介绍的 DEA 视窗分析模型对 2002—2011 年我国高等学校科技经费投入效率进行评价分析。

一　不同窗宽下我国高校科技经费投入效率评价

为了考察不同窗宽下 DEA 视窗分析模型对我国高校科技经费投入效率结果之间的差异，下面应用不同窗宽的视窗分析模型对 2002—2011 年我国高等学校科技经费投入效率进行实证分析，分别取窗宽为1—10，首先对不同省份之间的效率（包括技术效率 TE、纯技术效率 PE 和规模效率 SE）进行分析，然后按不同的区域划分，对全国、东部、中部、西部地区之间的投入效率进行分析。

（一）窗宽为1的我国高校 2002—2011 年科技经费投入效率评价

根据第三章 DEA 视窗分析模型的介绍，窗宽为 1 的 DEA 视窗分析模型实际上就是传统的 DEA 模型，它将每年各省份科技经费的投入产出作为单独的视窗进行分析，此时的 DEA 视窗分析模型就是传统的 C^2R 模型和 BC^2 模型。

应用窗宽为1的 DEA 视窗分析模型对我国高校 2002—2011 年科技经费投入效率的评价结果如图 5-8 至图 5-10 所示。

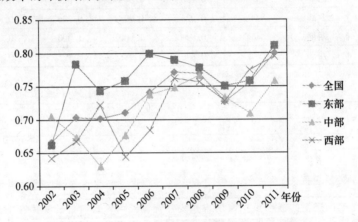

图 5-8 2002—2011 年分地区科技经费投入 TE（窗宽为 1）

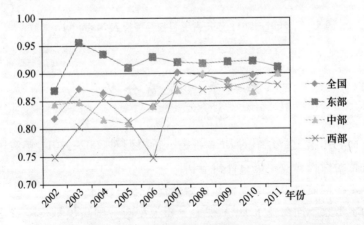

图 5-9 2002—2011 年分地区科技经费投入 PE（窗宽为 1）

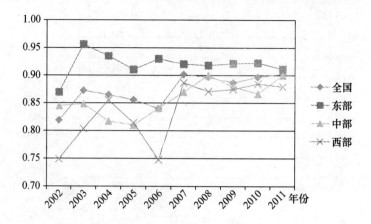

图 5 – 10　2002—2011 年分地区科技经费投入 SE（窗宽为 1）

如图 5 – 8 所示，我国高校 2002—2011 年科技经费投入效率在窗宽为 1 的情况下，东部的 TE 高于全国平均水平，中部、西部低于全国平均水平，东部和西部地区的 TE 波动较大；在 PE 方面，如图 5 – 9 所示，东部地区高于中部和西部地区，西部地区波动较大，整体上中部高于西部地区；在 SE 方面，如图 5 – 10 所示，西部地区除个别年份外，要高于东部和中部，整体上东部地区的 SE 要高于中部地区的 SE。

（二）窗宽为 2 的我国高校 2002—2011 年科技经费投入效率评价

应用窗宽为 2 的 DEA 视窗分析模型对我国高校 2002—2011 年科技经费投入效率的评价结果如图 5 – 11 至图 5 – 13 所示。

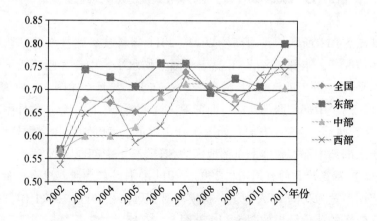

图 5 – 11　2002—2011 年分地区科技经费投入 TE（窗宽为 2）

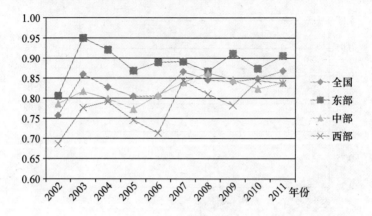

图 5 - 12 　2002—2011 年分地区科技经费投入 PE （窗宽为 2）

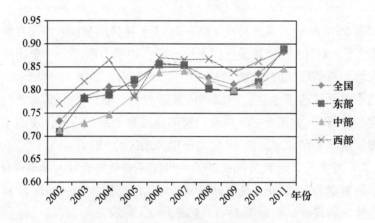

图 5 - 13 　2002—2011 年分地区科技经费投入 SE （窗宽为 2）

如图 5 - 11 所示，我国高校 2002—2011 年科技经费投入效率在窗宽为 2 的情况下，东部地区的 TE 高于全国平均水平，中部、西部低于全国平均水平，中部、西部的 TE 波动较大；在 PE 方面，如图 5 - 12 所示，东部地区高于中部和西部地区，西部地区波动较大，除少数年份外中部的 PE 要高于西部；在 SE 方面，如图 5 - 13 所示，西部地区除个别年份外，要高于东部和中部，整体上东部地区的 SE 要高于中部地区的 SE。

（三）窗宽为 3 的我国高校 2002—2011 年科技经费投入效率评价

应用窗宽为 3 的 DEA 视窗分析模型对我国高校 2002—2011 年科技经费投入效率的评价结果如图 5 - 14 至图 5 - 16 所示。

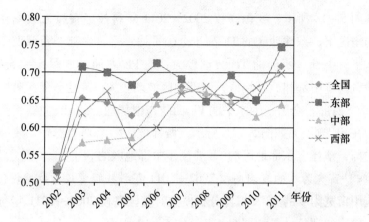

图 5 - 14 2002—2011 年分地区科技经费投入 TE（窗宽为 3）

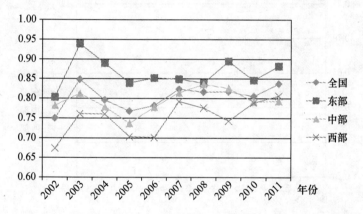

图 5 - 15 2002—2011 年分地区科技经费投入 PE（窗宽为 3）

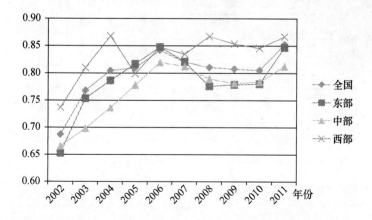

图 5 - 16 2002—2011 年分地区科技经费投入 SE（窗宽为 3）

如图5-14所示，我国高校2002—2011年科技经费投入效率在窗宽为3的情况下，东部地区的TE高于全国平均水平，中部、西部低于全国平均水平，中部、西部的TE波动较大；在PE方面，如图5-15所示，东部地区高于中部和西部地区，西部地区波动较大，除少数年份外中部的PE要高于西部，全国平均水平的PE曲线与中部地区的PE曲线走势基本相同；在SE方面，如图5-16所示，西部地区除个别年份外，要高于东部和中部，整体上东部地区的SE要高于中部地区的SE。

（四）窗宽为4的我国高校2002—2011年科技经费投入效率评价

应用窗宽为4的DEA视窗分析模型对我国高校2002—2011年科技经费投入效率的评价结果如图5-17至图5-19所示。

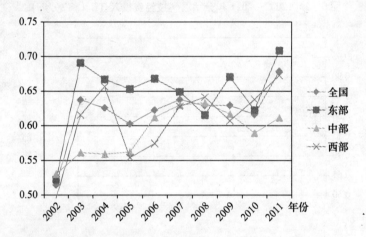

图5-17　2002—2011年分地区科技经费投入TE（窗宽为4）

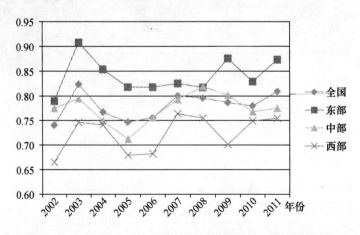

图5-18　2002—2011年分地区科技经费投入PE（窗宽为4）

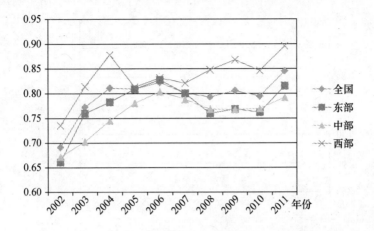

图 5－19 2002—2011 年分地区科技经费投入 SE（窗宽为 4）

如图 5－17 所示，我国高校 2002—2011 年科技经费投入效率在窗宽为 4 的情况下，东部地区的 TE 高于全国平均水平，中部、西部低于全国平均水平，中部、西部的 TE 波动较大；在 PE 方面，如图 5－18 所示，东部地区高于中部和西部地区，中部地区的 PE 要高于西部地区，西部地区的 PE 波动较大；在 SE 方面，如图 5－19 所示，西部地区除个别年份外，要高于东部和中部，整体上东部地区的 SE 要高于中部地区的 SE。

（五）窗宽为 5 的我国高校 2002—2011 年科技经费投入效率评价

应用窗宽为 5 的 DEA 视窗分析模型对我国高校 2002—2011 年科技经费投入效率的评价结果如图 5－20 至图 5－22 所示。

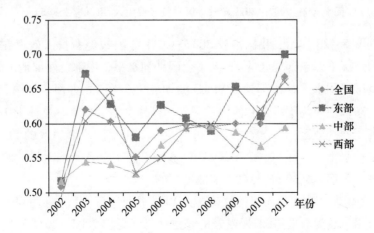

图 5－20 2002—2011 年分地区科技经费投入 TE（窗宽为 5）

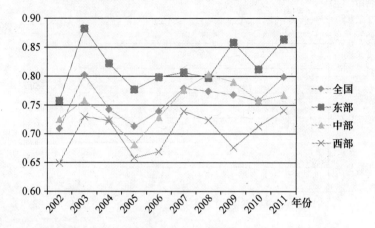

图 5 - 21　2002—2011 年分地区科技经费投入 PE（窗宽为 5）

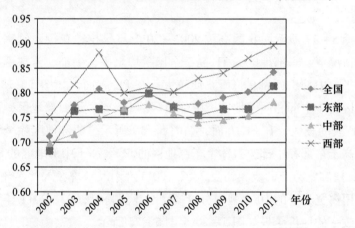

图 5 - 22　2002—2011 年分地区科技经费投入 SE（窗宽为 5）

如图 5 - 20 所示，我国高校 2002—2011 年科技经费投入效率在窗宽为 5 的情况下，东部地区的 TE 高于全国平均水平，中部、西部地区的 TE 低于全国平均水平，西部地区的 TE 波动较大；在 PE 方面，如图 5 - 21 所示，东部地区高于中部和西部地区，西部地区波动较大，整体上中部地区要高于西部地区；在 SE 方面，如图 5 - 22 所示，西部地区的 SE 高于全国平均水平，东部和中部地区的 SE 整体上低于全国平均水平，除个别年份外，东部地区的 SE 要高于中部地区的 SE。

（六）窗宽为 6 的我国高校 2002—2011 年科技经费投入效率评价

应用窗宽为 6 的 DEA 视窗分析模型对我国高校 2002—2011 年科技经费投入效率的评价结果如图 5 - 23 至图 5 - 25 所示。

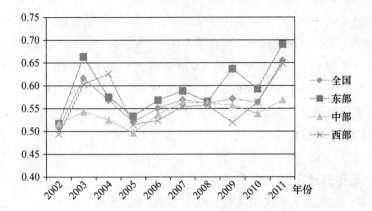

图 5 - 23　2002—2011 年分地区科技经费投入 TE（窗宽为 6）

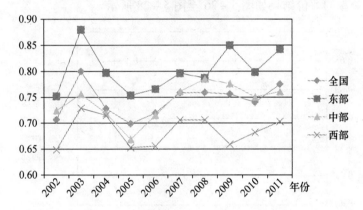

图 5 - 24　2002—2011 年分地区科技经费投入 PE（窗宽为 6）

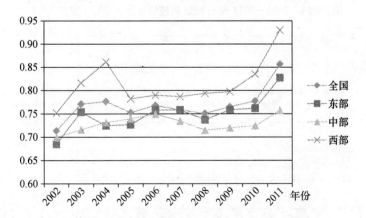

图 5 - 25　2002—2011 年分地区科技经费投入 SE（窗宽为 6）

如图 5-23 所示，我国高校 2002—2011 年科技经费投入效率在窗宽为 6 的情况下，东部地区的 TE 高于全国平均水平，中部、西部地区的 TE 低于全国平均水平，西部地区的 TE 波动较大；在 PE 方面，如图 5-24 所示，东部地区高于中部和西部地区，西部地区波动较大，整体上中部地区要高于西部地区，东部地区的 PE 和全国平均水平的 PE 走势基本一致；在 SE 方面，如图 5-25 所示，西部地区的 SE 高于全国平均水平，东部和中部地区的 SE 整体上低于全国平均水平，除个别年份外，东部地区的 SE 要高于中部地区的 SE。

（七）窗宽为 7 的我国高校 2002—2011 年科技经费投入效率评价

应用窗宽为 7 的 DEA 视窗分析模型对我国高校 2002—2011 年科技经费投入效率的评价结果如图 5-26 至图 5-28 所示。

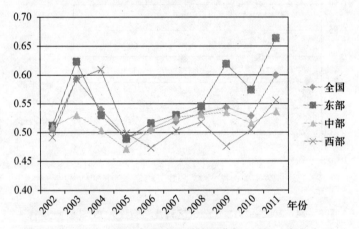

图 5-26　2002—2011 年分地区科技经费投入 TE（窗宽为 7）

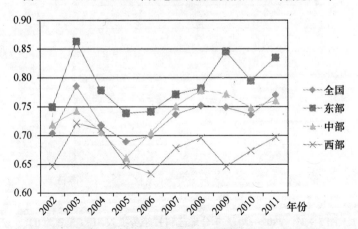

图 5-27　2002—2011 年分地区科技经费投入 PE（窗宽为 7）

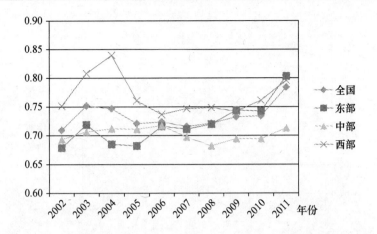

图 5 - 28　2002—2011 年分地区科技经费投入 SE（窗宽为 7）

如图 5 - 26 所示，我国高校 2002—2011 年科技经费投入效率在窗宽为 7 的情况下，东部地区的 TE 高于全国平均水平，中部、西部地区的 TE 低于全国平均水平，西部地区的 TE 波动较大；在 PE 方面，如图 5 - 27 所示，东部地区高于中部和西部地区，西部地区波动较大，除个别年份外，中部地区要高于西部地区；在 SE 方面，如图 5 - 28 所示，西部地区的 SE 高于全国平均水平，东部和中部地区的 SE 整体上低于全国平均水平，除少数年份外，东部地区的 SE 要高于中部地区的 SE。

（八）窗宽为 8 的我国高校 2002—2011 年科技经费投入效率评价

应用窗宽为 8 的 DEA 视窗分析模型对我国高校 2002—2011 年科技经费投入效率的评价结果如图 5 - 29 至图 5 - 31 所示。

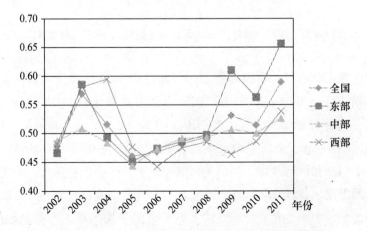

图 5 - 29　2002—2011 年分地区科技经费投入 TE（窗宽为 8）

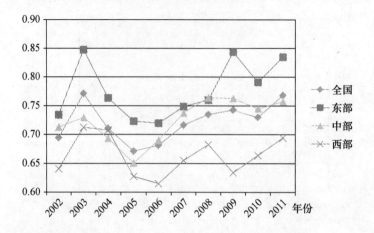

图 5 - 30　2002—2011 年分地区科技经费投入 PE（窗宽为 8）

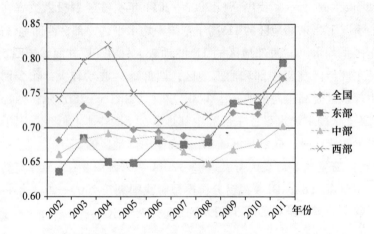

图 5 - 31　2002—2011 年分地区科技经费投入 SE（窗宽为 8）

　　如图 5 - 29 所示，我国高校 2002—2011 年科技经费投入效率在窗宽为 8 的情况下，2002—2008 年东部、中部、西部地区的 TE 差别不大，2009 年后差距开始增大，其中东部地区的 TE 高于全国平均水平，中部、西部地区的 TE 低于全国平均水平；在 PE 方面，如图 5 - 30 所示，东部地区高于中部和西部地区，西部地区波动较大，除个别年份外，中部地区要高于西部地区；在 SE 方面，如图 5 - 31 所示，西部地区的 SE 高于全国平均水平，中部地区的 SE 整体上低于全国平均水平，东部地区的 SE 在 2009 年前均低于全国平均水平，2009 年后开始加速增长，超过了全国平均水平。

（九）窗宽为 9 的我国高校 2002—2011 年科技经费投入效率评价

应用窗宽为 9 的 DEA 视窗分析模型对我国高校 2002—2011 年科技经费投入效率的评价结果如图 5 - 32 至图 5 - 34 所示。

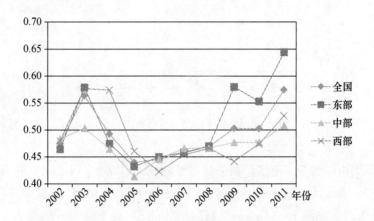

图 5 - 32　2002—2011 年分地区科技经费投入 TE（窗宽为 9）

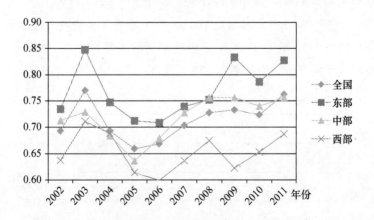

图 5 - 33　2002—2011 年分地区科技经费投入 PE（窗宽为 9）

如图 5 - 32 所示，我国高校 2002—2011 年科技经费投入效率在窗宽为 9 的情况下，2002—2008 年东部、中部、西部地区的 TE 差别不大，2009 年后差距开始增大，其中东部地区的 TE 高于全国平均水平，中部、西部地区的 TE 低于全国平均水平；在 PE 方面，如图 5 - 33 所示，东部

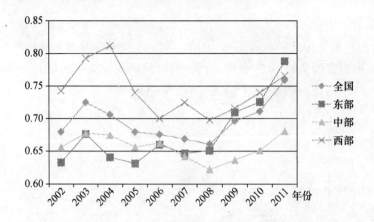

图5-34　2002—2011年分地区科技经费投入SE（窗宽为9）

地区高于中部和西部地区，西部地区波动较大，除个别年份外，中部地区要高于西部地区，全国平均水平的 PE 和中部地区的 PE 走势基本一致；在 SE 方面，如图 5-34 所示，西部地区的 SE 高于全国平均水平，中部地区的 SE 整体上低于全国平均水平，东部地区的 SE 在 2009 年前均低于全国平均水平，2009 年后开始加速增长，超过了全国平均水平。

（十）窗宽为 10 的我国高校 2002—2011 年科技经费投入效率评价

应用窗宽为 10 的 DEA 视窗分析模型对我国高校 2002—2011 年科技经费投入效率的评价结果如图 5-35 至图 5-37 所示。

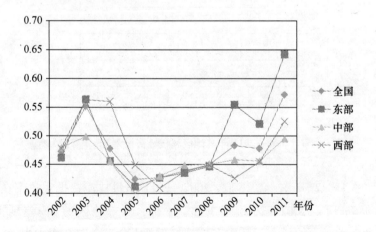

图5-35　2002—2011年分地区科技经费投入TE（窗宽为10）

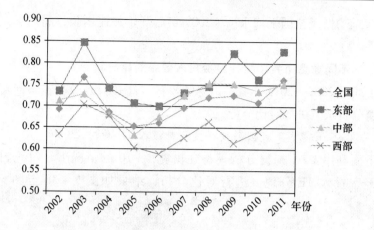

图 5 - 36 2002—2011 年分地区科技经费投入 PE（窗宽为 10）

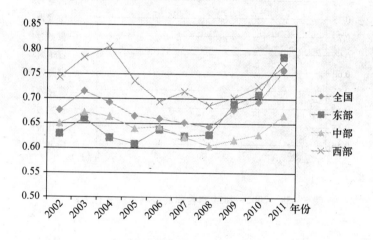

图 5 - 37 2002—2011 年分地区科技经费投入 SE（窗宽为 10）

如图 5 - 34 所示，我国高校 2002—2011 年科技经费投入效率在窗宽为 10 的情况下，2002—2008 年东部、中部、西部地区的 TE 差别不大，2009 年后差距开始增大，其中东部地区的 TE 高于全国平均水平，中部、西部地区的 TE 低于全国平均水平；在 PE 方面，如图 5 - 35 所示，东部地区高于中部和西部地区，西部地区波动较大，除个别年份外，中部地区要高于西部地区，全国平均水平的 PE 和中部地区的 PE 走势基本一致；在 SE 方面，如图 5 - 36 所示，西部地区的 SE 高于全国平均水平，中部地区的 SE 整体上低于全国平均水平，东部地区的 SE 在

2009 年前均低于全国平均水平，2009 年后开始加速增长，超过了全国平均水平。

二 不同窗宽下我国科技经费投入效率对比分析

下面对 2002—2011 年我国高等学校科技经费投入效率在不同窗宽下的视窗分析结果进行对比分析。

（一）不同窗宽下我国高校科技经费投入 TE 的对比分析

下面利用 DEA 视窗分析模型在窗宽 1—10 的情况下，对我国高校科技经费投入 TE 分地区进行对比分析，结果如图 5 – 38 至图 5 – 41 所示。

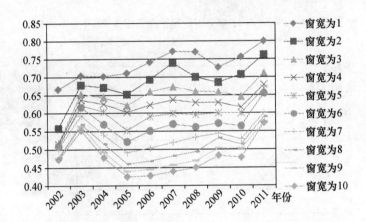

图 5 – 38 2002—2011 年全国高校科技经费投入的 TE

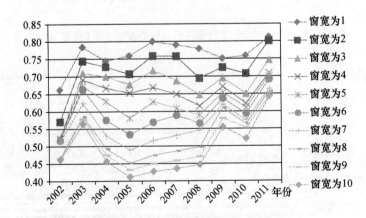

图 5 – 39 2002—2011 年我国东部地区高校科技经费投入的 TE

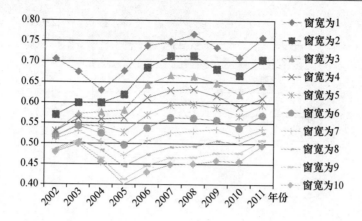

图 5 – 40　2002—2011 年我国中部地区高校科技经费投入的 TE

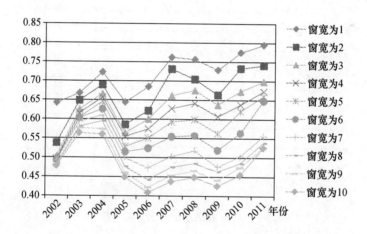

图 5 – 41　2002—2011 年我国西部地区高校科技经费投入的 TE

从图 5 – 38 至图 5 – 41 中可以看出，2002—2011 年我国高校各地区的 TE 随着窗宽的增加而减少。有些年份对窗宽的变化敏感，而有些年份对窗宽的变化不敏感；在变化趋势方面，有部分年份在不同窗宽下变化不一致，以东部地区的 TE 数据为例，2006—2007 年，窗宽为 1—5 时 TE 呈下降趋势，但在窗宽为 6—10 时，TE 呈上升趋势，采用不同的窗宽可能会得出完全相反的结论。

（二）不同窗宽下我国高校科技经费投入 PE 的对比分析

下面利用 DEA 视窗分析模型在窗宽 1—10 的情况下，对我国高校科技经费投入 PE 分地区进行对比分析，结果如图 5 – 42 至图 5 – 45 所示。

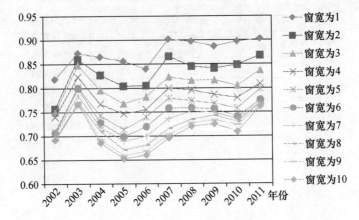

图 5 - 42　2002—2011 年全国高校科技经费投入的 PE

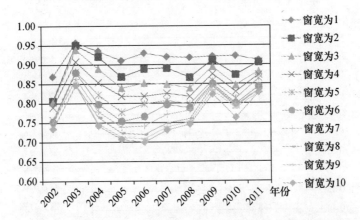

图 5 - 43　2002—2011 年我国东部地区高校科技经费投入的 PE

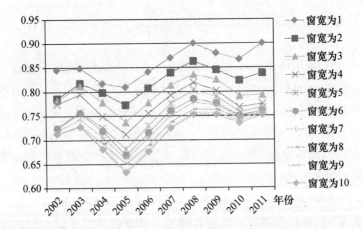

图 5 - 44　2002—2011 年我国中部地区高校科技经费投入的 PE

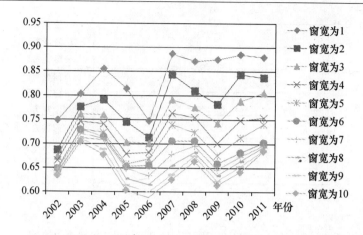

图5-45　2002—2011年我国西部地区高校科技经费投入的PE

从图5-42至图5-45中可以看出，2002—2011年我国高校各地区的PE随着窗宽的增加而减少。有些年份对窗宽的变化敏感，而有些年份对窗宽的变化不敏感；在变化趋势方面，有部分年份在不同窗宽下变化不一致，以西部的PE数据为例，2010—2011年，窗宽为1—2时PE呈下降趋势，但在窗宽为3—10时，PE呈上升趋势，采用不同的窗宽可能会得出完全相反的结论。

（三）不同窗宽下我国高校科技经费投入SE的对比分析

下面利用DEA视窗分析模型在窗宽1—10的情况下，对我国高校科技经费投入SE分地区进行对比分析，结果如图5-46至图5-49所示。

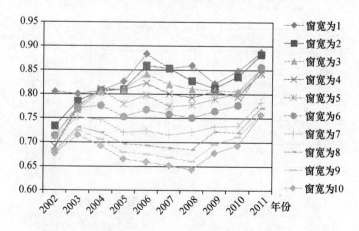

图5-46　2002—2011年全国高校科技经费投入的SE

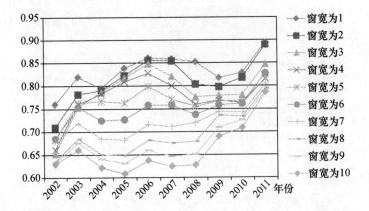

图5-47 2002—2011年我国东部地区高校科技经费投入的SE

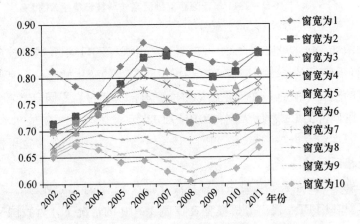

图5-48 2002—2011年我国中部地区高校科技经费投入的SE

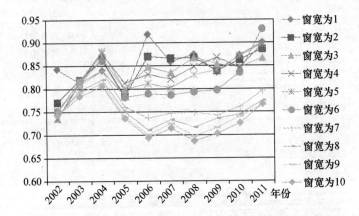

图5-49 2002—2011年我国西部地区高校科技经费投入的SE

从图 5 - 46 至图 5 - 49 中可以看出，2002—2011 年我国高校各地区的 SE 随着窗宽的增加而减少。有些年份对窗宽的变化敏感，而有些年份对窗宽的变化不敏感；在变化趋势方面，有部分年份在不同窗宽下变化不一致，以西部地区的 SE 数据为例，2006—2007 年，窗宽为 1—6 时 SE 呈下降趋势，但在窗宽为 7—10 时，SE 呈上升趋势，采用不同的窗宽可能会得出完全相反的结论。

通过本小节对不同窗宽下的科技经费投入效率进行对比分析可以发现，在不同窗宽的情况下，某些年份的效率（TE、PE 和 SE）对窗宽的变化不敏感，表现为不同窗宽下效率值相差不大，而某些年份则对窗宽的效率敏感，表现为不同窗宽下效率值相差较大。另外还会发现，效率的变化趋势无法预测，在同一个时间区间，不同窗宽下的效率值变化趋势相差较大，有的呈上升趋势、有的呈下降趋势，同时还有可能保持不变。由此可见，确定一个合理的窗宽对 DEA 视窗分析模型是非常重要的。

三　视窗分析模型窗宽的确定

下面以 2002—2011 年全国、东部、中部、西部高校科技经费投入效率的视窗分析结果为例，利用 Round Robin 方法计算 TE、PE 和 SE 在不同窗宽下与均值的偏差比，如表 5 - 10 至表 5 - 21 所示。

通过表 5 - 10 至表 5 - 13 可以得出，2002—2011 年，TE 与均值的最小偏差比在所有地区都集中在窗宽为 5 的 DEA 视窗分析模型结果中，因此对于 TE 的理想窗宽为 5。

表 5 - 10　　2002—2011 年全国高校科技经费投入效率 TE 与均值的偏差比

年份	窗宽为1	窗宽为2	窗宽为3	窗宽为4	窗宽为5	窗宽为6	窗宽为7	窗宽为8	窗宽为9	窗宽为10
2002	28.07	7.30	-0.56	-1.12	-2.22	-2.24	-3.07	-8.23	-8.71	-9.23
2003	13.74	9.64	5.58	2.97	0.39	-0.40	-4.15	-8.02	-8.91	-10.84
2004	20.16	15.00	10.39	7.08	3.29	-2.65	-7.54	-11.76	-15.66	-18.30
2005	29.82	19.13	13.48	10.02	0.82	-4.85	-10.26	-15.92	-19.71	-22.51
2006	30.00	21.53	15.75	9.15	3.53	-3.40	-11.65	-17.89	-21.93	-25.09
2007	31.03	25.57	14.43	8.26	1.77	-3.30	-11.91	-18.10	-22.32	-25.43
2008	31.32	19.44	12.71	7.31	1.58	-4.23	-8.98	-15.84	-20.01	-23.29
2009	22.55	15.54	11.04	6.06	1.17	-3.67	-8.41	-10.49	-15.19	-18.60
2010	27.88	19.63	9.28	4.15	1.49	-4.61	-10.59	-13.04	-15.02	-19.18
2011	20.99	15.26	7.67	2.68	0.98	-0.93	-9.24	-10.87	-13.10	-13.44

表 5 – 11　　2002—2011 年我国东部高校科技经费投入效率 TE 与均值的偏差比

年份	窗宽为1	窗宽为2	窗宽为3	窗宽为4	窗宽为5	窗宽为6	窗宽为7	窗宽为8	窗宽为9	窗宽为10
2002	26.93	9.39	0.14	0.07	−0.80	−0.83	−1.79	−10.61	−11.01	−11.48
2003	18.49	12.43	7.28	4.42	1.63	0.26	−5.77	−11.52	−12.49	−14.75
2004	24.02	21.33	16.70	11.26	4.91	−4.08	−11.57	−17.83	−20.83	−23.91
2005	33.22	24.15	18.95	14.70	1.99	−6.31	−14.13	−20.70	−24.16	−27.71
2006	33.14	26.23	19.37	11.26	4.49	−5.36	−14.03	−21.10	−25.11	−28.89
2007	31.87	26.38	14.83	8.30	1.58	−1.76	−11.46	−18.90	−23.51	−27.31
2008	33.09	18.65	10.70	5.17	0.79	−3.36	−6.75	−14.98	−19.66	−23.65
2009	15.56	11.63	7.00	3.23	0.61	−1.98	−4.64	−6.07	−10.74	−14.60
2010	23.23	14.97	5.72	1.11	−0.73	−3.62	−6.69	−8.50	−10.16	−15.34
2011	14.85	13.34	5.63	0.27	−0.92	−2.19	−6.02	−7.06	−8.81	−9.10

表 5 – 12　　2002—2011 年我国中部高校科技经费投入效率 TE 与均值的偏差比

年份	窗宽为1	窗宽为2	窗宽为3	窗宽为4	窗宽为5	窗宽为6	窗宽为7	窗宽为8	窗宽为9	窗宽为10
2002	32.41	6.93	−0.49	−0.56	−2.97	−2.98	−4.22	−8.65	−9.36	−10.11
2003	21.79	8.26	3.31	1.40	−1.54	−1.90	−4.21	−8.14	−9.05	−9.92
2004	17.94	12.30	8.02	4.74	1.41	−1.67	−5.60	−9.37	−13.01	−14.75
2005	30.34	19.31	12.00	8.26	1.58	−4.35	−9.28	−14.49	−20.39	−22.98
2006	30.82	21.38	14.09	8.46	0.96	−4.64	−10.18	−16.12	−20.99	−23.79
2007	27.99	21.99	14.09	7.71	1.61	−3.70	−10.02	−16.00	−20.41	−23.27
2008	30.45	21.50	13.04	7.68	1.46	−4.34	−9.65	−16.12	−20.64	−23.40
2009	26.47	17.45	11.65	6.28	1.36	−3.97	−7.80	−12.63	−17.80	−21.00
2010	25.82	18.14	9.95	4.51	0.58	−4.53	−8.59	−11.28	−15.43	−19.16
2011	27.57	18.51	8.04	2.79	0.00	−4.28	−9.82	−11.53	−14.53	−16.74

表5-13 2002—2011 年我国西部高校科技经费投入效率 TE 与均值的偏差比

年份	窗宽为1	窗宽为2	窗宽为3	窗宽为4	窗宽为5	窗宽为6	窗宽为7	窗宽为8	窗宽为9	窗宽为10
2002	25.95	5.45	-1.33	-2.76	-3.09	-3.13	-3.51	-5.46	-5.86	-6.26
2003	9.81	6.69	2.86	1.22	-0.55	-0.78	-2.36	-4.45	-5.10	-7.34
2004	13.83	8.67	4.98	3.47	1.76	-1.35	-3.91	-6.24	-9.50	-11.72
2005	22.06	11.04	6.93	5.08	0.14	-2.44	-5.44	-9.71	-12.74	-14.91
2006	29.10	17.29	13.18	8.35	3.81	-1.17	-10.83	-16.57	-20.30	-22.87
2007	31.43	26.02	14.09	8.23	2.26	-4.39	-13.21	-18.07	-21.81	-24.53
2008	29.34	20.39	15.42	9.59	2.40	-4.76	-11.52	-17.13	-20.42	-23.30
2009	31.82	20.05	15.41	9.85	1.83	-6.00	-13.89	-16.09	-20.11	-22.88
2010	30.87	23.75	13.64	7.72	4.85	-4.78	-14.91	-18.03	-19.92	-23.19
2011	24.97	16.45	9.83	5.75	3.77	1.87	-12.63	-15.34	-17.29	-17.41

通过表5-14 至表5-17 可以看出，PE 与均值的偏差比中，全国、东部、中部地区的数据中最小偏差比均集中在窗宽为5 的结果中，西部地区的最小偏差比在窗宽为4 的结果中最多，根据 TE 的结果参考，对于 PE 的理想窗宽为5。

表5-14 2002—2011 年全国高校科技经费投入效率 PE 与均值的偏差比

年份	窗宽为1	窗宽为2	窗宽为3	窗宽为4	窗宽为5	窗宽为6	窗宽为7	窗宽为8	窗宽为9	窗宽为10
2002	12.69	4.21	3.26	1.87	-2.38	-2.73	-3.12	-4.42	-4.60	-4.78
2003	7.74	6.13	4.73	1.70	-0.96	-1.23	-3.03	-4.81	-4.92	-5.35
2004	14.80	9.85	5.66	1.84	-1.39	-3.37	-4.66	-5.70	-8.05	-8.99
2005	17.90	10.80	5.79	2.83	-1.72	-3.75	-5.03	-7.52	-9.18	-10.12
2006	14.24	9.56	6.36	2.79	0.59	-2.14	-4.82	-7.34	-9.09	-10.16
2007	15.88	11.29	5.83	2.84	0.15	-2.52	-5.35	-7.94	-9.60	-10.58
2008	14.69	8.08	4.35	1.76	-1.05	-2.97	-3.88	-6.04	-6.99	-7.94
2009	13.59	7.79	4.68	0.78	-1.61	-3.12	-4.05	-4.83	-6.10	-7.14
2010	16.07	9.81	4.22	0.92	-1.90	-4.21	-4.78	-5.52	-6.35	-8.26
2011	12.08	7.75	3.93	0.48	-0.80	-3.74	-4.36	-4.62	-5.30	-5.43

表 5 – 15　　2002—2011 年我国东部高校科技经费投入效率 PE 与均值的偏差比

年份	窗宽为 1	窗宽为 2	窗宽为 3	窗宽为 4	窗宽为 5	窗宽为 6	窗宽为 7	窗宽为 8	窗宽为 9	窗宽为 10
2002	12. 46	4. 27	3. 91	2. 16	− 2. 03	− 2. 72	− 3. 03	− 5. 01	− 5. 01	− 5. 01
2003	7. 21	6. 51	5. 27	1. 78	− 1. 11	− 1. 37	− 3. 23	− 4. 99	− 5. 00	− 5. 08
2004	13. 34	11. 64	7. 86	3. 48	− 0. 36	− 3. 36	− 5. 66	− 7. 45	− 9. 44	− 10. 07
2005	16. 04	10. 69	6. 93	4. 24	− 0. 98	− 3. 97	− 5. 87	− 7. 86	− 9. 27	− 9. 94
2006	17. 38	12. 26	7. 56	3. 25	0. 76	− 3. 33	− 6. 42	− 9. 18	− 10. 60	− 11. 68
2007	13. 93	10. 32	5. 06	2. 17	− 0. 16	− 1. 42	− 4. 53	− 7. 33	− 8. 51	− 9. 53
2008	13. 85	7. 48	4. 04	1. 32	− 1. 17	− 2. 37	− 3. 10	− 5. 78	− 6. 73	− 7. 55
2009	6. 44	5. 30	3. 37	1. 16	− 0. 85	− 1. 84	− 2. 32	− 2. 56	− 3. 75	− 4. 96
2010	12. 29	6. 31	2. 99	0. 91	− 1. 20	− 2. 83	− 3. 26	− 3. 73	− 4. 27	− 7. 21
2011	5. 93	5. 32	2. 57	1. 50	0. 39	− 2. 08	− 2. 98	− 2. 98	− 3. 84	− 3. 84

表 5 – 16　　2002—2011 年我国中部高校科技经费投入效率 PE 与均值的偏差比

年份	窗宽为 1	窗宽为 2	窗宽为 3	窗宽为 4	窗宽为 5	窗宽为 6	窗宽为 7	窗宽为 8	窗宽为 9	窗宽为 10
2002	12. 72	4. 89	4. 38	3. 36	− 3. 17	− 3. 39	− 4. 06	− 4. 90	− 4. 91	− 4. 92
2003	9. 97	5. 96	5. 30	3. 00	− 1. 73	− 2. 04	− 3. 72	− 5. 46	− 5. 56	− 5. 72
2004	11. 10	8. 63	5. 95	1. 90	− 1. 28	− 2. 21	− 4. 00	− 5. 68	− 6. 99	− 7. 41
2005	16. 31	11. 01	5. 87	2. 28	− 2. 11	− 4. 00	− 5. 02	− 6. 55	− 8. 62	− 9. 17
2006	13. 97	9. 44	5. 46	2. 46	− 1. 13	− 3. 05	− 4. 38	− 6. 45	− 7. 94	− 8. 39
2007	11. 60	7. 69	4. 46	1. 74	− 0. 41	− 2. 35	− 3. 68	− 5. 37	− 6. 66	− 7. 02
2008	11. 73	7. 11	3. 71	1. 64	− 0. 29	− 2. 53	− 3. 44	− 5. 19	− 6. 17	− 6. 56
2009	10. 46	6. 14	3. 69	0. 73	− 0. 76	− 2. 48	− 3. 01	− 4. 19	− 5. 03	− 5. 54
2010	12. 18	6. 56	2. 43	− 0. 61	− 1. 91	− 2. 88	− 3. 13	− 3. 56	− 4. 20	− 4. 89
2011	14. 49	6. 67	0. 96	− 1. 38	− 2. 35	− 3. 22	− 3. 23	− 3. 67	− 3. 88	− 4. 39

表 5 – 17　　2002—2011 年我国西部高校科技经费投入效率 PE 与均值的偏差比

年份	窗宽为1	窗宽为2	窗宽为3	窗宽为4	窗宽为5	窗宽为6	窗宽为7	窗宽为8	窗宽为9	窗宽为10
2002	12.92	3.57	1.58	0.31	-2.12	-2.20	-2.45	-3.35	-3.86	-4.39
2003	8.66	5.02	2.95	0.86	-1.25	-1.43	-2.49	-3.66	-3.85	-4.81
2004	16.00	7.36	3.18	0.55	-1.89	-3.02	-3.52	-3.99	-6.57	-8.10
2005	20.65	10.47	4.26	0.69	-2.47	-3.21	-3.83	-6.97	-8.99	-10.59
2006	13.18	7.98	6.16	3.30	1.25	-0.75	-4.01	-6.87	-9.30	-10.94
2007	20.97	15.13	8.11	4.28	0.91	-3.65	-7.43	-10.57	-13.14	-14.61
2008	18.32	10.07	5.47	2.59	-1.61	-4.05	-5.43	-7.24	-8.32	-9.81
2009	25.77	12.48	6.87	0.85	-2.78	-5.22	-7.06	-8.77	-10.46	-11.68
2010	21.29	15.66	8.18	2.67	-2.24	-6.50	-7.63	-8.95	-10.45	-12.04
2011	17.49	11.87	7.73	0.79	-1.04	-6.07	-6.86	-7.24	-8.23	-8.43

通过表 5 – 18 至表 5 – 21 可以得出，2002—2011 年，SE 与均值的最小偏差比有 4 个地区均集中在窗宽为 6 的 DEA 视窗分析模型结果中，可以得出 SE 的理想窗宽为 5。

表 5 – 18　　2002—2011 年全国高校科技经费投入效率 SE 与均值的偏差比

年份	窗宽为1	窗宽为2	窗宽为3	窗宽为4	窗宽为5	窗宽为6	窗宽为7	窗宽为8	窗宽为9	窗宽为10
2002	13.53	3.44	-3.09	-2.50	0.45	0.64	0.07	-3.81	-4.17	-4.55
2003	5.37	3.39	1.14	1.74	2.03	1.50	-1.03	-3.71	-4.55	-5.88
2004	5.09	5.12	4.79	5.59	5.18	1.10	-2.76	-6.24	-8.05	-9.81
2005	9.44	7.28	7.24	7.18	3.31	-0.30	-4.56	-7.68	-10.02	-11.91
2006	14.36	11.24	8.99	6.48	3.28	-0.61	-6.33	-10.25	-12.55	-14.64
2007	12.50	12.51	8.15	5.55	2.13	-0.02	-5.66	-9.25	-11.85	-14.06
2008	14.13	9.88	7.65	5.34	3.30	-0.31	-4.24	-8.96	-12.27	-14.53
2009	7.72	6.48	5.82	5.57	3.57	0.24	-4.03	-5.38	-8.80	-11.18
2010	9.80	8.30	4.31	2.91	3.84	0.65	-4.95	-6.74	-7.91	-10.21
2011	7.68	7.11	3.51	2.58	2.28	3.96	-4.88	-6.31	-7.87	-8.06

表 5 – 19　　2002—2011 年我国东部高校科技经费投入效率 SE 与均值的偏差比

年份	窗宽为1	窗宽为2	窗宽为3	窗宽为4	窗宽为5	窗宽为6	窗宽为7	窗宽为8	窗宽为9	窗宽为10
2002	13.02	5.48	-3.02	-1.74	1.42	1.81	0.90	-5.47	-5.94	-6.47
2003	11.13	6.06	2.26	3.10	3.51	2.25	-2.52	-7.11	-8.27	-10.41
2004	9.73	9.07	8.61	8.09	5.87	0.02	-5.43	-10.23	-11.54	-14.19
2005	14.10	11.91	11.20	10.12	3.86	-1.09	-7.13	-11.71	-14.07	-17.20
2006	12.58	11.95	10.90	8.25	4.50	-0.79	-6.33	-10.81	-13.67	-16.58
2007	14.11	13.56	9.16	6.41	2.55	0.82	-5.46	-10.19	-14.01	-16.96
2008	15.75	9.16	5.45	3.24	2.55	0.17	-2.25	-7.76	-11.56	-14.76
2009	8.00	5.40	2.95	1.59	1.38	0.23	-1.69	-2.78	-6.22	-8.87
2010	8.61	7.20	2.32	-0.05	0.58	-0.14	-2.66	-3.88	-4.90	-7.10
2011	8.22	7.71	2.59	-1.27	-1.43	0.18	-2.76	-3.81	-4.57	-4.84

表 5 – 20　　2002—2011 年我国中部高校科技经费投入效率 SE 与均值的偏差比

年份	窗宽为1	窗宽为2	窗宽为3	窗宽为4	窗宽为5	窗宽为6	窗宽为7	窗宽为8	窗宽为9	窗宽为10
2002	17.52	3.09	-3.86	-2.99	0.86	1.02	0.13	-4.44	-5.24	-6.09
2003	10.77	2.80	-1.50	-0.86	1.08	1.03	-0.29	-3.55	-4.38	-5.11
2004	6.29	3.51	2.01	3.24	3.63	1.36	-1.39	-4.18	-6.52	-7.94
2005	11.51	7.12	5.59	5.92	4.34	0.33	-3.52	-7.19	-10.95	-13.14
2006	14.44	10.82	8.37	6.24	2.69	-0.95	-5.21	-9.06	-12.43	-14.91
2007	14.96	13.52	9.54	6.25	2.40	-0.90	-5.98	-10.29	-13.41	-16.09
2008	16.66	13.39	9.13	6.26	2.23	-1.20	-5.70	-10.40	-13.98	-16.39
2009	14.19	10.38	7.64	5.74	2.62	-0.87	-4.36	-7.97	-12.33	-15.03
2010	12.72	10.90	7.13	5.18	2.99	-1.03	-5.14	-7.52	-11.04	-14.20
2011	11.82	11.36	6.87	4.19	2.74	-0.42	-6.26	-7.56	-10.47	-12.27

表 5 - 21 2002—2011 年我国西部高校科技经费投入效率 SE 与均值的偏差比

年份	窗宽为1	窗宽为2	窗宽为3	窗宽为4	窗宽为5	窗宽为6	窗宽为7	窗宽为8	窗宽为9	窗宽为10
2002	11.33	1.85	-2.64	-2.86	-0.68	-0.65	-0.71	-1.92	-1.89	-1.82
2003	0.78	1.51	0.38	0.87	1.17	1.10	0.11	-1.28	-1.79	-2.85
2004	-0.84	2.12	2.46	3.62	4.10	1.67	-0.89	-3.19	-4.17	-4.88
2005	1.38	1.24	3.10	4.89	3.17	0.91	-1.88	-3.17	-4.56	-5.07
2006	16.13	10.01	7.18	5.10	2.59	-0.19	-6.89	-10.17	-11.49	-12.26
2007	8.84	9.79	5.84	4.08	1.66	-0.27	-5.33	-7.08	-8.12	-9.42
2008	10.29	9.37	9.38	6.86	4.69	0.08	-5.62	-9.61	-12.03	-13.40
2009	5.40	5.77	7.65	9.42	6.03	0.53	-6.42	-7.25	-9.74	-11.39
2010	7.72	6.44	4.36	4.40	7.47	3.04	-6.10	-8.13	-8.71	-10.48
2011	6.16	4.51	2.27	5.66	5.75	9.70	-6.16	-8.64	-9.66	-9.59

综合 TE、PE、SE 的理想窗宽结果可以得出，2002—2011 年我国高校科技经费投入效率视窗分析的理想窗宽为 5。

四 理想窗宽下我国高校科技经费投入效率评价

根据上节分析的理想窗宽结果，下面利用窗宽为 5 的视窗分析模型对 2002—2011 年我国高校科技经费投入效率进行动态评价，并根据视窗分析的结果计算经费投入效率 TE、PE 和 SE 的平均波动值，如图 5 - 50 至图 5 - 52 所示。

如图 5 - 50 所示，东部地区 TE 波动较大的有福建和海南，波动较小的有河北和江苏；中部地区 TE 波动较大的有江西，波动较小的有湖北；西部地区 TE 波动较大的有宁夏、贵州、云南、新疆，波动较小的有四川、陕西。

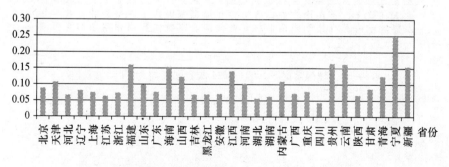

图 5 - 50 理想窗宽下 2002—2011 年我国高校 TE 平均波动值

如图 5 −51 所示，东部地区 PE 波动较大的有海南、福建、辽宁、天津，波动较小的有北京、山东、广东、上海和浙江；中部地区 PE 波动较大的有江西、黑龙江，波动较小的有河南、湖北、湖南；西部地区 PE 波动较大的有宁夏、贵州、云南、青海、新疆，波动较小的有四川、广西。

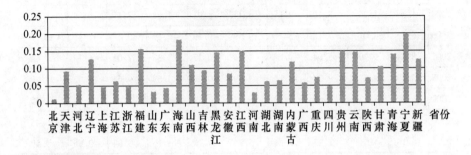

图 5 −51　理想窗宽下 2002—2011 年我国高校 PE 平均波动值

如图 5 −52 所示，东部地区 SE 波动较大的有上海、北京、山东，波动较小的有天津、河北；中部地区 SE 波动较大的有黑龙江、河南、吉林，波动较小的有山西、江西；西部地区 SE 波动较大的有宁夏、新疆、甘肃，波动较小的有云南、重庆、四川。

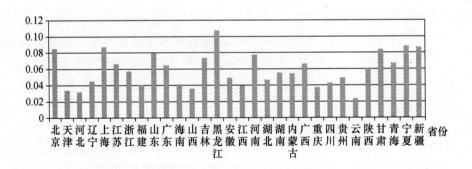

图 5 −52　理想窗宽下 2002—2011 年我国高校 SE 平均波动值

第六章 研究结论及建议

高等教育作为人才培养中心、科学研究中心、文化传播中心，在社会发展中具有独特的优势，越来越得到世界各国的关注。在这样的背景下世界各国普遍扩大招生规模，加大教育资源的投入，高等教育得到了飞速发展。高等学校作为高等教育的载体，其建设也经历着一个飞速发展过程，近年来随着政策导向和投入资源的不断加大，我国高等学校的办学规模不断扩大，办学层次得到不断提升。随着高等教育的飞速发展和高等学校办学规模的不断扩大，高等学校经费投入效率问题也逐渐显现。本章在前五章研究基础上，对高等学校教育经费和科技经费的投入效率进行分析评估，得出研究结论并给出相应建议。

第一节 高校教育经费投入效率研究结论及建议

本节在前面章节对高等学校教育经费投入效率进行分析评估的基础上，得出研究结论并给出相应的建议。

一 研究结论

通过对 2002—2011 年全国 30 个省份高等学校教育经费投入数据的分析，可以得出以下研究结论。

（一）整体投入不足

自 1999 年高校扩招以来，我国高校的招生规模急剧扩大，高校数量也迅速增加。高校扩张后，一方面高校在校生人数在急剧增加，另一方面国家的教育经费投入也相应增加，但由于教育经费增加速度过缓，经费的增速赶不上高校扩招后学生增加的速度，导致高校的经费不足。①

2010 年党中央、国务院发布的《国家中长期教育改革和发展纲要(2010—2020 年)》明确提出了"提高国家财政性教育经费支出占国内生产总值比例，2012 年达到 4%"的目标，虽然我国已经达到了这一目标，但该比例与世界上大多数国家相比还是较低，例如美国的财政性教育经费支出占国内生产总值的比例为 7. 6%。这也说明，我国还需要继续加大教育经费的投入，保障高等教育经费按时到位。

(二) 财政拨款机制落后

除高校教育经费整体投入不足外，我国高校教育经费的拨款体制在一定程度上也落后于时代的发展。1986 年以来，我国高校财政拨款一直采用"综合定额加专项补助"拨款机制，并执行"包干使用、超支不补、结余留用"原则，这是一种简单公式加估算的拨款模式，其中，"综合定额"是通过在校生人数乘上生均定额得出。根据高校的性质、专业、学历程度的不同，生均定额有所区别；"专项补助"主要是考虑高校的特殊需要，由财政部门和教育主管部门单独安排给高校的使用经费。这种机制在计划经济时代有一定优势，但随着社会的发展其弊端也逐渐显现。由于综合定额基本等于在校生人数乘以生均定额，无法正确反映高校实际办学成本的变化规律，也会导致高校为了争取更多的综合定额而盲目扩招；另外，专项补助的划拨由于人为因素较多，缺乏相应制度的约束，会造成各个高校为了获得专项补助盲目进行专业建设，导致出现重复建设、高校间过于同质化的局面，影响高校教育经费使用效率。

(三) 转移支付制度缺失

转移支付主要是指各级政府之间为解决财政失衡而通过一定的形式和途径转移财政资金的活动，是用以补充公共物品而提供的一种无偿支出，是政府财政资金单方面的无偿转移，体现的是非市场性的分配关系。

随着劳动力流动的简单化，很多经济欠发达地区高校毕业生倾向于去经济发达地区工作，这意味着经济欠发达地区省份承担了高等教育的成本，但作为高校培养成果之一的毕业学生被发达地区的省份无偿占有。根据公共经济理论，可以建立转移支付制度来解决这一问题，但由于转移支付制度的缺失，导致经济欠发达地区的高等教育事业发展缓慢。一方面经

---

① 王巧玲：《高等教育经费投入及对策研究》，《中国证券期货》2013 年第 2 期。

济欠发达地区自身财政能力有限，对高校投入也十分有限；另一方面经济欠发达地区的毕业生倾向于去经济发达地区工作，经济欠发达地区无偿承担了高等教育成本，也从一定程度上影响了地方财政在高校教育经费投入上的积极性。

（四）多渠道融资困难

自 1996 年我国高等教育试行并轨招生以来，我国基本形成了以财政拨款为主、社会多渠道投入为辅的教育经费来源体制，但由于制度和政策上的"瓶颈"，使得高校在扩宽融资渠道、增强融资能力方面并没有产生预期的效果。

从 2002—2011 年的高等学校教育经费来源结构数据看，在高等学校教育经费中，国家财政性教育经费一般占 40%—50%，高等学校事业收入占 40%左右，且比重有逐年增加的趋势，社会捐赠经费占的比重很低，2005 年以来所占比重不超过 1%。从社会捐赠经费的绝对数量来看，2002—2010 年每年的捐赠经费不超过 30 亿元，仅 2011 年达到了 43.45 亿元，这说明社会捐赠经费的绝对数量变化不大。随着高校教育经费数量的不断增加，导致社会捐赠经费在高校教育经费的占比不断下降，这也说明我国高校在社会捐赠经费上的不足。

造成多渠道融资的原因主要有如下几个方面：从社会捐赠来看，社会捐赠机制不完善，导致社会捐赠助学的积极性不高；从民间资本投入来看，虽然民间资本对教育投入的积极性较高，但由于制度约束及监管问题，导致民间资本很难进入高校教育领域；高校自身融资观念薄弱，融资渠道单一，没有扩宽多元化的融资渠道，导致融资困难。

（五）地区差异较大

通过第四章的实证分析可以看出，高校教育经费投入效率区域性的差异较大，这种差异对我国高校整体投入效率的提升会造成一定影响。

由于我国高校教育经费投入体制中财政性教育经费在高校教育经费的来源中占比较大，而地方高校的财政投入主要来源于地方政府，因此地方政府的财政状况对各区域高校的投入影响较大。由于各地的经济发展不平衡，东部沿海省份的经济状况要好于中西部地区，中部地区的经济状况要强于西部地区，导致各地区的财政收入差距较大，从而造成各区域高校财政性教育经费差距较大。地区间高校教育经费的差距也影响高校教育经费投入的效率，从而造成各地教育经费投入效率差距较大。

（六）投入效率有待提升

从第四章实证分析的数据来看，我国高校教育经费投入效率整体不高，通过对 30 个省份 2002—2011 年的投入产出面板数据分析可以看出，Malmquist 指数大部分省份均低于 1，大于等于 1 的省份仅 5 个。从数据上可以看出，如果依据这 5 个大于 1 的省份为参照的话，我国高校教育经费的利用效率低，教育经费的投入效率有待提升。

二 建议

通过上述分析，我国高等教育经费投入效率的现状主要集中在投入严重不足、财政拨款机制落后、转移支付制度缺失、多渠道融资困难、地区差异较大、投入效率有待提升等方面，如何提升我国高等教育经费的投入效率，主要有如下建议：

（一）增强财政投入力度

基于高等教育的准公共产品属性，政府、社会、个人都是高等教育的受益者，高等教育的成本应该由政府、社会和个人共同承担。高等教育成本分担理论将高等教育成本的分担主体分为政府、学生、学生家庭、捐赠个人或团体四个部分。在各个承担主体中，政府是高等教育最直接、最大的受益者，所以政府无疑是高等教育的主要投资者。我国的教育法也以法律形式确定了"国家建立以财政拨款为主、其他多种渠道筹措教育经费为辅"的体制，因此在高校教育经费短缺的情况下，应增强财政性教育经费的投入力度，这也是政府的责任所在。

高等教育的投入对于经济的发展和科技的进步都有显著作用，与世界上大多数国家相比，我国财政性教育经费在国民生产总值中的占比还有很大的提升空间，因此需进一步加大财政性教育经费的投入力度，缩小与发达国家差距。

（二）改进和完善现有的财政拨款制度

目前我国高校财政拨款一直采用的是"综合定额加专项补助"的拨款机制，对高等学校的投入主要依据学生人数，很少按照高校资源利用效率的高低进行拨款，导致规模大的高校拨款多，规模小的高校拨款少。由于缺乏对财政拨款利用效率的监督，易造成经费浪费严重、年底突击花钱现象。

近 20 年来，世界发达国家将绩效因素作为财政拨款的一个重要因素，实践表明，绩效拨款要比以简单的公式计算作为拨款基础的方式更为有效。绩效拨款将刺激各高校为争取财政性教育经费而展开竞争，提升高校的办学质量和办学效率。

逐步改进和完善现有的财政拨款机制，除"综合定额加专项补助"的拨款机制外，应引入绩效拨款体系，建立一个能全面反映高校办学质量和办学效益的绩效评价体系，对高校的办学效率进行合理评价，并将评价结果与高校的拨款直接挂钩，发挥绩效评价体系在高校财政拨款中的激励作用。对绩效评价高的高校，应加大财政拨款的投入力度，鼓励其快速发展，对绩效评价低的高校应适当减少财政拨款的投入，避免教育经费的浪费。

（三）完善转移支付制度

我国地域性差异造成教育经费投入的不均衡，需要国家和政府建立和完善转移支付制度，加大对经济欠发达地区的补助，缩小地区间高等教育经费财政投入的差距。

根据转移支付的方向，可分为纵向转移支付和横向转移支付。通过纵向转移支付可以弥补经济欠发达地区高等教育的外溢性效率，减少地区间高等教育经费财政投入的差距，提高这些地区发展高等教育的积极性；通过横向转移支付，可以减轻中央财政压力，缩小地区间高等教育经费财政投入的差距，加强经济发达地区和经济欠发达地区之间高等教育的对口支援与交流合作，推进高等教育的均衡发展。

（四）扩大多元化融资渠道

对于高校财政性教育经费的投入不足，仅依靠政府的力量发展高等教育将面临极大的困难，也不利于高等教育自身的持续健康发展。因此应发挥高校的教育、人才、科研优势，扩大高校多元化融资渠道，解决高校教育经费投入的不足。扩大高校多元化融资渠道主要可以从如下几方面考虑：

1. 建立高校教育捐赠机制

在发达国家，社会捐赠尤其是校友捐赠在高校的教育经费来源中占有一定比例，大学一般都有专门负责募捐的部门或机构，能有效地筹集资金用于高校自身的发展。而在我国，无论是捐赠人数还是捐赠金额与发达国家相比还有不小的差距，这也说明了社会捐赠的开发潜力较大。因此，我国应建立健全高等教育捐赠机制，调动社会各界开展高等教育捐赠积极性，扩大高等教育的经费来源。

2. 加强高校创收能力

高校人才济济，科研实力雄厚，高校自身可以通过科研、社会服务、专利等方法发挥自己优势，为社会创建价值的同时也可以获取一定的收益，解决高校教育经费不足问题。加强高校的创收能力主要可以从如下几个方面进行：发展校办产业，促进高校科技成果转化；产学研相结合，开展与企业间的合作，为企业提供人才培训和咨询等服务；转让专利和成果，获取经济利益；利用自身的教学优势开展各类培训；国际化联合办学等。

3. 加强高校与金融机构的合作

通过与金融机构的合作，可以为高校的基础设施建设、教师个人消费信贷业务、学生助学贷款提供极大的便利，可以增强高校资产的流动性、降低资产风险、优化资产结构。

（五）提升教育经费利用效率

在提高高校教育经费投入力度、拓宽多元化融资渠道的同时，还应进一步提升高校教育经费的投入效率，可以从建立绩效评价体系和共享机制入手。通过建立科学有效的绩效评价体系，以有效考核高校教育经费的利用效率，将教育经费的投入与利用效率挂钩，提升高校教育经费利用效率。由于高等教育经费的普遍短缺及分布不均，导致部分高校获取经费较多，而另外一部分则获取较少。为提升教育经费利用效率，减少高校的重复性投入，可以建立高校教育资源的共享机制，共享资源包括人力资源和物力资源，其中人力资源包括教学、科研等方面的人才，物力资源包括基础设施、仪器设备、无形资产等，通过高校教育资源的共享，减少各高校教育经费的重复使用，提升教育经费的使用效率。

（六）减小地区差异

我国地区教育经费投入效率差异较大，东部沿海地区已形成较为完整的高校与社会发展互动体系，也聚集了大量高素质人才。而我国西部地区则更多的是依靠本地高校，需根据地方特色培养适合地方发展的人才，推进地方的可持续性发展。政府也应加强高等教育经费投入宏观调控力度，加大对经济欠发达地区投入力度，制定更多的优惠政策，吸引高素质人才向中西部流动，减少地区之间的差距，实现整体发展水平和效率的提升。

（七）制定合理高效的资金管理制度

制定合理高效的高校教育经费管理制度，从制度层面保证资源的高效使用。一方面加强高校自身制度建设，优化管理体制，节约管理成本，精简办事人员和机构，提高办事效率，将一些非重点岗位外包出去，集中精力提升高校办学效益。另一方面要完善高等教育经费监管机制，建立财务监督机制，明确财务监督、审计监督的职责和权限，防止教育经费挪用或无效使用，提升教育经费投入产出的使用效率。

（八）加强经费利用的指导

教育管理部门应加强高校对教育经费利用的指导，引导高校树立经费节约意识，并建立健全政策和法规，杜绝高校教育经费的浪费，提升高校教育经费利用效率。

第二节　高校科技经费投入效率研究结论及建议

一　研究结论

通过对 2002—2011 年全国 30 个省份高等学校科技经费投入数据的分析，可以得出以下结论。

（一）高校科技经费投入综合效率不高

对 2011 年我国高校科技经费投入效率 DEA 分析的数据显示，在全国 30 个省份中，仅 8 个省份达到了效率最优，未达到综合效率最优的省份有 22 个，占全部省份的 73.33%，说明我国高校科技经费投入效率总体水平偏低，投入无效的主要原因是纯技术效率无效。

（二）地区差异明显

第五章实证分析可以看出，我国高校科技经费投入效率的区域性差异较大，这种差异会对我国高校科技经费综合效率提升造成一定影响。我国高校来自政府的经费占据了最主要部分，而地方高校的科技经费投入主要来源于地方财政，因此地方政府的财政状况对高校科技经费的投入影响较大。

由于各地经济发展不平衡，东部沿海省份经济状况好于中西部地区，中部地区经济状况强于西部地区，导致各地区对高校科技经费的投入力度和支持力度不同，造成各区域高校科技经费差距较大，从而影响高校科技经费的投入效率。

（三）科技成果转化能力不足

现行高校科技统计数据中主要以论文发表数量、专利数、科技成果获奖数等作为高校科技考核指标，受此影响，高校为了提升自身科研能力排序，会加大对论文、专利、获奖等方面的投入，从而忽略科技成果转换工作，导致高校科技成果转换能力不足。另外，由于科技成果转换需要经费支持、高校科研与市场脱节等原因，进一步制约高校科技成果的转化。

（四）支出结构不合理

从我国科技经费支出结构与2008—2010年发达国家科技经费支出结构来看，我国基础研究占比过低，应用研究的占比也较低，而试验发展占比远高于发达国家，说明我国科技经费支出结构不合理，基础研究、应用研究投入不足，试验发展投入过高。虽然这种支出结构在短时间内能加快技术进步，迅速实现技术现代化，但从长远来看这种科技发展战略后劲匮乏，没有自己的基础研究，将极大阻碍我国科技水平的发展。[①]

（五）缺乏有效的绩效评价体系

目前普遍存在教育主管部门及科技主管部门只重视科技项目验收和成果鉴定，而不重视科技经费使用绩效评价，只重视结果不重视过程，这会给科技工作造成一种假象：对于科研项目，只需要在规定时间内结题，科研项目实施过程中科技经费如何使用并不重要。这进一步导致在高校科技经费管理过程中缺乏科学有效的绩效评价体系。在科研项目中忽略科技经费使用的绩效评价，将影响高校科技经费的使用效率，造成浪费严重、降低经费的使用效率。

二　建议

通过上述分析，我国高校科技经费投入效率的现状主要集中在综合效率不高、地区差异较大、科技成果转化能力不足、支出结构不合理、绩效评级体系缺乏等。为提升我国高等教育经费投入效率，主要提出如下建议：

（一）加大政府投入

《国家中长期人才发展规划纲要（2010—2020年）》明确提出"确保国家教育、科技支出增长幅度高于财政经常性收入增长幅度"的要求，

---

① 高茹英、张红莲、任蔚：《我国科研经费投入中存在的问题及对策》，《研究与发展管理》2008年第12期。

因此需加大财政性科技经费的投入，提升高校科技经费利用效率，提升我国总体科技实力。

政府特别应加大对中西部高校科技投入扶持力度，从人力、物力、财力、政策等方面进行扶持，减少因地区差异导致的高校科技经费投入效率间的差异。

（二）缩小地区差异

由于我国高校科技经费区域分布上差异较大，东部地区高校的科技经费投入力度明显要高于中西部地区，长此以往将严重影响中西部地区科技的发展，为此需减少地区差异，提升中西部地区科技经费投入的效率。

根据高校所处地区经济、科技和社会发展水平的特点，对于高校科技经费的投入要区别对待。对于经济发达地区，由于有较强的经济能力、高素质的人才及充足的科技资源，应不断提升其科技投入产出效率，在国家的科技发展中发挥带头作用；对于经济欠发达地区，由于经济实力较落，科技资源匮乏，应加大对这部分地区科技经费的投入力度，减少与经济发达地区之间的差异。

（三）促进科技成果转化

以市场需求为导向，加快科技成果产业化速度，将高校科技成果转换为现实生产力，加快产学研结合，使我国高校科技产出得到质的飞跃。

促进科技成果转换主要可以从下述几个方面入手：完善考核奖励机制，激活成果转化内在动力；拓宽成果转化融资渠道，多渠道增加科技投入；加强网络、信息化建设，构建公共信息平台；建立以市场为导向的科技立项和转化机制。[1]

（四）优化科技经费支出结构

通过政府投入科技经费的导向作用及相关政策法规，提升基础研究和应用研究在科技经费中的占比，优化科技经费支出结构，提升科技经费利用效率。

（五）建立有效的绩效评价体系

建立科学有效的绩效评价体系，对高校科技经费的投入效率进行公正客观评价，并将绩效评价体系结果与高校科技经费中的政府拨款关联，发

---

[1]　刘朝晖、杨少燕：《高校科技成果转化的影响因素与对策分析》，《管理研究》2011 年第 4 期。

挥绩效评价体系在高校科技经费投入、使用中的激励作用。

对绩效评价高的高校，应加大科技经费的拨款力度，鼓励其快速发展；对绩效评价较低的高校，应适当压缩科技经费投入，尽量将科技经费运用到效率较高的地方。

（六）完善科技经费管理制度

从制度入手，制定完善的科技经费预算管理制度、监督制度，加强对科技经费的日常管理，明确各类科技经费的使用范围，贯彻合理、节约、高效的科技经费使用原则，提高科技经费使用的规范性、安全性和有效性，提高高校科技经费的资金利用率。

参考文献

[1] 财政部、教育部：《高等学校财务制度》（2012 年版），http：//jkw. mof. gov. cn/zhengwuxinxi/zhengcefabu/201212/t20121226_ 721866. html。

[2] 财政部：《高等学校会计制度》（2014 年版），http：//kjs. mof. gov. cn/zhengwuxinxi/zhengcefabu/201401/t20140106_ 1033019. html。

[3] 曹阳龙：《我国区域高等教育投入产出能力评价》，硕士学位论文，西南交通大学，2006 年。

[4] 查勇、梁樑：《基于 DEA 模型的高等院校院系投入产出效率评估》，《科技进步与对策》2004 年第 1 期。

[5] 陈德静、周爱国：《高等教育效率问题框架研究》，《黑龙江高教研究》2006 年第 10 期。

[6] 陈冠初、颜胜利、周蒲荣、王季惠、陈红：《1986—1993 年湖南省高等学校科技投入与产出状况的统计与分析》，《湖南师范大学自然科学学报》1995 年第 2 期。

[7] 陈浩、王晓红、张宝生：《基于视窗分析模型的我国高校科研效率研究》，《科研管理》2013 年第 7 期。

[8] 陈凯华：《基于 DEA 高校院系运行效率的均衡评价模型建立》，《中国高等教育评估》2006 年第 3 期。

[9] 陈通、白建英：《西部地区高等教育投入产出相对有效性的评价研究》，《西北农林科技大学学报》（社会科学版）2003 年第 2 期。

[10] 陈晓宇：《我国教育经费结构：回顾与展望》，《教育与经济》2012 年第 1 期。

[11] 成刚、孙志军：《我国高校效率研究》，《经济学》2008 年第 3 期。

[12] 党亚茹、杨霞：《新疆高等院校的 R&D 评价》，《新疆大学学报》（社会科学版）2000 年第 4 期。

[13] 樊相宇：《基于 DEA 的高校院系效率评价》，《西安邮电学院学报》2006 年第 10 期。

[14] 范文、闫国华：《高等教育发展的财政政策——OECD 与中国》，教育科学出版社 2005 年版。

[15] 冯光娣、陈佩佩、田金方：《基于 DEA – Malmquist 方法的中国高校科研效率分析——来自 30 个省际面板数据的经验研究》，《现代财经》（天津财经大学学报）2012 年第 9 期。

[16] 冯彦妍、张建新：《基于 DEA 方法的高等教育经费绩效审计》，《河北经贸大学学报》2010 年第 5 期。

[17] 傅毓维、邵争艳：《Malmquist 指数在评价中国区域高等教育资源配置变化中的应用》，《技术经济》2002 年第 2 期。

[18] 高茹英、张红莲、任蔚：《我国科研经费投入中存在的问题及对策》，《研究与发展管理》2008 年第 12 期。

[19] 顾建民：《大学职能的分析及其结构意义》，《全球教育展望》2001 年第 8 期。

[20] 郭新立：《基于 DEA 的学科有效性评价》，《中国管理科学》2003 年第 12 期。

[21] 国家中长期教育改革和发展规划纲要工作小组办公室：《国家中长期教育改革和发展纲要（2010—2020 年）》，http：//www. gov. cn/jrzg/2010 – 07/29/content_ 1667143. htm。

[22] 韩海彬、李全生：《基于 AHP/DEA 的高校投入产出效率评价研究》，《负担教育论坛》2009 年第 7 期。

[23] 侯启娉：《基于 DEA 的研究型高校科研绩效评价应用研究》，《研究与发展管理》2005 年第 1 期。

[24] 教育部科技司：《全国普通高等学校科技统计（理、工、农、医类）工作文件》，2009 年。

[25] 教育部科技司：《科技部部长徐冠华在高等学校加强科技创新工作座谈会开幕式上的讲话》（2002 年 7 月 31 日），《高等学校科技工作文件汇编》第五辑，高等教育出版社 2003 年版。

[26] 教育部科学技术司：《高等学校科技统计（理、工、农、医类）工作文件》，2010 年 10 月。

[27] 教育部科学技术司：《高等学校科技统计资料汇编》，2013 年。

［28］金碧辉、汪寿阳、汪冰：《国际论文与国内论文合一统计方法研究》，《管理科学学报》1999 年第 3 期。

［29］科技部科技评估中心：《国际评估概述》，http：//www. ncste. org/。

［30］科技部科技评估中心：《什么是科技评估？科技评估有哪些特点》，http：//www. ncste. org/。

［31］科学技术部：《国家科学技术奖励条例》，http：//www. most. gov. cn/fggw/xzfg/200601/t20060106_ 53402. htm。

［32］李俊峰、冯树清、李勋华：《重庆市属高校教育经费投入的绩效评价研究——基于 DEA 及 AHP 模型的分析》，《教育财会研究》2014 年第 4 期。

［33］李丽：《基于 DEA 的高等教育投入产出效率研究》，硕士学位论文，大连理工大学，2005 年。

［34］李洋：《高校科研经费绩效评价指标体系设计》，《中国集体经济》2010 年第 12 期。

［35］刘本盛：《中国经济区划问题研究》，《中国软科学》2009 年第 2 期。

［36］刘朝晖、杨少燕：《高校科技成果转化的影响因素与对策分析》，《管理研究》2011 年第 4 期。

［37］刘磊、胡树华：《国内外 R&D 管理比较研究及对中国科技资源配置的启示》，《科学学研究》2000 年第 3 期。

［38］刘荣：《高等教育经费投入绩效评价体系研究》，《财会通讯》2009 年第 2 期。

［39］刘亚荣：《我国高等学校办学效率评价分析》，《教育与经济》2001 年第 4 期。

［40］陆根书、刘蕾、孙静春、顾丽娜：《教育部直属高校科研效率评价研究》，《西安交通大学学报》（社会科学版）2005 年第 2 期。

［41］马洪芳：《我国高校科技成果转化的现状分析及其优化模式研究》，硕士学位论文，南京航空航天大学，2010 年。

［42］毛盛勇、喻晓琛：《中国高等教育效率的省际比较——基于 DEA 的分析》，《调研世界》2011 年第 5 期。

［43］戚湧、李千目、王艳：《一种基于 DEA 的高校科研绩效评价方法》，《科学学与科学技术管理》2008 年第 12 期。

[44] 阙维明、张锦智：《现代科技管理辞典》，广东高等教育出版社1986年版。

[45] 孙燕：《高等学校科技经费的历史沿革》，《中国高校科技与产业化》2005年第10期。

[46] 田东平、苗玉凤、崔瑞锋：《我国重点高校科研效率的DEA分析》，《科技管理研究》2005年第8期。

[47] 田东平、苗玉凤：《2001—2003年我国重点高校效率研究》，《高等工程教育研究》2006年第4期。

[48] 童宏保：《学校管理效益研究》，硕士学位论文，北京师范大学，2001年。

[49] 王楚鸿、杨干生：《全国高校科技经费投入产出效率分析——基于1992—2007年面板数据的研究》，《科技管理研究》2010年第13期。

[50] 王建华、党艳芳、王丹：《高等教育投入体系与办学效益研究——以江苏省为例》，南京师范大学出版社2011年版。

[51] 王金妹、黄敬前、刘欢：《福建省科技经费配置结构优化的多元回归分析》，《福州大学学报》（哲学社会科学版）2011年第3期。

[52] 王沛：《教育效率探究》，《教育评论》1996年第3期。

[53] 王巧玲：《高等教育经费投入及对策研究》，《中国证券期货》2013年第2期。

[54] 王善迈：《教育投入与产出研究》，河北教育出版社1996年版。

[55] 王巍、王志浩、刘宇新：《高等教育投入产出的DEA规模效率研究》，《中国管理科学》2013年第11期。

[56] 王晓红、王雪峰、翟爱梅、冯英浚：《一种基于DEA和多指标综合评价的大学科研绩效评价方法》，《中国软科学》2004年第8期。

[57] 王晓珍、党建民、吉生保：《我国科技经费配置效率分析及结构优化》，《兰州学刊》2012年第9期。

[58] 魏全龄：《数据包络分析》，中国人民大学出版社2004年版。

[59] 徐健、汪旭辉：《我国区域高等教育的效率评价——基于DEA模型的实证分析》，《高等工程教育研究》2009年第4期。

[60] 殷俊明、王平心：《基于DEA的高等学校内部院系绩效评价》，《管理评论》2011年第7期。

[61] 袁连生、袁强：《教育投资内部效率探讨》，《教育与经济》1996年

第 1 期。

[62] 曾昭智、牛争鸣、杨庆华、曾新燕：《高校内部院所科研绩效二次相对评价》，《成都理工大学报》2003 年总第 30 期。

[63] 张大伟、薛惠锋、吴介军：《基于 DEA 方法的高校学院科研管理效率评价研究》，《科技管理研究》2009 年第 3 期。

[64] 张海燕、陈士俊、王梅、李鑫：《2002—2005 年间我国不同地区高校科技创新效率比较研究》，《科技进步与对策》2007 年第 11 期。

[65] 张建中：《基于 DEA 方法的工科类学科建设效率评估方法研究》，硕士学位论文，西安电子科技大学，2005 年。

[66] 赵书新、郑林昌：《北京市重点高校科技投入产出效率评价》，《消费导刊》2009 年第 8 期。

[67] 郑银华、姚利民：《对高等教育效率的思考》，《大学教育科学》2006 年第 2 期。

[68] 中国教育科学研究院高等学校绩效评价研究课题组：《教育部直属高校绩效评价（2012）》，《大学》（学术版）2013 年第 10 期。

[69] 中国科学院：《中国科学院科学技术研究成果管理办法》，《中国科学院院刊》1986 年第 3 期。

[70] 中国校友会网：《2014 中国大学排行榜评价指标体系》，http://www. cuaa. net/cur/2014/xj02. shtml。

[71] 中国校友会网：《中国大学评价研究报告》，www. cuaa. net。

[72] 周庚旭：《我国财政科技经费投入规模及国际比较》，《经济研究参考》2010 年第 37 期。

[73] 周静、王立杰、石晓军：《我国不同地区高校科技创新的制度效率与规模效率研究》，《研究与发展管理》2005 年第 2 期。

[74] 朱永明、李阳：《基于 DEA 的高校投入产出效果分析》，《黑龙江高教研究》2013 年第 3 期。

[75] A. Charnes, C. Clarke, W. W. Coopoer and B. Golany, A Development Study of DEA in Measuring the Effect of Maintenance Units in the U. S. Air Forces [J]. *Annals of Operations Research*, 1985, 2 (1): 95 –112.

[76] Abbott, M., Doucouliagos, C., The Efficiency of Australian Universities: A Data Envelopment Analysis [J]. *Economics of Education Review*, 2003, 22 (1): 89 –97.

[77] Agasisti, T. , Johnes Beyond Frontiers: Comparing The Efficiency of Higher Education Decision – Making Units Across Countries [J]. *Education Economics*, 2009, 17 (1): 59 – 79.

[78] Ahn, T. , A. Charnes, W. W. Cooper, Some Statistical and DEA Evaluations of Relative Efficiencies of Public and Private Institutions of Higher Learning [J] . *Social Economic Planning Science*, 1989, 22 (6): 259 – 269.

[79] Amy Colbert, Reuven R. Levary, Michael C. Shaner, Determining the Relative Efficiency of MBA Programs Using DEA [J] . *European Journal of Operational Research*, 125 (2000): 656 – 669.

[80] Avkiarn, N. K. , Investigating Technical and Scale Efficiencies of Australian Universities Through Data Envelopment Analsis [J]. *Socio – Economic Planning Sciences*, 2001, 35 (1): 57 – 80.

[81] Avkiran, N. K. , Investigating Technical and Scale Efficiencies of Australian Universities through Data Envelopment Analysis [J] . *Socio – Econoic Planning Sciencds*, 2001, 35 (1): 57 – 80.

[82] Beasley, J. E. , Determining Teaching and Research Efficiencies [J] . *Journal of Operational Research Society*, 1995, 46 (4): 441 – 452.

[83] Breu, T. M. , Raab, R. L. , Efficiency and Perceived Quality of the Nation's top 25 National Universities and National Liberal arts Colleges: Application of Data Envelopment Analysis to Higher Education [J]. *Socio – Economic Planning Sciences*, 1994, 28 (1): 33 – 45.

[84] Cave, Martin, Hanny, Stephen and Kogan, Mauric, *The Use of Performance Indicators in Higher Education: A Critical Analysis of Developing Practice.* Jessica Kingsleg Publicshers Ltd. , 1988, 40 – 41.

[85] Chalos, P. , Joseph Cherian, An Application of Data Envelopment Analysis to Public Sector Performance Measurement and Accountability [J] . *Journal of Accounting and Public Policy*, 1995, 14 (2): 143 – 160.

[86] Charnes, A. , Cooper, W. W. , Rhodes, E. , Measuring the Efficiency of Decision Making Units [J] . *European Journal of Operational Research*, 1978, 2 (6): 429 – 444.

[87] Charnes, A., Cooper, W. W., Phodes, E., Measuring the Efficiency of DMU [J]. *European Journal of Operational Research*, 1978 (2): 429 – 444.

[88] Cobert, D., Levary, R. R., Shanet, M. C., Determining the Realtive Efficiency of MBA Programs Using DEA [J]. *Journal of Multi – criteria Decision Analysis*, 2000 (9): 191 – 204.

[89] Edmonds, R., Effective Schools for the Unbanpoor [J]. *Education Leadership*, 1979, 37, pp. 15 – 24.

[90] Fare, Grosskopf, Norris, Productivity Growth, Technical Progress, and Efficiency Change in Industrialized Countries, 1994.

[91] Farrell, M. J., The Measurement of Productive Efficiency [J]. *Journal of the Royal Statistical Society*, 1957 (120A): 125 – 281.

[92] Flegg, A. T., Allen, D. O., Field, K., Thurlow, T. W., Measuring The Efficiency of British Universities: A Multi – Period Data Envelopment Analysis [J]. *Education Economics*, 2004, 12 (3): 231 – 249.

[93] Flegg, A. T., Allen, D. O., Field, K., Thurlow, T. W., Measuring the Efficiency of British Universities: A Multi – Period Data Envelopment Analysis [J]. *Education Economics*, 2004, 12 (3): 231 – 249.

[94] Jill Johnes, Li Yu, Measuring the Research Performance of Chinese Higher Education Institutions Using Data Envelopment Analysis [J]. *China Economic Review*, 2008, 19: 679 – 696.

[95] John Ruggiero, Jerry Miner, Lloyd Blanchard, Measuring Equity of Educational Outcomes in the Presence of Inefficiency [J]. *European Journal of Operational Research*, 2002, Vol. 142, No. 3, 642 – 652.

[96] Johnes, G., Johnes, J., Measuring the Research Performance of U. K. Economics Departments: An Application of Data Envelopment Analysis [J]. *Oxford Economic Papers*, 1993 (45): 332 – 347.

[97] Johnes, J., Data Envelopment Analysis and Its Application to the Measurement of Efficiency in Higher Education [J]. *Economics of Education Review*, 2006, 25, 273 – 288.

[98] Joumady, O., Ris, C., Performance in European Higher Education: A Non – Parametric Production Frontier Approach [J]. *Education Econoics*,

2005, 13 (2): 189 – 205.

[99] Korhnen, Tainio, Wallenius, Value Efficiency Analysis of Academic Research [J] . *European Journal of Operational Research*, 2001 (130): 121 – 132.

[100] Mcmillan, M. , Datta, D. , The Relative Efficiencies of Canadian Universities: A DEA Perspective [J] . *Canadian Public Policy – Analyse De Politiques*, 1998, 24 (4): 485 – 511.

[101] Murnane, R. J. , Interpreting the Evidence on School Effectives [J] . *Teachers College Record*, 1981: 18 – 36.

[102] P. J. Agrell, R. E. Steuer, A Decision Support System for Faculty Performance Reviews [J] . *Journal of Multi – Criteria Decision Analysis*, 2000, 9 (5): 191 – 204.

[103] R. D. Banker, A. Charnes, W. W. Cooper, Some Models for Estimating Technical and Scale Inefficiencies in Data Envelopment Analysis [J] . *Management Science*, 1984 (9): 1078 – 1092.

[104] Tom, Kins C. , Green, R. , An Experiment in the Use of Data Envelopment Analysis for Evaluating the Efficiency of UK University Departments of Accounting [J] . *Financial Accountability and Management*, 1988 (4): 147 – 164.

[105] Worthington, A. C. , Lee, B. L. , Efficiency technology and Productivity Change in Australian Universities 1998 – 2003 [J] . *Economics of Education Review*, 2008, 27 (3): 285 – 298.

[106] Zirkel, P. A. , Greenwood, S. C. , Effective Schools and Effective Principals: Effective Research [J] . *Teachers College Record*, 1987, 255 – 267.